KB235845

사회를 보는 논리

사회를 보는 논리

초 판 1쇄 발행 ▪ 2001년 4월 24일
초 판 16쇄 발행 ▪ 2008년 3월 12일
개정판 1쇄 발행 ▪ 2008년 12월 11일
개정판 10쇄 발행 ▪ 2023년 9월 20일

지은이 ▪ 김찬호
펴낸이 ▪ 이광호
펴낸곳 ▪ ㈜문학과지성사
등록번호 ▪ 제1993-000098호
주소 ▪ 04034 서울 마포구 잔다리로7길 18(서교동 377-20)
전화 ▪ 02)338-7224
팩스 ▪ 02)323-4180(편집) 02)338-7221(영업)
전자우편 ▪ moonji@moonji.com
홈페이지 ▪ www.moonji.com

ⓒ 김찬호, 2008. Printed in Seoul, Korea.

ISBN 978-89-320-1932-1 43300

사회를 보는 논리

문지스펙트럼 | 밝은눈 003 | 김찬호 지음

문학과지성사
2008

버스에서 이따금 망설이는 일이 있다. 내가 자리에 앉아 있는데 옆에 다른 승객이 무거운 가방을 들고 있을 때, 그 짐을 들어줄까 말까 머뭇거리게 되는 것이다. 예전 같으면 당연히 들어주었을 텐데, 언제부터인가 그런 미풍양속이 사라지기 시작했다. 그와 비슷하게, 비를 맞고 있는 행인에게 우산을 받쳐주는 것, 목욕탕에서 서로 등의 때를 밀어주는 것도 이제는 매우 드문 일이 되었다. 물론 상대방이 원하지도 않는데 내가 일방적으로 도움을 주는 '과잉 배려'를 하지 않으려는 '배려'라고 좋게 평가할 수도 있을 것이다. 아무튼 사람들이 점점 개인주의화되어가는 징후들임에는 틀림이 없다.

'개인個人'은 근대의 발명품이다. 이성理性이 사회의 중심 원리로 자리를 잡으면서, 집단의 규율과 전통의 구속에서 풀려난 개인들이 자유롭게 존재 방식을 선택하고 삶의 환경을 구성할 수 있게 된 것이다.

그러나 그러한 개인적 자유를 확보하기 위해서는 일정한 사회적 계약과 그에 근거한 합리적인 정치 체제를 수립해야 했다. 그러니까 자유로운 개인은 '시민'으로서의 권리와 의무를 수반하는 것이었다.

그런데 한국처럼 후발 산업국가의 경우에는 그러한 시민의 성장을 토대로 경제 발전이 이뤄지지 않았다. '시민' 대신 '국민'의 창출이 우선이었고, 민족주의적인 응집을 토대로 재빨리 경제 성장을 이룩할 수 있었다. 그런데 그 결실이 소비문화로 향유되는 단계에 이르러 집단적인 정체성은 희박해지면서 개인의 욕망이 부각된다. 게다가 근대 이전의 시대부터 길게 이어져오던 공동체적인 심성도 급격하게 퇴화하면서, 타인과의 유대가 전반적으로 약화되고 있다. 한편으로는 화폐와 권력을 위해서 벌이는 각개전투가 치열해지고, 다른 한편으로는 마음의 안녕을 찾기 위한 심리학적 처방이나 자기 개발의 붐이 일고 있다.

지금 세계 경제가 요동을 치는 가운데 한국은 혹독한 시련기를 맞고 있다. 경제적인 이윤을 추구하기 위해 '올인'했건만, 주식과 펀드는 반 토막 나버렸고 부동산 경기는 맥없이 추락한다. 생존의 벼랑에 내몰린 사람들은 살아남기 위해 안간힘을 쓰고 있고, 국가도 경제 살리기를 위해 모든 정책 수단과 예산을 쏟아 붓는다. 그러나 개인이 아무리 애를 쓴다 해도 경제의 동력이 허약해진 상태에서는 근원적인 한계가 있다. 제아무리 훌륭한 정치인과 관료들이 백방으로 뛰어도 글로벌 경제의 거대한 파고 앞에서는 속수무책일 때가 많다.

우리의 의식과 감성이 개인주의로 치닫고 있는 동안, 역설적이게도 우리의 삶은 예전보다 훨씬 광범위한 상호 연관성의 틀 속으로 깊숙하게 편입되어왔다. 골치 아픈 정치나 거창한 사회 같은 것에 신경 쓰지 않고 나와 가족의 안위만을 생각하면서 소박하게 살려 하는데, 느닷없이 회사에서 구조조정의 칼바람이 불고 자녀가 먹는 과자에서 멜라민이 검출된다. 나의 편안한 노후를 설계하려 하는데, 인구 구조는 엄청난 속도로 고령 사회를 향해 치닫고 있다.

지금 닥친 경제 위기의 본질은 무엇인가. 식품에 대한 불안은 어디에서 오는가. 핵심은 신뢰의 붕괴에서 비롯되었다. 사람들이 서로를 믿지 못하는 마음이 시장에 먹구름을 불러들인다. 타인에 대한 최소한의 존중이 사라져 생명을 해치는 음식을 버젓이 만들어낸다. 노년이 걱정스러운 것도 사회적 약자에 대한 배려가 사라지는 풍토 때문이다. 인간은 사회적 동물이다. 사회가 균열되고 저마다 뿔뿔이 자기만의 이윤 추구에만 몰두하는 상황에서는, 경제의 풍요도 안정된 일상도 불가능하다. 사회를 건실하게 재건하고 그 토대 위에 개인의 삶을 유기적으로 엮어내는 것이 지금 우리에게 시급한 과제다.

이 책은 그러한 문제의식으로 저술되었다. 처음 이 글들을 쓸 때보다 지금은 사회에 대한 이해가 훨씬 중요해졌다고 생각한다. 그런데 그러한 공부를 쉽게 해나갈 수 있는 지침서는 여전히 부족한 실정이다. 현대 사회와 인간 행동의 얼개를 설명하는 수많은 이론서가 계속 쏟아져 나오지만, 학자가 아닌 일반인들에게 사회는 점점 불가해한 것으로 되어간다. 물론 이 책이 그렇듯 정교하고 심오한 사회이론들을 해설해주는 책은 아니다. 다만, 사회 현상을 바라보면서 그 안에서 자신의 삶을 읽어내는 작업에 몇 가지 실마리를 제공하는 것에 불과하다.

우리가 어떤 사회를 원하는지 토론할 수 있는 언어를 던지면서 공통의 문화를 만들어가는 데 조금이라도 보탬이 되었으면 하는 바람이다.

이 책이 처음 출간된 지 7년 만에 개정판을 내게 되었다. 지금처럼 재빠르게 변모하는 사회에서는 좀더 자주 개정을 했어야 하는데 필자의 게으름으로 그렇게 하지 못했다. 지금 읽으면서 미흡한 부분이 여전히 많이 있지만 다시 쓸 엄두를 내지 못했다. 특히 계층 내지 계급과 불평등의 문제를 다루지 못한 것은 지금의 상황에서 더욱 큰 아쉬움으로 다가온다. 그러나 역량의 한계를 있는 그대로 받아들이고, 기존의 글에서 꼭 수정해야 할 부분들만 손을 대는 선에서 그쳤다. 그리고 그동안 사회와 문화를 다루는 책을 두 권(『문화의 발견』, 『휴대폰이 말한다』) 출간했는데, 이 책의 연장선상에서 삶의 읽는 텍스트가 되기를 기대한다. 새로운 모습으로 단장해주신 문학과지성사, 원고를 다시 한 번 꼼꼼히 읽으면서 책의 완성도를 높여주신 원종국 씨에게 감사드린다.

2008년 11월

김찬호

2000년 가을, 서울 신촌에 있던 '오늘의 책'이라는 서점이 문을 닫았다. 1980년대 초 연세대에서 신촌 로터리를 잇는 '연세로' 한가운데 들어선 그 공간은 이른바 '사회과학 서점'으로서 대학생들에게 중요한 지식 및 교류의 거점으로 자리 잡아갔다. 그런데 1990년대 중반에 접어들어 신촌이 점점 현란한 유흥가로 번창하면서 그 일대의 땅값과 임대료가 치솟았다. '오늘의 책'도 임대료 압박을 이기지 못해 1998년에는 근처의 아주 후미진 곳으로 자리를 옮겼다. 그렇게 되자 그곳을 찾는 학생들의 발길도 크게 줄어들었다. 그것은 단순히 공간적인 위치 때문만은 아니었다. 경제 사정이 나빠져 취업문이 비좁아졌고 인터넷이 급속하게 보급되면서 책이 갖는 정보 가치가 현격하게 떨어지면서 인문 사회과학에 대한 관심이 퇴조했던 것이다.

그 서점의 폐쇄는 세간의 주목을 거의 받지 못한 것은 물론 대학생들 사이에서도 별다른 이슈가 되지 않았다. 그러나 필자는 그 일이 한국 대학의 역사에서 매우 중요한 변화가 반영된 일대 사건이라고 본다. 1980년대 대학생들이 사회의식과 역사적 지성 그리고 정치적인 비전을 배양했던 인문 사회과학은 이제 출판 시장에서의 입지를 잃고 상아탑 안에서 가까스로 연명하는 운명에 놓인 것이다. 일목요연하게 현실을 포착하게 해주던 이론적 도식들은 설득력을 잃어버린 지 오래다.

한편 세상은 너무나 숨가쁘게 변화하고 있다. 노동의 종말을 선포하는 테크놀로지 혁명, 유전자 조작 식품 및 복제 인간 논쟁, 자살 사이트 등 기이한 인터넷 문화의 출현…… 삶의 조건이 완전히 바뀌고 전혀 새로운 사태들이 계속 터져나와 아연실색하게 된다. 그러나 그에 대한 해석과 의미 부여는커녕 실상을 정확하게 파악하기에도 빠듯할 지경이다. 생명과 인격의 본질에 대한 근원적인 물음이 제기되는 상황이지만, 우리는 급변하는 환경에 적응하기에 급급하다.

아직 희망은 있는가. 지금 사회에 대해 이야기하는 것은 무슨 의미가 있는가. 의미가 있다면 그 방식은 어떠해야 하는가. 이 책은 그러한 고민들 속에서 나왔다. 이 책은 1994년에 『사회를 본다 사람이 보인다』라는 제목으로 출간되었던 것인데, 1999년 숙명여대 최시한 교수께서 '문지푸른책'의 시리즈를 기획하시면서 복간을 권유하셨다. 처음에는 조금만 손질해서 내놓으려 했으나 막상 작업에 들어가보니 일이 의외로 만만치 않았다. 다시금 꼼꼼히 읽어보니까 시대가 지나 맞지 않는 내용, 논리적으로 허술한 대목들, 그것을 어설픈 당위론으로 덮어버린 부분이 너무 많았던 것이다. 결국 절반 이상을 완전히 새로운 내용으로 대체하게 되었다.

이 책을 집필하면서 각별히 유념한 것은 문체이다. 즉 무엇을 쓸 것인가보다 어떻게 쓸 것인가에 더 신경을 쓴 것이다. 이것은 지금 우리 사회의 정신적 상황에 대한 내 나름의 진단에서 비롯된다. 지금 한국 사회는 시스템의 위기와 함께 동기 부여의 위기가 중첩되어 있다. 그런데 그것은 궁극적으로 언어의 위기에 맞닿아 있다고 본다. 즉 우리의 사회와 삶을 이야기할 수 있는 공통의 언어가 급격하게 고갈되어가는 것이다. 디지털 혁명으로 통신의 회로가 급속히 확장되고 엄청난 정보가 그 안에서 흘러다니고 있지만, 사람과 사람 그리고 영역과 영역 사이의 단절은 점점 심각해져만 간다. 한편으로 단편적인 데이터나 선정적인 자극의 망망대해에서 주책없이 유랑하는 무리들이 늘어나고 있는가 하면, 다른 한편으로는 전문 지식들이 지극히 난해한 용어와 함께 점점 고도화되고 있는 것이 지금 정보 사회의 모습이다. 온갖 언어들이 섬광으로 명멸하는 커뮤니케이션 네트워크 속에서 '나'는 어디에 있는가. 여러 차원에서 중층적으로 가로놓여 있는 경계들을 넘어 미래의 좌표를 함께 짚으면서 그 청사진을 그려가는 소통의 광장은 어디에 있는가.

새로운 공공 문화의 실마리를 찾기 위해서는 우리의 내면을 깊이 성찰해볼 필요가 있다. 지금 우리는 의미에 대한 갈증을 심각하게 느끼고 있다. 날로 번창하는 문화 산업이라는 것도 많은 부분 재미있는 '이야기'를 새롭게 만들어내는 것으로 승부를 건다. 그래서 우리의 일상에는 삶에 관한 이야기들이 각종 미디어를 통해 끊임없이 쏟아져나온다. 거기에 미처 담지 못한 이야기들은 통신 기기를 통해 유통된다.

마음이 통하는 사람들끼리 둘러앉아 세상 살아가는 이야기를 나누는 자리는 누구나 반기는 시공간이다. 그런데 그러한 자리에서 이뤄지는 의미의 소통은 '사회'에 대한 논의와 점점 괴리가 깊어지는 듯하다. 텔레비전의 예를 들자면 시사 토론 프로그램 시청자와 연예인 토크쇼 프로그램 시청자 사이의 거리를 생각해볼 수 있을 것이다. 그 둘 사이를 매개하는 언어는 너무나 빈약하다. 소비문화를 통해 날로 갱신되는 욕망의 언어와 사회적인 비전을 모색하는 당위의 언어 사이의 괴리는 점점 벌어져간다.

한국 교육의 위기도 언어의 문제라고 본다. 청소년들 사이에 오가는 정보는 좀처럼 지식으로 발전하지 못한다. 그런 반면 교과서에 실린 지식은 의미 있는 정보로 살아 움직이지 못한다. 지식과 소통 사이의 그러한 단절을 메우면서 우리의 사유와 삶을 풍요롭게 가꿔주는 새로운 정보 세계를 개척하는 데서 교육을 살리는 해법이 나오지 않을까. 인문학의 위기라는 것도 결국 그러한 언어를 재건하는 방향에서 돌파구를 찾아야 하지 않을까. 이 책은 바로 그러한 문제 인식 위에서 씌어졌다. 삶을 이야기하면서 사회를 발견하고 사회를 탐구하면서 자아를 새롭게 만날 수 있는 가능성의 모색, 그것이 바로 이 책의 지향이다.

이렇게 출간하는 마당에 서고 보니 복간이라기보다는 7년 만에 겨우 초고를 완성한 듯한 느낌이다. 그러나 아직도 보면 볼수록 허점투성이다. 강의실에서는 쉽게 전달되면서 활기찬 토론으로 이어지던 내용인데도 막상 글로 옮겨놓으면 딱딱하고 지루하게 평면화되는 것 같은 느낌이 많이 든다. 그리고 토론 문제들 가운데는 논점이 분명하지 않은 것도 꽤 있을 것이다. 독자 여러분들로부터 비판적인 제언과 충고가 많이 피드백되기를 기대한다.

이 책이 나오기까지 시리즈 전체를 기획하고 추진하신 최시한 교수님께 신세를 많이 졌다. 게으름을 피우면서 1년 이상을 허송세월했는데도 기다리시면서 작업을 마무리할 수 있도록 계속 독려해주셨다. 개인적으로 어려운 일에 부딪혀 거의 포기하고 있던 상황에서 용기를 북돋워주셔서 다시 작업에 임할 수 있었다. 그리고 처음 원고를 넘겼을 때 그 상태로는 출판하기가 어려운 이유를 조목조목 짚어서 되돌려주셨는데, 그 덕분에 그나마 좀더 나은 모양새를 갖출 수 있게 되었다.

문학과지성사 윤병무 과장님도 책의 방향을 잡는 데 많은 도움을 주셨다. 원고를 넘겼을 때 분량이 너무 많아 대폭 줄여달라는 주문을 하셔서 다시 한 번 읽어보게 되었는데 그 과정에서 얼마나 군더더기가 많은가를 새삼 절감하게 되었다. 컴퓨터의 편집 기술이 간편해지면서 활자로 된 지식들이 중언부언 부피만 늘어나고 질은 떨어지는 현실을 나의 문제로 고민해볼 수 있는 기회가 되기도 했다. 두 번의 대대적인 다이어트를 거치면서 한결 간소해진 느낌이다. 그리고 교열을 맡아주신 이현숙 씨 덕분에 너저분한 문장들이 깔끔하게 다듬어졌다. 이 자리를 빌려 고마움을 전하고 싶다. 시각 자료들을 적절하게 배열해 편집해주신 김리리 씨께도 감사드린다.

2001년 4월

김찬호

제1부 ◆ 세상 보는 눈을 다시 보자

—인식 모델의 성찰

제1장

흔들리는 터전
― 패러다임의 전환

느닷없이 사무실에 전기가 나간다. 일제히 경악과 탄식의 한숨을 쏟아낸다. 아무런 예고도 없었던 돌발 사태다. 컴퓨터 화면이 갑자기 꺼져버려 사람들은 몇 시간 동안 작업한 것이 허사로 돌아갔다고 허탈해한다. 사무실 바깥의 상황은 어떤가. 그 시간에 그 건물의 모든 엘리베이터는 당연히 멎어버렸다. 비좁은 암흑 상자 속에서 사람들은 공포에 떨고 있다. 서로 알지 못하는 사람들끼리 갇혀 있는 것이 두렵고 점점 부족해지는 산소 때문에 호흡도 가빠온다. 건물 바깥으로 나가보자. 어느 병원의 수술실에서는 환자의 심장을 대신하던 기계가 작동을 멈추는 바람에 생명을 잃었다. 이러한 돌발 사태에 대비해 자가 발전기가 마련되어 있지만 수시로 점검하는 일을 게을리하여 작동하지 않았다. 다른 한편 인근의 어느 공장에서는 24시간 연속으로 돌아가야 하는 공정이 멈추는 바람에 화학 약품이 변질되어 몇억 원 손해를 보았다. 또한 어느 농촌의 양계장에서는 난방이 끊겨 수천 마리의 닭이 얼어 죽었다. 수산 시장에서도 물속에 살아 움직이는 물고기들에게 산소를 공급하던 장치가 멈춰 수천 마리가 떼죽음을 당했다. 이것은 갑자기 정전이 될 때 실제로 벌어진 일들이다.

정전. 영어로는 'black out.' 예전에는 그것이 그다지 심각한 사고가 아니었다. 한국에서 3, 40대 이상의 사람들은 어린 시절 정전을 자주 경험했을 것이다. 그 정황은 어떠했는가. 깊어가는 한밤중에 갑자기 불이 나가면서 동네와 집 안이 암흑으로 뒤덮이면, 약간의 흥분이 감돈다. 식구들이 저마다 밝혀든 촛불로 가정은 돌연 엄숙한 의례 공간으로 변하고, 희미한 불빛과 그 속에서 서로의 얼굴을 응시하는 눈빛이 소담스레 교차한다. 오가는 말소리도 왠지 촉촉하고 구수하다. 그리고 아이들에게 정전이 반가운 것은 지겨운 숙제에서 잠시 해방되어 놀 수 있기 때문이다. 그러다가 갑자기 전기가 들어와 집 안이 환해지면 일제히 "아……" 하고 탄성을 내는데, 거기에는 '광명'을 되찾은 기쁨과 함께 모처럼 주어진 어둠의 축제가 끝나버린 데 대한 아쉬움이 섞여 있었다.

그런데 언제부터인가 이러한 낭만은 사라지기 시작했다. 이제 예고 없는 정전은 일상에서 그다지 쉽게 접할 수 없게 되었다. 한번 사고가 나면 워낙 충격과 손실이 크기 때문에 철저하게 관리하고 있는 것이다. 그런데 어쩌다가 시스템의 착오나 불의의 사고로 정전이 발생하면 그것은 자못 심각한 사태로 이어지기가 일쑤다. 위에서 묘사한 정황에서 충분히 짐작할 수 있겠지만, 정전으로 인해 입게 되는 경제적 손실은 막대하다. 그래서 한국전력은 그에 대한 보상을 요구하는 소송에 휘말리게 되는 경우가 종종 있다. 이제 정전은 엄청난 위험과 손실을 수반하는 사고요 재난이 된 것이다.

현대 사회는 점점 더 많은 에너지를 소모한다. 우리의 나날은 대량의 에너지를 전제로 하지 않으면 성립할 수 없게 되어 있다. 우리의 평온한 일상이 엄청나게 거대한 문명의 구조 위에 서 있는 것이다. 그 문명은 하루가 다르게 복잡한 시스템으로 진화하면서 점점 더 많은 자원을 소모하고 있다. 그런데 삶 속에서 이러한 근본적인 토대는 평소에는 좀처럼 의식되지 않는다. 마치 공기의 존재를 당연시하듯이, 또는 자기가 살고 있는 집이 무너질지도 모른다는 걱정을 하지 않고 살아가듯이 말이다. 그러나 우리의 생존은 매우 취약한 기반 위에서 영위되고 있다. 그것이 흔들리거나 붕괴될 때 우리는 비로소 그 바탕이 얼마나 절대적인지 깨닫게 된다. 그런데 그렇게 당연시되는 것은 우리 삶의 물리적인 토대나 시스템뿐만이 아니다. 세상을 바라보는 우리의 눈도 보통 때에는 의식의 대상으로 떠오르지 않는다.

흔들리는 전제들

어느 초등학교 1학년 교실에서 있었던 일이라고 한다. 선생님은 교과서에 나오는 '토끼와 거북이' 이야기를 내용으로 수업을 진행하고 있었다. 자기의 재능만 믿지 말고 성실하게 노력해야 한다는 교과서적인 교훈으로 결론을 맺으면서 수업을 마무리하려고 했다. 그때 한 아이가 갑자기 손을 들더니 다음과 같이 말하는 것이었다. "선생님, 전 거북이가 너무 억울하다고 생각해요." 선생님은 의아하다는 표정으로 되물었다. "아니, 어쨌든 경주에서 이기지 않았니, 그런데 뭐가 억울하지?" 아이의 대답은 이러했다. "토끼와 거북이가 시합을 하는데 왜 꼭 땅에서 해야 되지요? 물에서 하면 안 되나요? 그러면 거북이는 훨씬 수월하게 이길 수 있었을 텐데요."

토끼와 거북이가 경주하는 모습을 상상할 때, 우리는 당연히 땅 위에서 하는 것으로 배경을 설정한다. 그런데 그 아이는 그 중요한 암묵적 전제tacit premise에 질문을 던진 것이다. 육지는 토끼의 홈그라운드가 아니냐고, 공정한 시합이라면 거북이의 홈그라운드에서도 겨뤄야 하는 것 아니냐고. 그러나 보통 그런 질문을 던지지는 않는다. 우리의 모든 생각과 행동에는 언제나 일정한 전제가 묵시적으로 깔려 있어서 좀처럼 객관화되기가 어렵다. 그것은 오랜 시간에 걸쳐 형성되고 천천히 변화하기 때문이다. 그리고 그것은 우리가 의식적으로 만든 것이 아니고 삶의 조건, 즉 '환경'으로 주어진 것이다. 그래서 거기에 적응하면서 성장한 구성원들은 그러한 문화를 자신의 의식과 정서로 내면화하여 당연시하고 있는 것이다.

그런데 그 '자연스러운' 생각과 감수성에 문제가 생길 때가 있다. 기존의 세계관으로 삶을 영위하고 사회를 운영하는 데 한계가 드러난다. 어떤 때 그러한 상황이 발생하는가? 사회가 빨리 변화하고 모든 것이 근본적으로 전환하는 시기다. 상황이 급변하면서 지금까지 너무나 자연스럽게 통용되던 논리에 금이 가기 시작한다. 당연시되어온 명제와 객관적으로 존재하는 현실 사이에 어긋나는 부분들이 나타난다. 이러한 사태와 마주칠 때 우리는 근본적인 질문을 던지게 된다. 확고하게 지탱되어온 신념에 의심의 눈초리를 보내게 된다. 나의 사고방식에 허점은 없는가? 우리들 사이에 통용되어온 상식에 어떤 모순이 있지는 않은가?

지금 우리는 바로 그러한 상황에 처해 있다. 인류에게 풍요와 편리함을 가져다준 문명이 파국으로 치달으면서 범지구적으로 새로운 세계관과 생활양식이 모색되고 있다. 한국 사회의 경우 그러한 문명적인 위기와 함께 사회 내부 시스템의 위기가 맞물려 나타나고 있다. 그동안 급속한 경제 성장을 추진해온 방식에 심각한 오류가 있었음이 뒤늦게 발견되면서 대수술이 요구되고 있는 것이다. 그것은 단순히 '구조조정' 차원의 문제가 아니다. 그러한 구조에 깊숙하게 맞물려 있는 습성, 즉 도덕적으로 해이해진 관행들도 함께 개혁되어야 한다. 이른바 '패러다임paradigm'이 바뀌지 않으면 안 되는 것이다(패러다임에 대해서는 제2장에서 자세히 다룰 것이다).

지금까지 우리를 든든하게 떠받쳐주던 질서가 해체되고 불투명한 현실만 남았다. 진로를 가늠하는 좌표는 혼란스럽기만 하다. 충격적인 풍경들을 변화무쌍하게 진열해가는 사회, 숨 가쁘게 펼쳐지는 삶의 파노라마 앞에서 우리는 묻는다. 지금의 패러다임으로 현실을 조망할 수 있을까? 역사를 움직여온 힘으로 계속 미래를 형성할 수 있을까? 지금은 자기의 생각과 느낌에서부터 문명의 존재 방식에 이르기까지 그 모든 것에 의문부호를 찍어야 할 때다. 모든 것이 변화하고 있기 때문이다.

■ 한국 사회 변동의 특징 ■

산업 문명은 엄청난 변화를 몰고 왔다. 20세기에 일어난 변화는 인류가 이 지구상에 출현한 이후 몇백만 년 동안 겪은 변화를 능가한다. 지금 이 세상에 살아 활동하는 과학자의 수가 이제까지 이 지구를 거쳐간 과학자 수보다 많다. 테크놀로지는 하루가 다르게 혁신을 거듭하고 있다. 그리고 그것은 곧바로 생산력의 비약적인 증대와 그에 따른 인구의 증가, 이동과 통신의 시공간적 단축, 그리고 그 회로를 타고 자유롭게 넘나드는 정보의 폭증 등 우리의 일상생활의 획기적인 변화로 이어진다.

그러한 변화가 가져다주는 충격과 혼란은 한국 사회처럼 아무런 준비 없이 산업화의 대열에 갑자기 뛰어든 사회일수록 훨씬 증폭되어 나타난다. 우리 사회의 노인들의 체험 속에는 보릿고개의 처절한 기억과 공업화의 힘찬 약진, 그리고 그 다음 단계로 지금 우리가 맞고 있는 정보화와 세계화의 물결이 공존하고 있다. 때로 참담함으로 때로는 그리움으로 되살아나는 전근대의 정서, 표준적인 원리와 질서로 사회 전체가 재편성되는 근대화의 맹렬한 흐름, 다양한 이미지들이 무질서하게 콜라주를 빚어내는 탈근대의 문화 폭발을 한 생애에 축적하고 있는 그들은 과연 역사의 방랑자들이다. '비동시적인 것들의 동시성'은 우리 삶의 뚜렷한 발자국이다.

우리의 근현대사를 움직인 변동은 다음의 세 가지 점에서 문제가 된다고 본다. 그 세 가지는 서로 밀접한 관련을 지니고 있다.

첫째, 우리가 체험한 변동은 그 속도가 너무 빨랐다는 것이다. 한국의 인구 이동은 동서고금을 통틀어 세계적으로 가장 급격히 진행되었다. 농촌 대 도시의 인구 비율은 불과 한 세대 안에 완전히 뒤바뀌어 버렸다. 마을 공동체의 해체, 이것은 한반도 5천 년 역사에 가장 중대한 사건이라 할 만하다. 그렇게 광범위하고 철저하게 지역 체계가 재구성된 적은 한 번도 없기 때문이다. 이 같은 '헤쳐 모여'는 지금도 계속되고 있다. 그러한 지역 간 인구 이동에 맞물려 변화해온 것이 직업 구조와 계층 구조이다. 이러한 사회 성원들 사이의 갑작스러운 자리바꿈과 환경의 변화에 우리는 제대로 적응하지 못하고 있다. 물리적인 스피드도 어느 한도를 넘어서게 되면 통제하기가 어렵고 사고의 위험이 있듯이 사회적인 변화도 지나치게 빠르면 감당하기 힘들다. 우리는 지금까지 너무 급격하게 진행되어온 변동, 그 점증하는 가속도에 심한 현기증을 느끼고 있다.

둘째, 그 변동을 추진하는 근본 원동력이 우리 안에서 형성되지 않고 바깥에서 왔다는 것이다. 우선 변화의 단초가 우리의 의지와 상관없이 외부의 충격에 의해 생겨났다는 것이 중요하다. 즉 그 동기가 우리의 역사 속에서 자연스럽게 움트지 못하고 느닷없이 나타난 제국들의 도전에 맞서거나 그들이 세워놓은 질서에 성급하게 적응하는 양태로 급조된 것이다. 사회 변동을 우리가 스스로의 힘으로 주도하지 못한 것이다. 산업화는 일면 우리의 자생적인 에너지로 추진된 것이지만, 그 목표는 서구에서 이미 제시되어 그것을 거의 맹목적으로 따라잡는 방식이었다.

한국 사회의 변동 양식의 세번째 문제점은 변동이 매우 불균형하게 진행된다는 것이다. 이는 위에서 말한 바 변동의 근원이 바깥에 있었다는 것과 매우 밀접한 관련을 지닌다. 그 사회 구성원들이 주체적으로 변화를 이끌어가지 못하고 휩쓸리는 가운데서는 각 영역들에서 일어나는 변화들 사이에 유기적인 연관성을 기하기 어렵다. 우리 사회를 보더라도 외적인 조건에 따라 금방 변화가 올 수 있는 영역과 그렇게 되기 힘든 영역 사이의 격차는 서양 사회에 비해 훨씬 크게 나타나고 있음을 알 수 있다. 예를 들어 민주주의를 표방하는 여러 정치적인 제도들은 들어왔지만 그것을 운영하는 사람들의 수준은 크게 뒤떨어져 있다. 자동차는 계속 늘어나지만 교통 행정이나 자동차 문화는 별로 나아지지 않는다.

이러한 문제는 지금 문화뿐만 아니라 경제 전반에 걸쳐 나타나고 있다. 가령 전 세계적으로 '환경'이라는 문제는 경제 개발의 가장 핵심적인 관건 가운데 하나로 떠올랐는데 우리는 아직도 거기에 소극적으로 대응하고 있다. 국가의 단속과 소비자들의 감시를 적당히 피하면서 이윤을 유지할 수 있으리라는 착각이 지배적이다. 그러는 사이에 전 세계는 이 문제를 '환경적으로 건전하고 지속 가능한 개발'이라는 의제로 정식화하면서 그것을 무역 규제의 명분으로까지 발전시켜놓았고 선진국들은 이미 그러한 국제적 규제에 대비해 대안적인 전략을 꾸준히 준비해왔다. 우리의 발등에는 뒤늦게 불이 떨어졌다. 많은 기업들 — 특히 중소기업들 — 은 이 난국을 어떻게 헤쳐가야 할지 방향을 잡지 못하고 있다. 환경을 해치지 않으면서 경제적으로도 부담을 최소화하기 위해서는 생산의 공정을 어떻게 바꿔야 할까? 이에 대해 어디에서도 믿을 만한 조언과 관련 자료를 제공하지 못하고 있다. 이대로 가다가는 외국에서 이미 그 비법과 데이터를 축적해온 자문 회사들이 그 공백을 메우면서 황금알을 건질 것이 분명하다.

이렇듯 기존의 패러다임에 안주하고 있다가는 무기력하게 도태될 수밖에 없는 것이 우리가 처한 혹독한 현실이다. 따라서 지금까지 우리에게 익숙해 있던 패러다임과 그 암묵적 전제들을 꼼꼼히 검토하고 대안적인 기틀을 모색하는 작업이 매우 절실하다. 그렇다면 앞으로 한국 사회를 진단하는 데 있어서 어디를 중요하게 짚어야 할까. 그 진맥診脈의 한 가지 핵심적인 지점으로서 교육 시스템을 생각해보자.

왜 외국인들은 한국에 공부하러 오지 않는가

온 국민의 성원을 한 몸에 받으며 이국의 그라운드에서 뛰는 박찬호, 그의 탁월함은 우리에게 크나큰 용기가 된다. 그러나 열기를 가라앉히고 잠시 생각해보자. 오늘의 박찬호를 만든 것은 누구인가? 그의 타고난 자질은 미국의 전문적인 프로 야구 훈련 시스템 속에서 꽃을 피울 수 있었다. 그 점에서는 박세리도 마찬가지일 것이다. 우리는 그들이 한국인이라는 점에서 자랑스러워한다. 하지만 심각하게 던져보아야 할 질문이 있다. 과연 한국의 훈련 시스템도 그들을 키워낼 수 있었을까?

이렇게 생각해보자. 여기 두 사람이 있다. 한 사람은 박찬호처럼 한국인으로서 외국의 시스템 속에서 성장하여 뛰어난 업적을 이루었다. 또 한 사람은 정반대로 외국인인데 일찍이 한국에 건너와 한국의 시스템 속에서 교육을 받아 세계적인 인물이 되었다. 우리는 어느 쪽을 더 자랑스러워해야 할 것인가? 대부분은 전자에 손을 들 것이다. 피는 물보다 진하니까 말이다. 그러나 우리가 맞이한 상황은 그러한 패러다임에 수정을 가하지 않으면 안 되도록 압박을 가해오고 있다. 박찬호에 대한 자랑스러움을 일부러 억누르자는 것은 아니다. 그 대신 왜 우리는 잠재력 있는 외국의 무명 선수들을 발굴해 훌륭하게 키워내지 못하는가 하고 질문해보자는 것이다. 농구와 축구의 프로 구단에 외국 선수들이 많이 와서 이른바 '용병'으로 뛰고 있지만 — '용병傭兵'이라는 호칭에 대해서도 심각하게 생각해볼 필요가 있다. 거기에 담겨 있는 뉘앙스는 무엇인가 — 그들 가운데 한국의 훈련 시스템에서 더욱 실력이 향상된 이가 누가 있는가.

그러한 질문은 교육 시스템에도 그대로 던져볼 수 있다. 한국인의 피를 이어받은 교포 2세나 3세가 미국의 일류 대학에서 뛰어난 성적을 보이고 세계적인 학문 업적을 내는 것이 종종 신문에 대서특필된다. 우리는 같은 한국인으로서 매우 자랑스러워한다. 그러나 거기에 가슴 뿌듯해하고만 있을 때가 아니다. 외국인들이 한국의 대학에 유학을 별로 오지 않는 이유를 심각하게 따져보아야 한다. 세계사적으로 그 유례가 없을 만큼 맹렬한 한국인의 교육열과 엄청나게 쏟아붓는 교육비는 결국 대학 입학을 위한 것이다. 개인적 차원에서만이 아니라 사회적인 차원에서도 많은 비용을 치른다. 수능 시험날이 되면 출근 시간이 변경되고, 영어 듣기 시험 시간에는 공항에 항공기의 이착륙이 통제된다. 방송 프로그램마다 수험생들을 격려하는 말들이 이어진다. 그리고 그 다음 날에는 모든 일간지에 시험 문제와 정답 해설이 곁들여진다. 이런 나라는 세계에서 한국밖에 없다. 그렇게 국민의 역량이 총 집결된 한국의 대학들이 국제적으로는 왜 그렇게 낮은 평가를 받는가. 그토록 치열한 경쟁을 뚫고 입학한 대학생들이 졸업할 때 갖추게 되는 실력은 어느 수준인가.

최근 우리의 교육 시스템이 배양해온 능력과 세계가 요구하는 능력 사이의 괴리가 첨예하게 의식되기 시작했다. 그 괴리는 진작에 드러난 것이었지만, 억지와 허세와 거품으로 은폐하면서 너무 오랜 세월을 낭비했다. 이제 그 두텁고 낡은 껍데기가 벗겨지면서 실체가 서서히 드러나고 있다.

지금까지 젊은이들은 고등학교에서 착실하게 공부하여 대학에 들어가기만 하면 많은 것이 보장된다고 들어왔고 믿어왔다. 그리고 실제로 선배들의 경우에는 그러한 믿음이 크게 배반당하지 않았다. 그런데 그토록 오랫동안 지탱되어온 믿음이 지금 바닥에서부터 무너지고 있다. 오로지 형식(간판)만을 가지고 벌이던 것에서 갑자기 내용을 따지는 쪽으로 게임의 룰이 바뀌면서 곤혹스럽게 되었다. 졸업장은 곧 실업장이라는 자조적인 탄식이 들려온다. 말하자면 지금 대학생들에게 쥐여진 보증 수표가 부도난 것이다. 그러나 망연자실하고 있을 겨를이 없다. 가치와 효험이 사라져가는 대학 졸업장에 안주하지 않고 또 다른 보증 수표를 따내야 한다. 그래서 너도나도 고시로 몰려든다.

그러나 고시도 이제 예전처럼 순탄한 진로를 보장하지는 못한다. 고시에 합격한 이후에도 끊임없이 경쟁을 해야 한다. 그런데 그 경쟁에서 살아남는 데 필요한 능력은 열심히 시험 공부해서 고시에 합격하는 데서 발휘했던 능력이 아니다. 따라서 고시 합격이라는 것이 더 이상 성공한 인생의 보증 수표가 아닌 것이다.

우리는 제대로 검증되지 않은 평가 시스템을 너무나 오랫동안 굳건하게 유지해왔다. 사법 고시가 법조인으로서 공무나 서비스를 수행하는 데 필요한 능력을 길러내는 데 적합한 것인가? 이른바 언론 고시의 출제 내용은 방송인으로서 활동하는 데 필요한 감각과 창의성에 과연 얼마만큼 연관되는가? 의과대학을 수석으로 졸업하고 의사 자격 국가고시를 수석으로 합격한 의사가 환자에게 최상의 진료를 제공하는가? 그런 식으로 생각해보면 고시뿐만이 아니다. 우리 인생의 중요한 고비들을 이루는 수많은 시험들은 무엇을 테스트하는가? 그러한 시험에 통과하기 위해 갈고닦은 능력들은 미래 사회, 아니 현재의 사회에 적응하고 자기를 발전시켜가는 데 얼마나 도움이 되는가?

지금 한국 사회가 맞은 파산은 그럴듯한 외형만 부풀려온 교육 시스템의 결과이기도 하다. 그리고 바로 이것이 대학생들이 씨름하고 있는 고뇌의 원천이다. 주어진 코스를 착실하게 따라가면 행복이 기다리고 있다는 믿음을 가지고 힘겹게 버텨왔건만, 그 코스의 종착지에 암울한 기운이 드리우고 있는 것이다. 그것은 자신들의 이상형인 선배 엘리트들의 무능에 대해 쏟아지는 사회적 지탄들, 그리고 여러 평가에서 드러나는바 한국 대학의 형편없는 국제 경쟁력 등으로 감지되고 있다.

21세기가 요구하는 능력은

우리에게 닥친 위기의 본질은 무엇인가. 근본적인 전환기를 맞은 지금 시대의 흐름을 읽는 좌표는 무엇인가. 지금까지 우리가 가장 주력해서 연마해온 것은 누군가에 의해 이미 만들어진 것을 본뜨는 복제 능력이었다. 그것은 시키는 대로 잘 따라하는 능력이라고 할 수 있다. 사실 우리는 그동안 그 능력을 키우는 데 교육의 모든 힘을 집중시켰고, 그 능력에 따라 자리가 배분되어왔다. 그래서 우리는 시키는 대로 하는 것에 매우 숙달되어 있다. 학생은 학교가 시키는 대로 공부하면 되었다. 그렇게 시키는 대로 잘하는 능력을 평가받아 좋은 대학에 들어갔고 졸업 후 회사에서 요구하는 능력도 역시 시키는 대로 잘하는 것이었다. 회사원은 회사가 시키는 대로 했고, 기업 활동은 국가가 세워놓은 큰 틀 속에서 보호받았으며, 국가는 선진국의 모델을 이식해왔다.

말하자면 개인이든 집단이든 그리고 심지어 국가까지도 자신의 발전 모델을 스스로 만들지 못하고 바깥에 의지해온 것이다. 그런데 이

30

러한 모델의 연쇄 구조에 균열이 생겨버렸다. 기업은 사원을 보호하지 않으며 국가는 기업을 더 이상 감싸고 돌지 않는다. 또한 그동안 한국을 온정주의로 품어온 선진국들은 이제 대등한 협상 내지 경쟁 상대로 변신하고 있다. 더 이상 '봐주지 않는' 환경에서 각자가 자기의 운명을 책임져야 하는 것이다. 따라서 기존의 어떤 시스템 안에 편입되어야만 자기의 사회적 입지가 보장될 수 있었던 시대의 세계관으로는 적응하기 어렵다. 이제 시스템 자체를 어떻게 새롭게 만들 것인가에 에너지를 모아야 할 것이다.

바로 여기에 지금 젊은이들의 고민이 있는 듯하다. 기존의 시스템에 진입하기에는 장벽이 매우 높다. 설령 진입한다 해도 안정이 보장되지 않는다. 이제 스스로의 힘으로 시스템을 만들거나, 아니면 그러한 시스템에 의존하지 않고 살아갈 수 있는 방식을 만들어야 한다. 그들은 위 세대가 자신의 삶의 조건들을 만들어갈 때보다 훨씬 열악한 조건에 놓여 있다. 소비 생활은 풍요로워졌으나 생산의 주체로서 자기를 세우기가 대단히 험난해진 것이다. 따라서 그 어느 세대보다도 강인한 내공이 요구된다. 지금 젊은이들은 그 내면의 힘을 쌓고 있는가.

20세기는 세계사적으로 격변의 시대였다. 산업 문명의 폭발력이 절정에 달하고 그 충격이 전 지구를 뒤흔들면서 인류의 삶은 전면적으로 재구성되었다. 뒤늦게 그 거센 파고에 휩쓸려 들어간 한국 사회의 혼란은 우리의 모든 일상에서 체감되고 있는 바이다. 그런데 그 무질서를 미처 수습하기도 전에 우리는 또 다른 도전들을 맞이하고 있다. 그것은 분명히 지금까지 진행되어온 변화의 연장선상에 있다고 볼 수 있다. 그러면서도 질적으로 전혀 다른 국면으로 접어들고 있음을 우리는 또한 목격한다.

우리는 이러한 미래의 이미지를 어떻게 포착하고 있는가? 그 속에서 나의 생활은 구체적으로 어떤 모습일까? 나는 그 메가트렌드mega-trend에 적응할 준비를 하고 있는가? 지금까지 우리가 연마한 실력은 '주어진' 목표를 향해 열심히 노력하는 것이었다. 그러나 앞으로 요구되는 것은 목표 그 자체를 스스로 설정하는 안목이다. 새로운 가능성을 찾아 선택하고 그 결과에 대해 책임질 수 있는 마인드이다.

한국 사회가 세계사에 합류한 지 어느덧 100년이 흘렀다. 그동안 주책없이 끌려다닌 혼란과 무질서의 역사를 정리하지 않고서는 우리는 다음 세기에 주체적으로 진입할 수 없다. 그것은 바로 나 자신의 소임이다. 우리는 21세기에 입문하면서 스스로에게 물어야 한다. 나는 정말로 행복하게 살아갈 준비가 되어 있는가?

1 당신은 지금 공상 과학 영화 시나리오를 쓰려고 한다. 그 소재는 전산 시스템의 붕괴이다. 어느 무시무시한 해커(정확히 말하면 크래커) 집단에 의해 행정 전산망과 은행의 금융 정보망이 모두 파괴되고 그 안에 있던 모든 데이터가 한꺼번에 완전히 없어져버리는 것으로 이야기는 시작된다. 그 뒤에 가공할 만한 대혼란panic이 이어질 것이 틀림없다. 그렇다면 구체적으로 어떤 상황들이 벌어질 것인가. 그것들을 박진감 넘치는 줄거리로 엮어보자. 그리고 가능하다면 그러한 비극적인 정황 속에서 인간애가 피어나는 감동을 느낄 수 있도록 드라마를 구성해보자.

2 한국 사회의 변화는 매우 빠르게 진행되어왔고, 그 속도는 점점 빨라지는 듯하다. 그것을 확인할 수 있는 구체적인 지표로 무엇을 들 수 있을까? 생활 속에서 목격하거나 체험하는 현상, 체감하기는 어렵지만 통계 수치 같은 객관적 자료를 통해 확인할 수 있는 사실, 그 두 차원으로 나눠 생각해보자.

3 『88만원 세대』라는 책이 나왔고, 그 제목이 20대 청년들을 가리키는 용어로 정착했다. 안정된 평생직장에 들어가기가 점점 어려워지고, 비정규직으로 열심히 일해 벌 수 있는 평균 월급이 88만 원 정도라는 현실을 빗대서 만든 개념이다. 청년들의 미래가 그렇게 암울해진 것은 본인들이 무능해서라기보다는 사회의 시스템 탓이 더 크다고 할 수 있다. 그런데도

왜 청년들은 그것을 바꾸기 위해 나서지 않는가? 1980년대 대학생들처럼 사회의 변화를 위해 힘을 모으지 않는 (또는 못하는) 까닭은 무엇일까?

4 성악가 조수미 씨가 유럽에서 활약하는 것에 대해서 우리는 매우 긍지를 느낀다. 동양인으로서 서양 음악의 정상에 올라서는 모습을 보면서 갈채를 보낸다. 그런데 외국인이 한국에 유학 와서 한국 음악(이른바 '국악')을 배우고 국립 국악단의 지휘자나 뛰어난 연주자가 될 수는 없을까? 그것이 불가능하다고 생각하면 왜 불가능한지를 토론해보자. 그리고 가능하다고 생각하면 어떤 방식으로 이뤄질 수 있을지 생각해보자.

제2장

앎과 삶 가로지르기
—지식의 위상 점검

1990년대 중반 서울의 어느 대학교에서 있었던 일이다. 천문학과에서 몇천만 원짜리 외제 천체 관측기를 수입하여 건물 옥상에 설치하였다. 그런데 문제가 생겼다. 얼마 지나지 않아서 그 기계로는 하늘을 전혀 볼 수가 없다는 사실을 알게 되었다. 물건에 하자가 있었다거나 고장이 나서가 아니었다. 또는 공해가 너무 심하기 때문도 아니었다. 어처구니없게도 그 관측기 앞에 몇 개월 뒤에 높은 아파트가 들어서기로 계획되어 있었기 때문이다. 학교 당국에서는 그 동네에서 어떤 일이 추진되고 있는지에 대해 전혀 정보를 갖지 않은 채 고급 기자재만 들여놓은 것이다. 결국 장소를 옮겨 다시 설치할 수밖에 없었는데, 그 비용이 만만치 않았다.

한없이 드넓은 우주를 탐구하려고 세워놓은 천문대, 그런데 그 렌즈에 들어오는 영상이 별이 아니라 바로 옆에 있는 아파트의 창문이라니! 이것은 우리 사회에서 대학이 어떤 자리에 놓여 있는가, 더 나아가 교육 그 자체의 사회적 위상을 상징적으로 보여주는 에피소드가 아닌가 한다. '순수'라는 이름으로 애써 현실과 담을 쌓아온 학문과 교육의 현주소인 것이다. 그동안 한국 사회에서 지식과 배움의 행위는 가장 가까운 삶의 현장인 지역 사회와의 관계에서부터 철저하게 유리된 채 아카데미즘의 틀 속에 머물러 있어온 것이다.

우리의 막강한 교육열은 제도적 공간과 그 안에서의 게임에 관해서만 뜨거웠을 뿐, 앎과 삶을 유기적으로 잇고 아우르는 회로에 대해서는 차가운 무관심으로 일관해왔다. 그래서 학교에서 무엇을 배운다는 것은 자신의 삶 그리고 세상과 일정한 단절을 수반하는 경우가 많다. 그래서 자기의 생각을 키우면서 지식을 수용하고 더 나아가 지식을 생산하는 문화가 너무나 박약하다. 지식은 그 자체로 고정불변의 진리처럼 여겨진다. 지식에 대한 이러한 권위주의적인 태도는 사회 전반을 지배한다.

물론 모든 학문과 교육이 현실에서 곧바로 검증을 받아야 하는 것은 아니다. 오히려 어떤 면에서는 현실로부터 일정한 거리를 두면서 이론화하고 또한 새로운 가능성을 탐구해야 한다. 그러나 거리를 두는 것과 격리되는 것은 전혀 다르다. 사실 역사적으로 위대한 사상이나 이론들이 많은 경우 매우 추상적인 언어들로 정리되어 있지만, 그것을 만들어낸 지식인들은 자신이 처한 삶과 현실에 대해 치열하게 고민했다. 그래서 다소 난해한 개념들의 장애를 힘들여 넘으면 그 사유의 깊이를 통해 오늘의 현실을 다시 볼 수 있는 눈을 뜰 수 있다. 시공간의 간격을 훌쩍 뛰어넘어 보편적인 문제를 공유하면서 이야기를 나누는 기쁨이 스며든다.

그런데 오늘 우리의 지식은 어떤가. 학문은 왜 이렇게 무기력한가. 때를 따라 배우고 익힘이 즐겁지 않은 까닭은 무엇인가.

▪ 질문은 누가 만드는가 ▪

A good question is greater than the most brilliant answer.
—루이스 칸(건축가)

인간이 다른 동물과 구별되는 점 가운데 중요한 한 가지는 지적인 호기심이 매우 강렬하다는 것이다. 사람은 자기의 생존과 아무런 관련이 없는데도 끊임없이 뭔가를 새롭게 알고 싶어한다. 볼 수 있는 것이라면 무엇이든 보아야만 직성이 풀린다. 그래서 땀 흘리며 산꼭대기에 올라가서 광활한 풍경을 내다보면서 뿌듯해한다. 길을 지나가다가도 사람들이 많이 모여 웅성거리면서 뭔가에 시선을 집중하고 있는 모습이 눈에 띄면 그냥 지나치는 법이 없다. 궁금증이라는 것이 거의 본능처럼 발동된다. 그래서 가까이 다가가 기웃거리면서 어떤 상황인지를 파악해야만 속이 후련해지는 것이다. 이처럼 왕성한 지적 욕구는 인간의 문화와 문명을 진화시켜온 원동력이 되었다고 볼 수 있다. 그리고 그 한 가지 결과물로 어마어마한 정보와 지식을 축적하게 되었다.

그러니까 인간은 주어진 것에 대해 의문을 던지고 그것을 넘어서려는 시도 속에서 문화를 발전시켜온 것이다. 질문할 수 있는 능력! 바로 이것이 인간 진화의 비결이다. 그런데 지금 우리 삶에서 그 능력은 얼마만큼 발휘되고 있는가. 교육은 그것을 충분히 개발하고 신장시켜 주는가. 사실 우리는 학습 과정에서 너무 많은 질문들에 부딪히게 된다. 학교 교육과 수험 공부의 대부분은 문제를 푸는 것으로 채워진다. 그에 대한 정답을 얼마나 정확하게 그리고 재빠르게 찾아내느냐가 곧 실력이다. 그러나 그 질문은 누가 만든 것인가? 그리고 그에 대한 정답은 누가 정하는가?

주부들을 대상으로 하는 어느 텔레비전 퀴즈 프로그램에서 이런 문제가 나온 적이 있다. 과일을 고를 때 고려해야 할 3대 요소는? 사지선다형으로 주어진 항목 가운데 정답은 '맛, 색깔, 신선도'였다. 정답을 맞춘 주부들은 환성을 터뜨리고 전광판에는 점수가 올라갔다. 그런데 여기서 묻고 싶은 것이 있다. 도대체 누가 그러한 정답을 만들어냈는가 하는 것이다. 거기에서 정답으로 제시된 기준을 적용하지 않는 사람이 얼마든지 있을 수 있기 때문이다. 과일을 살 때 무엇보다도 그 안전성을 중시하는 주부들이 점점 많아지고 있다. 농약에 얼마나 덜 오염되어 있는가, 그리고 최근 민감해지는 문제로 유전자 조작 식품 GMO인지 아닌지를 따지는 것이다. 농약을 덜 친 과일일수록 때깔이 곱지 않다는 것은 상식이다. 벌레가 많이 먹어 모양도 볼품없다. 신선도라는 것도 저장과 운반 과정에서 방부제나 농약을 많이 살포해 억지로 유지시키는 경우도 많다. 따라서 색깔이 얼마나 예쁘고 반짝이는가를 기준으로 과일을 고르게 되면 건강을 해친다. 그러니까 색깔이나 신선도가 아니라 얼마나 볼품없고 벌레가 많이 먹었는가를 기준으로 삼는 주부들도 틀린 것은 아니다.

그냥 오락 프로그램으로 넘겨버릴 수 있는 것을 가지고 공연히 꼬투리를 잡는 데는 그럴 만한 까닭이 있다. 우리 사회에서 지식이라는 것을 생산하고 수용하는 방식이 그와 흡사할 때가 많기 때문이다. 특히 제도 교육의 획일적인 틀 속에서 이뤄지는 학습은 그 단적인 전형이다. 퀴즈 대회처럼 소박한 명예나 상품 몇 개 얻는 정도가 아니라 일생의 행복과 불행을 걸어야 하는 입시는 그것을 요구해왔다. 자기의 운명을 상당 부분 좌우하는 그 치열한 경쟁을 치러오면서 우리의 두뇌 속에는 이미 정해진 물음과 정답의 기계적이고 단선적인 회로가 고정되어버렸다. 교육에서 만들어진 그 조건 반사 장치는 여러 상황을 통해 계속 강화된다. 그러는 동안 우리는 스스로가 지식의 주체가 되어볼 기회를 가져보지 못한 것이다.

그러므로 정작 중요한 것은 답이 아닐 수 있다. 그 이전에 던져보아

야 할 문제가 있다. 우리에게 주어진 질문은 과연 답할 가치가 있는
가? 그 질문 자체는 제대로 만들어진 것인가? 그것은 나의 질문인가?
우리는 자기의 질문을 구성할 수 있도록 지적 훈련을 받지 못했다. 우
리는 자기가 던지지 않은 질문에 대한 정답들을 머릿속에 가득 집어넣
는 데 골몰하느라 스스로 질문을 제기할 겨를이 없었다. 이제는 문제
를 찾아야 한다. 그 문제들에 대한 정답은 금방 찾아지지 않을 것이
다. 아니 영원히 정답이 나오지 않는 질문들이 우리의 삶 속에는 훨씬
더 많다. 질문을 끊임없이 던지는 행위 속에서 우리의 시야와 삶의 지
평이 넓어질 수 있다.

  질문을 던진다는 것은 삶과 사물의 이치를 되묻는 작업만이 아니다.
이미 누군가에 의해서 제기되고 내게 던져진 질문 그 자체에 대해 질
문을 던지는 단계로도 나아가야 한다. 오답誤答도 문제지만 오문誤問,
즉 잘못 던져진 질문도 그에 못지않게 심각한 문제이기 때문이다. 타
인이 내게 던진 질문에 대해 과연 그것이 정당하고 필요한 질문일까
하고 물음표를 달아보는 태도가 요구된다. 그런데 거기에서 그치지 않
는다. 사실 타인으로부터 일방적으로 주어진 질문도 우리를 구속하지
만, 스스로 던진 질문 가운데도 잘못 던져진 것이 얼마나 많은가. 고
민할 필요가 없는 질문에 답을 찾아본들 아무 소용이 없다. 아니 그것
은 오히려 더 큰 문제를 낳을 수도 있다. 그런 질문에 대한 정답은 질
문 그 자체를 해소하는 것이다. 그래서 우리는 부질없이 끌어안고 있
는 고민으로부터 해방될 수 있다. 질문 그 자체에 대해 질문할 수 있는
힘, 그 지적인 에너지로 우리는 생각과 삶의 자유를 확장할 수 있다.

그것은 궁극적으로 지식의 뿌리를 삶 속에 내리는 작업을 통하여 성취된다. 기존의 지식을 자기의 실존적인 현실에 비추어 점검하고 재구성하는 것이다. 그리고 지식의 원천을 나의 생각 속에서 구하고 그것을 삶의 현장 속에서 검증해야 한다. 지식은 생각을 키우고 생각은 또한 새로운 지식을 만들어낸다. 그리고 그 지식과 생각은 삶과 조응하면서 완성되어간다. 그래서 생각, 삶, 그리고 지식, 이 세 가지는 유기적인 순환 구조를 이루는 것이다.

과제 중심의 종합 교육으로

최근 캐나다 미국 일본 등 선진국을 중심으로 의과대학의 교육 방식이 바뀌고 있다. 기존의 교육에 무슨 문제가 있었는가. 대학에서 그토록 열심히 공부하고 자격 시험을 통과해 의사가 되지만 막상 진료 현장에서는 그 많은 지식이 별로 도움이 되지 못한다. 아는 것은 많은데 막상 환자의 증상 앞에서는 무력한 것이다. 가장 기초적인 청진기조차 제대로 다룰 줄 모른다. 각 장기들의 미세한 소리로 '감'을 잡고 환자의 상태를 파악하는 능력이 떨어지는 것이다. 의학의 지식과 장비는 하루가 다르게 첨단화되고 있는 데 비해, 그것을 다루는 의사들의 실력은 엉뚱한 데서 허점을 드러내고 있는 것이다. 기계가 읽어서 표시해주는 디지털 수치에는 익숙하지만, 자기의 오감五感을 통해서는 증세를 제대로 판독하지 못하는 젊은 의사들. 왜 그렇게 되었을까?

이것은 현대 사회의 지식 체계의 문제에서 비롯되는 문제라고 할 수 있다. 근대 이후 학문은 계속 전문화되어왔는데, 이는 어떤 대상을 계속 세분화하고 그 부분들 하나하나에 대한 분석에 정밀함을 기하려는 노력이었다. 의학의 경우 생리학·해부학·유전학·면역학 등으로 영역을 나누어 연구를 심화해왔다. 그리고 신체도 점점 잘게 나누어 각 부위별로 특성을 자세하게 규명할 수 있게 되었다. 그런데 문제는 그렇게 분할된 영역들 사이에 칸막이가 점점 높아지고 견고해지면서 그들 사이의 연결 고리들이 약해지게 된 것이다. 다시 말해 영역을 나누어서 접근하는 것은 더 자세히 들여다보기 위함이었는데, 그것이 지나쳐 관점과 방법론의 분화에 머물지 않고 대상 그 자체를 분화해버렸다. 말하자면 몸을 갈기갈기 찢어 전문 분야라는 저마다의 골방 같은 연구실로 가지고 들어가버린 꼴이다.

의과 대학생들은 교육 과정에서 그 하나하나 전문 분야들의 지식들을 습득해야 한다. 그리고 그 지식들은 하루가 다르게 갱신되고 방대해진다. 따라서 한정된 시간 내에 소화해야 하는 학습량이 점점 늘어난다. 그것을 이해하고 시험에 대비하기도 벅차다. 그러다 보니 그러한 지식들을 통합해서 신체를 바라보는 안목이 자라날 수 있는 여지는 그만큼 줄어들 수밖에 없다.

이러한 상황에 위기의식을 느껴 대학 당국들은 교과 과정을 근본적으로 개혁하기 시작했다. 대안적으로 등장한 것은 이른바 '문제 중심의 학습PBL: Problem Based Learning'이라는 것이다. 이는 지금까지 여러 전문 분과 학문들로 나누어 배워온 방식에서 전환하여 구체적인 병의 증상을 중심으로 가르치는 것이다. 그래서 어떤 환자의 증세를 사례로 놓고 그 병의 원인을 환자의 타고난 체질, 식생활, 주변 환경 등 여러 각도에서 종합적으로 접근하는 것이다. 따라서 이미 있는 지식을 기계적으로 적용하는 것이 아니라 그 지식들을 유기적으로 연결하는 능력이 중요해진다. 그리고 거기에서 요구되는 감각과 사고력은 책 속에서가 아니라 실제 임상 현장에서 체득될 수 있기 때문에 교육 과정에서 실습을 강화하고 있다. 이러한 변화는 한국에서도 일부 앞서가는 의과대학을 중심으로 일어나고 있다.

이것은 의학 교육에만 국한된 문제가 아니다. 다행히 의과대학은 현장이 바로 가까이에 있어 교육 내용이 현실과 얼마만큼 상응하는지를 금방 확인할 수 있을 뿐이다. 어떤 분야를 막론하고 현장에서 필요로 하는 능력을 제대로 키워주지 못하는 것이 우리의 교육 현실이다. 그래서 학력이 높을수록 이것저것 잡다하고 단편적인 지식은 많이 알고 있지만, 실제 상황에서 문제를 파악하고 해결의 실마리를 잡는 응용 능력은 박약한 것이다. 게다가 다른 한편으로 요즘 젊은이들은 가상 현실에 점점 익숙해져 일상 생활에서는 직접 현실에 부딪쳐 씨름하는 기회와 능력이 떨어진다. 이런 상황에서 지식은 점점 고도화된다. 그에 따라 전문가가 되기 위해 습득해야 하는 학습량은 갈수록 많아지고 추상화된다. 지식과 현실과의 괴리가 점점 커지는 것이다.

하나의 문제 또는 대상을 중심으로 종합적인 사고를 북돋는 교육 방식의 사례를 살펴보자. 미국의 초등학교에서는 여러 과목을 통합하여 수업함으로써 종합 능력과 창의력을 키우는 시도를 많이 한다고 한다.

예를 들어 '빵과 사람'이라는 수업을 보자. 교사는 밀가루·설탕·계란 등 빵의 재료를 가지고 들어온다. 먼저 밀가루로 전분을 확인하는 요오드 실험을 하고, 설탕의 생산 과정을 슬라이드로 보여준다. 그리고 달걀에 대한 동물학적·영양학적 설명을 곁들인다. 재료의 학습이 끝나면 빵을 만드는 실과 교육이 진행된다. 베이킹파우더가 빵을 부풀리게 되는 까닭을 화학적으로 설명한다. 이렇게 만들어진 빵이 어떻게 유통되는지에 대한 경제학적 분석이 이어지고 빵집의 경영 시스템을 알아보고 아울러 빵집들의 실내 디자인과 진열 방식의 다양한 사례들을 비교한다. 그 다음 커다란 빵을 각 조별로 공평하게 나눠먹기 위해서는 어떻게 잘라야 하는지를 고민하게 하면서 빵의 중심각을 계산시키고 거기에서 파생되는 순환 소수에 대해 설명한다. 그러고 나서 각자 빵을 먹는데, 이때 빵을 먹는 매너를 가르친다. 그리고 빵에 얽힌 문학 작품들에 대한 소개를 곁들인다. "눈물 젖은 빵을 먹지 않은 자는 인생을 이야기할 수 없다"는 간디의 말을 음미하기도 한다(이 사례는 조선일보 「이규태 코너」에서 인용한 것이다).

이렇듯 빵이라는 하나의 구체적인 소재를 중심으로 생물·화학·경제·수학·문학 등 여러 과목들이 결합되는 것이다. 우리도 지금 학교에서 배우는 교과목들의 내용들을 이런 식으로 재구성할 수 있는 여지가 얼마든지 있다. 그리고 이러한 접근 방식과 사유 능력은 정보화 사회에서 매우 긴요하다. 제3부 제8장에서 살펴보겠지만 현대 조직은 기존의 부서별 칸막이를 과감하게 낮추고 그들 사이의 유기적인 연계를 모색하는데, 여기에서 요구되는 유연성은 분과 학문의 경계를 넘어서 통합적으로 사고하는 데 필요한 유연성과 일맥상통한다.

▪ 우리의 역사 교과서에서 빠진 것들 ▪

　결국 우리의 사고 능력이 신장되기 위해서는 기존의 지식 체계를 끊임없이 상대화하는 태도가 필요하다. 그러나 무조건적인 부정이 되어서는 안 된다. 중요한 것은 생각과 지식이 만날 수 있는 지점이 내가 처해 있는 현실이어야 한다는 것이다. 즉 지금 이 자리에서 영위되는 삶을 근거로 지식은 늘 편집되고 재구성되면서 또한 새롭게 생성되어야 한다.

　그러한 관점에서 우리는 역사를 새롭게 바라볼 필요가 있다. 역사는 삶의 시간적 축적이고 그에 대한 해석이다. 그리고 그 축적은 연속적인 과정인 만큼 오늘 나의 삶으로 이어지는 고리들도 있다. 그런데 우리가 그동안 배워온 역사에서는 그것을 찾기가 어려웠다. 다른 나라의 역사 교과서를 잠시 들쳐보자.

　대부분의 백인 가수는 자신들의 음악이 흑인의 '리듬 앤드 블루스'에 뿌리 두고 있음을 인정하려 들지 않았다. 그러나 엘비스 프레슬리의 히트 곡「하운드 독 Hound dog」조차 사실은 흑인 가수 빅 톰슨의 작품이었다. 흑인 가수 중에는 척 베리만이 각광을 받았을 뿐이다.

19세기 말에는 극소수 부유층만이 접할 수 있었던 담배나 스타킹 등이 20세기 초에 들어서면서 각각 430억 개비, 2억 1천7백만 켤레씩 소비되기에 이른다.

존경하는 워커 씨. 제 아들 존이 선생의 따님 엘리자베스 양을 아내로 맞아들이고 싶어 합니다. 비록 저희 집안이 지금은 넉넉하지 못하나 내년이면 1천 파운드의 수입이 생길 것으로 예상되고 내후년에는 30에이커의 토지도 살 수 있을 것이며……

미국과 유럽의 고등학교 세계사 교과서에 나오는 대목들이다. 대중 문화의 흐름과 뒷얘기들, 소비 패턴의 변화, 혼인 여부를 타진하는 한 평범한 아버지의 편지. 이 모든 것이 역사라는 거창한 이름과 왠지 어울리지 않는 듯 느껴지는 까닭은 무엇인가? 우리의 교과서를 펴보자. 인류의 기원, 4대 문명 발상지, 중국의 왕조 교체, 나폴레옹의 시대, 산업 혁명과 제국주의 등 '굵직한' 역사적 사건들만 암기해온 우리에게 그런 사소한 일들이 하찮게 여겨지는 것은 당연한지 모른다. 과연 이렇게 시시콜콜한 것까지 교과서에서 다룰 필요가 있을까? 이런 의문에 대해 프랑스의 어느 교과서는 다음과 같이 답하고 있다.

이번 장章에서는 역사적 인물에 의해 영향받았던 비역사적 인물에 대한 내용이 다루어진다. 이들은 집을 짓고 사랑하며 가족을 부양하는 데 힘을 쏟았을 뿐 역사에 커다란 발자취는 남기지 못했다. 그러나 나폴레옹과 같은 위인은 되지 못했을지라도 이들에 의해 세월은 흘러왔고 그들의 삶에 의해 역사의 기반은 다져졌다.

칭기즈 칸의 활약상, 양차 세계 대전 등 거창한 역사에 익숙한 우리에게 19세기 말의 결혼 예물은 어떠했고 대학생들은 왜 럭비를 즐겼는가 등의 역사는 시시하게 여겨질 것이다. 그러나 유럽과 미국의 고등학교 세계사 교과서에는 이러한 사소한 내용을 자주 소개하고 있을 뿐만 아니라 서민 생활에 대한 기술記述이 바로 역사임을 주장하고 있다. 내가 오늘 생활하면서 겪는 잡다한 일들이 모두 역사를 구성하는

■ 프랑스 교과서에 실린 마릴린 먼로를 소재로 한 미술 작품. 마릴린 먼로는 대중문화의 상징으로 미술 작품의 소재까지 됐다. 이 그림은 미국의 화가 앤디 워홀이 1962년에 그렸다.

요소들임을 강조하고 있다. 어쩌면 그것은 너무나 당연한 사실이다. 거대한 정치적 변동을 무대로 하고 몇몇 영웅들이 주인공으로 등장하는 역사에만 눈을 팔고 있는 동안 우리는 그런 상식을 잊었을 뿐이다. 그 장엄한 파노라마가 펼쳐지는 사이사이 여백을 자세히 들여다보면 보통 사람들이 움직이고 있다. 그 삶을 함께 호흡하다 보면 우리는 거기에서 현재를 만나게 된다. 그러한 만남을 통해 우리는 비로소 역사의식이라는 것을 구체적인 경험 속에서 체득하게 될 것이다.

서양에서는 그런 방면의 역사에 일찍이 눈을 돌려 연구해왔다. 20세

기 들어서 새로운 영역으로 떠오른 '사회사social history'가 바로 그것이다. 전통적으로 정치와 이념 중심의 역사학에 반기를 들면서 나온 그 움직임은 사람들의 구체적인 삶에 관심을 두었다. 거대한 권력을 둘러싼 역학 관계나 추상적인 법칙에 매몰되어 있던 비좁은 틀을 넘어서 그동안 무시되어온 작은 집단과 개인들의 일상에 초점을 옮기는 것이었다. 그래서 심성mentality이라든가 집단적 기억collective memory 등의 영역이 탐구의 대상이 된다. 예를 들어 공포 감정의 역사, 죽음에 대한 태도, 꿈에 대한 인식, 도적 행위, 축제, 주술, 광기, 성性 등의 새로운 주제들을 잡아 자료를 발굴하고 연구하는 것이다.

역사는 고정불변의 객관적인 실체가 아니다. 주체의 시각이나 이해에 따라 역사의 의미는 달라지고 매번 새롭게 씌어질 수 있다. 즉 우리가 절대적인 정전canon이나 모든 사람들의 역사라고 믿어온 것이 사실은 특정한 사회 집단의 정치적 비전에 의해 만들어져 이데올로기적으로 유포된 것일 수 있다. 그렇다면 그 힘은 어디에서 오는 것인가? 그 권력의 존재 방식을 분석함으로써 역사의 신비를 벗길 수 있다. 모든 역사적 텍스트는 무한히 많은 사실史實 가운데 일부만을 선택하여 재구성한 것이기 때문이다(이것은 제1부 제3장에서 과학의 본질에 대해 논의하는 것과 일맥상통한다). 권력은 항상 특정한 관점에서 씌어진 역사를 절대화하기 때문이다.

역사는 단일한 힘의 진행이 아니다. 그것은 이질적이고 파편화된 힘들의 충돌과 갈등이다. 최근에 한국에서도 역사의 그러한 다층적인

▪ 영국의 역사 교과서 *People in Change*를 보면 1900년 노동자들의 삶에 대해 상세하게 묘사하면서 첫 단원의 막을 열고 있다. 노동자들의 평균 근로 시간, 직업별 임금 수준, 공장의 근로 여건, 정치적인 권리, 가족 생활의 패턴 등에 대한 자료들과 함께 당시의 일상 세계를 총체적으로 보여준다. 이 사진은 그러한 자료들과 함께 실린 것이다.

면을 보려는 움직임이 일고 있다. 지배 담론에 의해 은폐되거나 주변화된 역사들을 찾아냄으로써 단일한 역사history에서 중층적인 역사들histories로 이행하려는 노력이다. 그 작업은 문화인류학에서 활발하게 이뤄지고 있다.

인류학은 지금까지 낯선 타문화를 주로 연구해왔다. 그래서 그 문화권의 현지인들의 세계관을 있는 그대로 그 당사자의 입장에서native point of view 파악하려고 애써왔다. 특히 그 대상이 대개 소규모 무문자無文字 사회였던 만큼 공식적인 문서보다는 주민들과의 면담이나 그들의 삶에 대한 참여 관찰에 의존해야 했다. 그렇기는 해도 비교적 최근까지도 조사자는 전문가의 입장에서 어떤 '객관적인 사실史實'을 확보하려 했다. 그래서 주민들의 진술은 그 하나의 역사를 짜맞추는 데 필요한 기초 자료에 지나지 않았다.

그런데 최근에 들어서서 '역사'에 대한 다차원적 인식이 싹트면서 주민들의 구술사口述史, oral history에 새로운 의미가 매겨지기 시작했다. 즉 역사는 객관적으로 확정되어 있는 실체가 아니라 끊임없이 변화하는 문화적인 구성물이라는 것, 그래서 다양한 체험과 지식을 가진 사람들 및 집단들 사이의 갈등과 알력 속에서 형성된다는 것이다. 그래서 사실이 왜곡되어가는 과정 그 자체를 추적한다. 또한 어떤 역사가 한 집단에서는 공유되는 반면 왜 다른 집단에서는 은폐되는가를 밝히려는 것이 하나의 중요한 연구 과제가 된다. 이제 주민들의 입에서 흘러나오는 과거의 기억들은 단순한 기초 자료가 아니라 그 자체로서 텍스트가 되는 것이다.

이러한 접근은 역사적 사실 자체를 보다 객관적으로 규명하는 데 도움이 될 뿐 아니라 연구의 대상이 되는 사회 내부의 권력 관계를 파악하는 데에도 많은 암시를 준다. 지식과 권력의 관계의 문제이다. 대개 공식적으로 인정되고 있는 역사는 지배층 중심으로 구성된 것이어서 거기에는 피지배층의 관점과 체험이 거의 배제되어버린다. 비교적 최근까지만 해도 아프리카 흑인의 역사는 오로지 유럽의 정복자들에 의한 기록의 형태로서 아프리카 외부인들을 위해 존재했다. 학자들은 아프리카에는 기록 증거가 없기 때문에 과거는 있을지 모르지만 역사는 존재하지 않는다고 간주했다. 그러나 이제는 감히 그렇게 주장할 사람이 많지 않다. 아프리카인들은 대륙 어디에서나 자신의 역사를 이야기, 노래, 춤, 인형극 등을 통해 전해왔으며 때로 조각이나 그림으로 표현하기도 했다. 다른 민족들과 마찬가지로 그들도 항상 자신의 시간을 지배해왔다. 그것은 씌어지지 않은 비공식 역사로서 때로는 비밀스럽게 때로는 일상의 노래로 전승되어온 것이다.

역사는 거창한 무엇이 아니다. 그것은 바로 나의 할머니 나의 아버지의 생애에서 시작한다. 그러한 발견을 통하여 우리는 그동안 하나의 지식으로 배워온 역사학의 불필요한 무게로부터 어느 정도 해방될 수 있을 것이다. 그 대신 매일 부딪히고 체험하는 현실에 새로운 무게가 실릴 것이다. 역사라는 것을 아득한 옛날의 사실로 한정하지 말아야 한다. 역사학이라는 학문도 거대하면서도 고정된 틀로 군림하는 지식 체계가 되어서는 안 된다.

오늘 이 자리에서 우리가 경험하는 일상의 자취 하나하나가 역사의

현장이다. 나를 조용히 응시해보자. 내 앞에서 펼쳐지는 여러 사회 현
상들, 나를 향해 밀려들어오는 수많은 정보들, 내 안에서 출렁이는 이
런저런 생각과 느낌들, 그리고 그러한 의식과 정념情念들이 흘러넘쳐
표출되는 발언과 행위들…… 시간과 함께 지나가는 삶의 뭇 풍경들에
귀를 기울여보자. 역사의 잔잔한 고동 소리가 들리지 않는가.

1 한국에는 양의와 한의가 공존하고 있다. 환자들은 증상에 따라 그 두 병원 가운데 한쪽을 선택한다. 양의사도 때로 한의원을 찾아가고, 한의사도 어쩔 수 없이 양의사의 치료를 받는다. 어떤 증상에 따라 그런 선택이 이뤄지는가? 그것을 통해 서양의학과 동양의학의 신체관 내지 질병관이 어떻게 다른지 설명해보자.

2 '문제 중심의 학습'은 통합 교과와 일맥상통한다. 교육학적으로는 통합 교과의 중요성이 강조되고 있지만, 지금 공교육 시스템에서는 제대로 정착하지 못하고 있다. 왜 그럴까? 초등학교, 중학교, 고등학교의 경우를 비교해서 생각해보자.

3 한국의 학교 풍경은 초등학교에서 고등학교에 이르기까지 전국 어디에 가든 거의 비슷한 모습을 띠고 있다. 그 공통점을 밝혀보고 그러한 공간 구조와 거기에서 이뤄지는 교육 사이에 어떤 관련이 있는지 분석해보자. 그리고 새로운 교육과 문화를 담을 수 있는 물리적인 그릇으로서 학교 건축의 디자인은 어떤 것이 바람직할까? '내가 다니고 싶은 학교' 또는 '다음 세대를 위한 학교'를 구상해보자.

■ 참 고 ■

다음은 경남 진주시의 동명중고등학교를 설계한 건축가 정기용 씨가 어느 잡지사와 인터뷰한 내용의 일부이다. 그는 "운동장과 교사동이라는 평면적인 이분법의 틀을 벗어나서, 보다 다양하고 자유로운 공간을 체험하게 하는 것이 중고등학교 건축에서 중요한 요소"라는 철학을 가지고 그 학교를 디자인했다.

건축과 교육은 공통점이 있어요. 현재 시점에서 미래를 예측해야 한다는 거죠. 즉, 미래를 예측하면서 건축은 공간을, 교육은 사람을 만들어낸다는 공통점이 있어요. 그러니까, 현재까지 있어온 것을 기준으로 삼아서는 안 된다는 것입니다. 미래의 변화를 전망하는 것이 대단히 중요하죠.

따라서, 미래에 요구되는 공간을 수용할 수 있도록 '중성적인 공간(확정되지 않은 공간)'을 둡니다. 지금은 교실이지만, 때로는 놀이터나 실험실이 될 수도 있다는 것이죠. 단순히 가변적인 공간만을 의미하는 것이 아니라, 기능적인 측면과 앞으로의 변화를 미리 생각하고 준비해야 한다는 겁니다. 예를 들면, 앞으로는 교무실이 교장의 훈시 공간이 아니라, 교사들의 연구 공간이 되어야 하겠죠.

학교에서 아이들 공간은 주로 전통적인 학습 공간과 놀면서 공부할 수 있는 자기 계발의 공간으로 나눠지는데, 후자의 경우 몇 군데 형식적인 특활실을 만들어놓는 방식이 아니라 그야말로 자유로운 활동 공간이 있어야 한다는 것입니다. DDR방, 게임방, 신문도 제작하고 환경 운동에 대해 고민할 수도 있는 방 등 다양한 소모임 공간들이 학교 안에 존재해야 할 것입니다. 학교는 강압적인 선별 대신, '선택'을 돕는 공간으로 바뀌어야 합니다.

4 천 년 후로 건너뛰어 21세기 초의 한국 사회를 연구하는 어느 역사학자를 만난다고 가정하자. 그는 기록으로 남지 않은 자료들을 수집하면서 당신의 도움을 청하고 있다. 당신의 체험이나 기억 또는 소지품 등을 통해 21세기 초의 한국 사회를 보여주고 싶은 것이다. 당신은 그에게 어떤 정보를 줄 수 있을까?

제3장

과학이라는 언어에 대하여
—객관성의 탐구

땀으로 빠져나간 전해질이 보충되지 않는 한 갈증은 계속됩니다. 몸속 체액과 비슷한 전해질 성분의 순수 이온 음료 〔……〕 몸의 갈증이 풀리는 것은 땀으로 빠져나간 전해질이 다시 채워질 때 — 사막을 횡단하는 군인들을 조사한 미국의 Dr.아돌프의 실험 결과, 물이나 일반 음

료는 아무리 마셔도 탈수가 50%밖에 회복되지 않았습니다. 물과 일반 음료에는 전해질이 들어 있지 않기 때문입니다.

장마철에 아무리 빨아도 빨래에서 퀴퀴한 냄새가 나는 건 햇볕을 제대로 쬐지 못해 옷 속에 세균이 번식하기 때문! 장마철엔 ○○○○의 발

생기 산소로 빨래를 살균 소독해주세요. 옥시풀(과산화수소수)로 상처 소독 시 나오는 거품이 바로 발생기 산소! ○○○○은 1g당 45억×1조 개의 발생기 산소가 나와 표백은 물론, 각종 세균과 곰팡이를 99.9% 살균 소독해줍니다. 장마철 빨래의 퀴퀴한 냄새를 햇볕에 쪼인 듯 99.9%를 없애줍니다.

신문이나 텔레비전에 등장하는 광고 문구들 가운데 이렇듯 꽤 상세한 설명이 들어가 있는 것을 종종 보게 된다. 보통 생활 용품에 관한 광고인데, 그 문구들이 꽤나 어렵다. 일반 소비자들 가운데 이러한 내용을 이해하는 사람이 얼마나 될까? 이해는커녕 차근차근 읽는 사람조차 많지 않을 것이다. 사실 그 정보들의 의미는 제대로 소통되지 않는다. 그런데도 그러한 내용들은 계속 실리고 광고의 효과를 높여준다. 특히 약 광고 같은 것을 보면 '친절하게도' 의학 서적에나 나오는 도표와 용어들을 잔뜩 실어놓는 경우도 있다.

일반인들이 이해하기 어려운 고도의 전문성을 과시함으로써 제품의 탁월함을 인정받으려는 것이다. 그리고 그 전문성의 핵심에는 과학이라는 지식 체계가 깔려 있다. 음료수 하나를 개발하는 데 신체의 순환 작용을 섬세하게 분석하여 거기에 적절한 화학적 성분을 배합하는 주도면밀함, 세제의 효능을 제고하기 위해 거기에서 발생하는 산소의 수량을 계산하는 치밀함은 소비자를 현혹하기에 충분하다.

과학! 이것은 우리 시대의 일상적인 담론에서 가장 강력한 힘을 발휘하는 암호 가운데 하나이다. 상식적인 추론, 습관에 근거한 짐작, 경험적으로 전승되는 지혜 따위를 무색하게 할 정도로 과학은 절대적인 진리를 독점하고 있는 영역으로 선언된다. 그것은 사물에 대한 가장 확실한 본질을 포착하는 방법론으로 인정된다. 그래서 우리들은 자기주장의 설득력을 더하기 위해 '과학적'이라는 수식어를 종종 첨부한다. 서양 의학과 종종 시비가 붙는 한의학이 자기 존립의 정당성을 확보하고자 할 때, 한편으로는 민족과 전통을 내세우면서 다른 한편으로 과학적인 개념들을 구사하는 전략을 빼놓지 않는다. 그리고 치료 과정에서 여러 가지 전자 기구를 사용하고 의사가 하얀 가운을 입는 것도 그 나름의 필요 때문이기도 하지만, 그것은 암암리에 '과학'의 이미지를 빌려다가 환자들의 신뢰를 얻어내는 부수 효과를 노리는 것도 사실이다.

대학에서도 비슷한 현상이 엿보인다. 예를 들어 일부 대학에서는 '가정대학'을 '생활과학대학'이라고, '교육대학'을 '교육과학대학'이라고 이름을 바꾸었다. 심지어 '교육공학'이라는 분과도 생겨났다. 과학이라는 말에 뭔가 세련되고 시대를 앞서가는 것 같은 이미지가 깃들어 있다고 생각하는 것이다. 도대체 과학이 뭐기에?

근대 세계는 중세의 종교적인 질서를 이성이라는 또 다른 원리로 극복함으로써 탄생했다. 초월적인 힘이나 우연에 의해 움직이는 것으로 여겨지던 세계는 이제 자연의 보편적인 법칙에 지배를 받는 것으로 이해된다. 삶은 미지의 운명에 좌우되는 것이 아니라 개인의 합리적인 판단과 자발적인 의지, 그리고 그것들이 총화를 이루는 사회적인 계약에 의해 선택되고 변화하는 것으로 자각된다. 이러한 발견에 도달한 인류는 이제 비로소 스스로의 힘으로 역사의 수레바퀴를 굴릴 수 있다는 꿈에 부풀기 시작했다. 무지몽매함과 비인간적 굴종에 빠져 있던 중세의 암흑시대를 탈출하여 자유의 왕국에 이를 수 있으리라는 희망, 사람들의 의식을 깨우치는 계몽을 통하여 역사의 진보를 기할 수 있다는 확신이 사회의 총체적인 변화를 몰고 왔다.

이러한 상황을 주도한 학문적인 경향의 특징은 분명하다. 모든 것은 측량 가능하고 따라서 예측 가능하다는 전제가 그 모든 지적인 활동 저변에 강하게 뿌리박고 있다. 사실 서구의 근대 과학혁명의 핵심에는 수학이라는 지식 체계가 있었다. 그래서 모든 과학에서는 한 치의 오차도 허용하지 않는 정확성과 엄밀성을 최대한 확보하려 한다. 수량적인 언어로 현상을 포착하고 표상함으로써 그 내적인 본질이 완전히 밝혀진다고 보는 것이다. 그리고 그 논리 정연한 도식을 응용함으로써 미래의 사태를 예측하고 더 나아가 인위적으로 조작할 수 있게 되는 것이다.

산업 사회의 가공할 만한 문명 폭발은 바로 그러한 자연과학의 토대 위에서 이뤄졌다. 그 자연과학의 놀라운 위력은 인간의 세계를 다루는 영역에까지 영향력을 행사해왔다. 사변적인 논의에 머물러 있던 인간학도 바야흐로 과학의 위용을 갖추려고 애쓰는 것이다. 그 두드러진 예가 경제학과 심리학인데, 그 분야의 문헌들을 들춰보면 매우 추상적인 개념과 복잡한 통계 수치로 가득 메워져 있음을 발견한다. 시장의 메커니즘과 그 안에서의 인간 행위, 여러 상황에서 나타나는 사람들 사이의 상호 작용, 거기에 참여하는 각 개인들의 심리적 상태 등을 다분히 자연과학적인 언술 양식으로 접근하는 것이다. 정도의 차이만 있을 뿐 그 밖의 사회과학들도 그러한 설명 체계에 의존하려는 경향이 강하다.

비이성적인 것들에 좌우되는 이성

그러나 과학은 정말로 그렇게 대상을 '있는 그대로' 밝혀낼 수 있는가? 과학은 다른 어떤 앎의 방식과도 차원을 달리하는 절대성을 갖는 것인가? 그것은 과학 이전에 우리가 무엇을 바라보고 이해하는 모든 행위에 관련되는 근본적인 문제이다. 사람의 인식에 관해 탐구해온 철학에서는 그 누구도 대상을 있는 그대로 볼 수 없다는 것을 오래전에 밝혀놓은 바 있다.

우스개 이야기 하나. 자기는 이미 죽어 있는 시체라고 믿는 어떤 정신병자가 있었다. 그 허황한 확신 때문에 정상적인 생활 자체가 불가능해지자 가족들은 그를 정신과 의사에게 데리고 갔다. 의사는 온갖 근거를 들이대면서 그가 죽지 않았다는 사실을 설득시키려 했으나 결국 실패했다. 그는 최후의 수단으로 물증을 제시하기로 했다. 의사가 물었다. "죽은 사람의 손가락을 바늘로 찌르면 피가 안 나오지요?" 의사의 질문에 환자는 "물론 그럴 테지요"라고 대답했다. 의사는 즉시 바늘을 가져다가 그의 손을 찔렀다. 피가 흐르는 것을 확인시키며 의사는 자신 있게 말했다. "이래도 당신이 죽었다는 말입니까?" 이에 그 정신병자는 놀라면서 말했다. "야, 죽은 사람도 손을 찌르면 피가 나는구나!"

　정신질환자의 기이한 사례로만 간단하게 처리할 일이 아니다. 그들의 행태는 너무 극단적이어서 이상하고 우스꽝스럽게 보일 뿐, 많은 경우 이른바 '정상인'들의 상태를 함축적으로 반영한다. 정도의 차이는 있겠지만 보통 사람들도 살아가면서 그러한 증세를 보일 때가 많다. 가령 다음과 같은 대화를 보자. 서양에는 유태인들을 유난히 싫어하고 그들에 대해 지독한 편견을 갖고 있는 반유태주의자anti-Semitist들이 많이 있다. 그들은 모든 면에서 '정상'이다. 그런데 유태인 문제에 관해서만큼은 병적인 판단을 내린다. 다음은 그러한 반유태주의자 A씨가 다른 사람과 나누는 대화를 가상으로 만든 것인데, 사회심리학에서 '편견' 문제를 설명할 때 종종 인용되는 예화이다(마빈 케리, 『현대 사회심리학』, 탐구당, p. 238).

　A: 유태인이 일으키는 문제란 그들이 자기네들밖에 모르는 데 있어요.

　B: 그러나 지역 사회 금고 모금 운동을 보면 유태인들은 그 인구에 비해 다른 종족들보다 훨씬 돈을 많이 냈던데요.

　A: 그게 바로, 언제나 남에게 호감을 사려 하고 기독교적인 사업에 끼어들려 하는 것이지요. 그들은 돈밖에 생각하는 게 없고, 그래서 유태인 중에 은행가들이 많지요.

B: 그렇지만 최근 연구 결과를 보면 금융계에 종사하는 유태인의 비율은 비유태인의 비율과 비교해볼 때 무시해도 좋을 만큼 적답니다.

A: 바로 그렇다니까요. 그들은 좋은 사업에는 별로 참여하지 않고 영화 제작이나 나이트클럽 같은 향락 사업에만 종사하고 있지요.

비슷한 예를 하나 더 들어보자. 미국에서 백인이 살고 있는 집을 지나다가 쓰레기통이 나동그라지고 쓰레기가 길바닥에 흩어진 것을 보면, 사람들은 대개 '어느 집 개가 먹을 것을 찾느라고 저렇게 해놓았구면' 하고 생각한다. 그런데 만일 흑인이나 인디언 집 앞에서 그런 광경을 목격하면 "저 사람들은 늘 저렇게 돼지처럼 산다니까"라고 비웃는 게 보통이다. 이러한 식의 편견은 우리의 가까운 일상에서도 얼마든지 찾아볼 수 있다. 특정 지방 출신 사람들의 성향에 대한 차별적 이미지, 여성에 대한 남성들의 고정관념은 반유태주의자의 그것 못지않게 강고하다. 똑같은 실수를 해도 일류대 출신이 했을 때는 "어쩌다가 그랬겠지……"라고 넘기는 반면 지방대 출신이 그랬을 때는 "역시…… 어쩔 수 없단 말야"라고 멸시하는 관리자는 스스로를 매우 합리적인 사람이라고 생각한다.

우리의 생각은 현실의 객관적인 자료를 토대로 구성되고 또한 그것에 따라 변화한다고 쉽게 생각한다. 그러나 위의 예들에서 알 수 있는 것은 그러한 자료를 선별하고 배열하며 거기에 즉각적인 의미를 부여하는 기제가 강하게 작동하고 있다는 점이다. 다만 그것을 의식하지 못할 뿐이다. 사실 그러한 기제는 매우 편리하다. 만일 그런 것이 없다면 우리의 지각 체계에 입력되는 수많은 정보들을 일일이 판단하고 해석해야 할 텐데, 그것은 매우 번거로운 일이 될 것이다. 불필요한 또는 별로 관심 없는 정보들을 자동적으로 기각시키고, 자기의 구미에 맞는 것들만을 취사선택하는 장치는 효과적인 정보 처리를 돕는다.

또한 우리는 원래 자기가 가지고 있던 생각을 좀처럼 바꾸고 싶어 하지 않는다. 위의 예들에서 보듯이 그 생각이 틀렸다는 것을 입증할 만한 객관적 자료가 제시되어도 그것을 애써 무시하든지 억지 춘향 격 으로 자기 생각에 끼워 맞추는 것이다. 누구든지 저마다 자기 나름으 로 형성하고 있는 사물들에 대한 범주들이 있는데 그것 역시 효과적인 정보 처리의 양식이다. 그래서 가령 어떤 사람의 행동에 대해서도 그 자체의 독특한 개성으로 이해하기보다는 "아, ××지방 출신이니까 그 렇지"라고 판단하는 것이다. 이것은 매우 편리하다. 그리고 한번 만들 어진 범주와 거기에 붙어 따라다니는 가치 평가는 상당한 관성을 갖고 지속된다. 그것이 흔들리거나 깨질 때 우리는 커다란 혼란 또는 더 나 아가 불쾌감까지도 느끼게 되는데, 이는 심리학에서 말하는 '인지 부 조화認知不調和, cognitive dissonance'라는 것과 일맥상통하는 것이다.

지금까지 이야기한 것은 우리가 평범한 생활 속에서 생각하고 대화 하는 가운데 벌어지는 현상이다. 언뜻 이것은 이른바 과학이라고 하는 것과 동떨어진 내용으로 생각될지도 모른다. 하지만 그러한 생각에는 일상 세계와 과학의 세계를 전혀 다른 차원의 범주로 나누는 고정관념 이 작용하고 있는 것이 아닐까? 전자와 달리 후자는 비합리적인 정서 나 편견으로부터 벗어나 냉철한 이성에 의해 주도된다고 보는 것이 아닐까? 원론적으로는 맞는 말이다. 당연히 그래야 한다. 과학은 사람의 기분에 좌우되어서도 안 되고 특정한 집단의 이해관계에 얽매여서도 안 된다. 그리고 언제든지 새로운 사실에 개방되어 있어서 자기 수정을 해나가야 한다. 그러나 유감스럽게도 현실은 그렇지 않았다. 역사는 그것을 말해주고 있다.

▪ 토머스 쿤이 바라본 과학사 ▪

토머스 쿤 Thomas Kuhn이라는 사람은 과학사를 연구한 끝에 서양에서 과학이 발전해온 양식을 밝혀냈다. 그는 그것을 1962년 『과학혁명의 구조 *The Structure of Scientific Revolution*』라는 책으로 써냈다(이 책은 한국에서도 같은 제목으로 번역 출간되었다).

거기에서 처음 등장하여 지금은 모든 학문 분과에서 상식적인 공통 용어로 정착된 개념이 있는데 '패러다임paradigm'이 바로 그것이다. 가장 쉽게 풀이하자면 '하나의 과학 업적으로서 상당 기간 동안 전문가들 사이에서 문제의 제기, 형식, 풀이의 모델이 되는 것'이라고 할 수 있다.

쿤의 입장을 이해하기 위해서는 당시의 과학관에 대해 살펴보아야 한다. 그때까지만 해도 일반 사람들이나 학자들은 자연과학이라는 것을 안이하게 이해하고 있었다. 즉 자료를 수집하고, 수집된 자료에서 규칙을 발견하여 법칙을 정립하는 것, 다시 그 법칙으로부터 개별적 관찰 명제를 연역하고 연역된 명제를 검증하는 것, 그리고 법칙을 체계화하여 이론을 수립하는 등의 작업으로 이뤄지는 객관적 지식 체계로 과학을 간주하고 있었다. 따라서 과학사는 시간이 지나면서 꾸준히 발전하는 누적적이고 점진적인 과정이다. 하지만 쿤은 그러한 통념을 반박한다. 그에 따르면 과학사는 정통성을 달리하는 패러다임이 교체되는 과정이다. 곧 불연속적이고 혁명적인 전환의 연속인 것이다. 따라서 거기에서는 이론을 정당화할 어떤 객관적 기준이 있을 수 없다. 다만 한 과학자 사회가 합의하고 공인한 정통적 기준만이 있을 뿐이다.

그의 논의를 좀더 따라가보자. 과학사를 보면 어느 하나의 인식의 틀이 과학자들 사이에 널리 공유되는 시기가 있다. 그러한 시기에 그러한 주류 패러다임에 입각한 안정된 과학을 쿤은 '정상 과학normal science'이라 부른다. 그 틀 속에서 이뤄지는 연구는 주로 기존의 패러다임을 확장하고 보완하는 작업으로서, 그것에 의해 주어진 기본 우주관을 토대로 더욱 광범위한 현상을 거기에 포함시키려는 노력이다. 물론 그 패러다임에 잘 맞아떨어지지 않는 현상이 발견되는 것을 피할 수 없다. 그래서 일부 과학자들이 이의를 제기한다. 하지만 기존의 과학자 집단은 자기들의 패러다임을 보완하고 수정하여 그 모순을 제거하는 응급 조치로 맞서거나 그런 현상을 아예 무시하는 식으로 대응한다. 즉 패러다임 자체에 대한 근본적인 질문은 일어나지 않는 것이다.

그러나 정상 과학의 상태가 무한히 지속되는 것은 아니다. 패러다임의 기본 이론과 모순되는 문제들anomalies이 계속 생기고 그것을 소탕하려는 과학자 사회의 노력이 계속 수포로 돌아갈 때 그 과학자 사회는 위기 crisis에 처한다. 이제 종래의 패러다임으로는 현실을 설명하기가 점점 어려워진다. 과학자들은 심각한 고민에 빠진다. 그렇게 위기가 더 진행되어가는 중에 마침내 대안적 이론 체계들, 즉 새로운 패러다임들이 출현한다. 그 가운데 어느 것이 새로이 제기된 문제들을 더 잘 해결해준다고 과학자들이 믿고 받아들이기 시작한다.

주류 과학자 집단에서 이탈하는 첫 발자국을 옮기는 이들의 '선택'과 '배신'은 다소 모험적이라고 할 수 있다. 그러나 그 패러다임의 설득력이 조금씩 강해지고 더 많은 과학자들이 거기에 가세하면 어느 순간부터 돌연 그것이 주류를 이루고 이제 도리어 거기에 순응하지 않는 과학자는 입지를 잃어버린다. 이 일련의 과정이 곧 '과학혁명 scientific revolution'이다. 쿤은 그것을 "하나의 패러다임이 이와 양립할 수 없는 다른 패러다임에 의해 전체적으로 또는 부분적으로 대체되는 비축적 변화의 에피소드들"이라고 정의한다. 새롭게 등장한 패러다임은 기존의 것과 전혀 다른 전제와 세계관에 입각해 있다. 따라서 같은 표준으로는 비교가 불가능하기 incommensurable 때문에, 그것을 받아들인 과학자들은 자신의 견해가 옳다고 믿으면서도 이를 논리적으로 입증하기가 힘들다. 그런 의미에서 그 두 과학자는 전혀 다른 세계에 살고 있다고 쿤은 말한다. 그래서 그처럼 한 이론 체계에서 다른 이론 체계로 바꾸는 것은 기존 질서와 단절하고 사물을 보는 새로운 방법으로서 '게슈탈트 전환 Gestalt switch'으로, 또는 기존의 신념 체계를 버리고 전혀 다른 것에 충성을 바치는 종교적 개종 conversion에 비유하고 있다. 정치 체제의 혁명적 교체를 연상케 하는 격동의 파노라마가 과학사에도 펼쳐졌다는 쿤의 증언은 사뭇 우리의 흥미를 끈다.

　우리는 이러한 연구 성과에 힘입어 과학을 새로운 태도로 대할 수 있을 듯하다. 과학 또는 학문의 세계와 생활 또는 상식의 세계를 이분화시켜온 우리의 통념과 달리, 과학도 역시 '인간적인' 편견과 고집에 얽매일 때가 많다는 사실. 이것은 매우 실망스러운 일이다. 객관성과 합리성에 충실해야 하는 과학자들이 어찌 그럴 수 있는가 하고 낙담하게 된다. 그러나 달리 보면 우리는 그러한 관찰을 통해 이 시대에 과학이 행사하는 막강한 권력으로부터 자유로워질 수 있고 과학자 집단과 그들의 전문 용어에 대한 권위주의적 맹신을 벗어버릴 수 있다. 그리고 과학이 변화해가는 과정에서 역사성을 읽어내고, 그 미래에 대해 개방적인 안목을 취할 수 있다.

과학의 새로운 물결

　20세기 후반에 접어들면서부터 과학이란 것에 대한 절대적인 신뢰가 깨지기 시작했다. 사물의 본질을 객관적으로 규명할 수 있으리라는 확신이 흔들리고 있다. 물론 이러한 회의는 20세기에 들어와 물리학에서 대두된 양자 역학에서 이미 그 씨앗이 배태되고 있었다. 관찰하려 하는 행위 자체가 이미 그 대상에 어떤 영향을 끼치기 때문에 확고부동한 인식의 기점이 성립될 수 없다는 그 발견은 이후 모든 분야에 서서히 파급되어갔다. 그래서 이제는 과학이라는 것이 어떤 절대적인

66

지식 체계가 아니라 세계를 설명하는 여러 가지 언어 가운데 하나일 뿐이라고 보는 관점이 서서히 보편화되고 있다.

한국에서 많은 독자를 확보한 프랑스 작가 베르나르 베르베르Bernard Werber의 소설 『개미』에서 개미들은 과학 위에 건설된 인류의 문명을 다음과 같이 질타하고 있다.

당신들 인간들이 암을 근절하지 못하는 것은 과학적 지식이 낡았기 때문이다. 암과 관련한 당신들의 분석 방법이 당신들을 눈멀게 하고 있다. 당신들은 단 한 가지 방식으로만 세상을 바라본다. 오로지 당신들의 관점으로만 세상을 본다. 당신들은 과거의 포로이기 때문이다. 당신들은 여러 실험 덕분에 몇몇 질병들을 치료할 수 있게 되었다. 당신들은 그런 사실을 통해서, 실험만이 모든 문제를 해결할 수 있다는 결론을 내렸다. 나는 텔레비전에서 방영한 과학 영화에서 그걸 깨달았다. 당신들은 하나의 현상을 이해하기 위해서 그것을 측정하고, 틀 안에 넣고, 분류하고 점점 더 작은 조각으로 나눈다. 당신들은 모든 것을 잘게 자르면 자를수록 더욱더 진리에 다가간다고 생각하고 있다. 그렇지만 매미를 잘게 자른다고 매미가 왜 노래하는지를 발견하게 되는 것이 아니다. 난초 꽃잎의 세포들을 현미경으로 관찰한다고 해서 난초 꽃이 왜 그토록 아름다운지를 이해하게 되는 것은 아니다.

우리를 둘러싸고 있는 요소들을 이해하기 위해서는 그것들의 처지가 되어보아야 하고 그것들과 한마음이 되어보아야 한다. 당신들이 매미를 이해하고 싶으면 10분 동안만이라도 매미가 무엇을 보고 어떻게 살

아가는지를 느끼려고 노력해보라. 당신들이 난초를 이해하고 싶으면
당신 자신을 난초라고 생각해보라. 주위의 대상들을 잘게 자르고, 지
식의 성채로부터 그것들을 관찰하기보다는 그것들의 처지로 들어가보
라. —베르나르 베르베르, 『개미』 3권(열린책들)

이 짧은 충고 속에 위기에 처한 현대 문명의 지적인 활동이 어떤 방
향으로 새로운 출구를 찾아가야 할지 잘 나타나 있다. 요컨대 지금까
지 우리가 익숙해 있는 과학적인 패러다임의 한계를 명확하게 인식하
고, 대상 세계 그 자체를 새로운 눈으로 들여다보라는 것이다. 다시
말해 아무리 정교한 이론 체계로도 사물의 전모를 다 밝혀낸다는 것은
불가능하고, 따라서 끊임없이 인식의 기틀을 쇄신하는 작업이 요청되
는 것이다. 그것은 기존에 축적된 연구 성과에 발을 딛고 있으면서도
그동안 문제를 제기하고 풀이하는 형식 그 자체를 근원적으로 재구성
하려는 동기를 깔고 있다. 그래서 가히 혁명적인 변화를 잉태한다.

이상에서 말한 모든 변화를 한마디로 아우른다면 추상적인 자기 완
결성을 추구하는 경향이 퇴조하고 있다는 것이다. 인간이 고안해낸 형
식 논리의 세계는 매우 정교하고 또 현실에 적용될 때 강력한 힘을 발
휘한다. 그러나 그것은 어디까지나 사변적인 영역일 뿐 대상 그 자체
는 아니다. 모든 학문들은 이제 자기의 안경의 도수와 색깔을 상대화
시키면서 세계를 새로운 시선으로 바라보려 하고 있다. '개미'들의 충
고대로 무엇을 이해하기 위해서는 인위적인 잣대로 자르고 나누기 전
에 그 대상 자체에 충실해야 하는 것이다.

과학철학자 칼 포퍼_{Karl Popper}는 과학과 사이비 과학을 구분하는 기준으로 '반증 가능성_{falsifiability}'이라는 개념을 제시한 바 있다. 그것을 좀 쉬운 말로 바꾸자면 '언제라도 깨질 수 있는 가능성'이다. 그는 과학적 명제가 객관적 사실을 경험적으로 관찰함으로써 추론될 수 있다는 주장(더 정확히 말하자면 논리 실증주의자들의 '입증 가능성_{verifiability}'에 대한 주장)을 반박한다. 그 이유는 그 누구도 모든 사실을 다 확인할 수 없기 때문이다. 가령 '까마귀는 검다'는 명제는 지금까지 발견된 까마귀들이 예외 없이 검은색이었기 때문에 성립되었을 것이다. 그런데 문제는 이 세상에 존재하는 모든 까마귀를 본 사람은 아무도 없다는 데 있다. 아직 사람의 눈에 띄지 않는 까마귀 가운데 다른 색깔을 가진 것이 없으란 법이 없지 않은가? 따라서 경험적 관찰을 통해 과학적 명제의 참과 거짓을 구분하는 것은 불가능하다는 것이 밝혀진다.

'까마귀는 검다'라는 명제는 검지 않은 까마귀가 나타날 때까지만 참일 수 있다. 이렇듯 모든 과학적 진술은 늘 잠정적일 수밖에 없는 것이다. 언제라도 새로운 사실이 나타나 그 진술을 완전히 뒤엎어버릴 수 있다. 그렇듯 거짓으로 판명될 가능성이 바로 과학의 참다운 모습이라고 포퍼는 주장한다. 바로 그 점에서 종교와 과학은 구별된다. 포퍼에 따르면 과학은 우리가 흔히 생각하듯이 경험적 발견들이 꾸준하게 누적됨으로써 발전하는 것이 아니라, 오류의 제거를 통해 성장한

다. 따라서 과학은 항상 과감한 '추측conjecture'과 냉혹한 '반박refutation'
에 개방되어 있어야 한다.

　과학적인 연구는 어떤 대상의 본질을 온전히 밝혀내는 것이 아니다.
모든 과학에는 어떤 형태로든 패러다임이 주어지고 그것은 대상의 일
정한 면모를 선별적으로 부각시킨다. 패러다임은 문제 제기 및 거기에
접근하는 가능성을 암시하는 모형으로서 과학적 진술들을 일정한 방향
으로 묶어주기 때문이다. 따라서 똑같이 과학이라는 이름을 걸고 행해
지는 연구라 할지라도 그 선택된 패러다임에 따라서 얼마든지 다른 결
과가 나올 수 있다. 달리 말하자면 어떤 과학도 결코 전체를 드러내지
는 못한다는 것이다. 과학이 파악한 진리가 결국 있을 수 있는 여러
세계의 하나에 지나지 않는다는 것, 우리의 인식이 늘 그렇게 부분에
머물 수밖에 없다는 것은 다소 실망스러운 발견이다. 인류가 그토록
애써서 축적해온 이 거대한 과학 문명의 체계가 영원히 미완성의 궤도
를 맴돌 뿐이라는 자각은 허무하기까지 하다.

　그러나 반드시 그럴까? 그러한 사실이 실망스럽고 허무하다면 그것
은 어느 하나의 이론에 자기의 운명을 걸어야 하는 경우일 것이다. 그
런 사람에게 기존의 과학 체계가 흔들리거나 상대화되어버리는 것은
매우 불안을 자아낼 것이 틀림없다. 그런데 그러한 태도로 연구되는
과학은 늘 권위주의적으로 군림하게 마련이다. 그래서 많은 사람들을
억압한다. 그러한 권력에 짓눌려 있는 사람들에게 모든 과학적 진술이
부분적이고 잠정적이라는 사실은 얼마나 복된 소식인가. 그것은 허무
의 덫이 아니라 자유와 창조의 계기가 된다.

　과학의 진리는 역사성을 갖는다. 따라서 시대와 상황의 제약을 받게 마련이다. 그리고 그 진리는 끊임없는 비판과 논쟁을 통해서 거듭난다. 그 과정은 모든 사람에게 열려 있는 참여의 공간이 되어야 한다.

1 최근 세계적인 의학의 연구 동향을 보면 노인병과 암 등에 관해서는 비약적인 발전이 이뤄지고 있는 데 비해 결핵이나 전염병 등에 대해서는 큰 진전이 없다. 이러한 격차는 왜 발생한다고 생각하는가?

2 우리는 흔히 문과와 이과를 나누어놓고 그 칸막이를 절대화한다. 그 결과 문학을 공부하고자 하는 학생은 수학이나 물리학에 무관심하고, 자연과학을 공부하고자 하는 학생들은 철학과는 담을 쌓는다. 그러나 인류의 지성사를 돌아보면 그러한 분리는 매우 부자연스럽고 바람직하지 않은 것임을 알게 된다. 자연과학에서 요구되는 지적 능력과 인문 사회과학에서 요구되는 지적 능력 사이에는 어떤 차이와 공통점이 있는지 생각해보자(스노우의 『두 문화』를 참조할 것).

3 "과학이란 존재하는 것을 발견하는 일, 기술이란 그 지식으로 지금까지 존재하지 않았던 것을 만들어내는 일"이라고 폴 칼만이라는 학자는 말했다. 이 명제에 대해 부연 설명하시오.

제4장

숫자를 바로 읽으려면
—통계에 대한 비판적 이해

어른들은 숫자를 좋아한다. 네가 그들에게 새로 사귄 친구를 이야기하면 그들은 네게 진짜 알맹이가 되는 것을 묻는 일이 없다. 그들은 네게 "그 애 목소리가 어떻든? 그 애는 어떤 놀이들을 좋아하지? 그 애는 나비를 수집하고 있니?"라고 묻는 적이 한 번도 없다. 그들은 "그 애가 몇 살이지? 형제는 몇이냐? 몸무게는 얼마지? 그 애 아버지는 돈을 얼마나 버니?"라고 묻는다. 그러고 나서야 비로소 그들은 그 애를 안다고 믿는다. 만일 네가 어른들에게 "난 지붕 위에 비둘기들이 놀고 창틀에는 장미꽃이 피어 있는 붉은 벽돌의 예쁜 집을 보았어"라고 말하면, 그들은 그 집을 머릿속에 그려보지 못한다. 그들에게는 "난, 10만 프랑짜리 집을 보았어"라고 말하는 편이 좋다. 그제야 그들은 "야, 근사한 집이구나"라고 외친다. —생텍쥐페리, 『어린 왕자』

일본에서 도쿄와 오사카 두 도시를 대상으로 이러한 조사를 한 적이 있다. 조사자는 차를 타고 가면서 사거리나 횡단보도에서 빨간 불을 만나 대기하고 서 있다. 조금 후 파란 불로 바뀐다. 그러나 그 차는 출발하지 않는다. 그 대신 신호등이 바뀐 바로 그 순간 초시계 스위치를 눌러 작동시킨다. 잠시 후 뒤에서 경적이 울려온다. 신호가 떨어졌는데도 그대로 서 있는 이 차를 향해 뒤에서 기다리고 있던 차가 누르는 것이다. 바로 그때 초시계 정지 스위치를 누른다. 그런 식으로 여러 번 반복 조사하여 평균치를 계산해낸다.

이 조사는 운전자들이 얼마나 조급한가를 두 도시를 비교해서 알아보기 위한 것이었다. 그 결과는 흥미로웠다. 도쿄가 4초 정도인 반면에 오사카는 2초 정도였다. 도쿄의 운전자들에 비해 오사카의 운전자들이 두 배나 더 조급한 것이다. 이는 실제로 그 도시로 대표되는 일본의 관서 지방과 관동 지방의 사회 심리적인 차이를 잘 보여준다. 그런데 재미있게도 교통사고의 발생률을 보면 오사카가 도쿄보다 훨씬 더 높다고 한다. 여기에서 교통사고의 주된 원인 가운데 하나가 운전자들의 서두르는 습관이라는 해석을 쉽게 이끌어낼 수 있다.

만일 위의 조사를 서울 도심지에서 시행한다면 그 결과는 어떨까? 어쩌면 마이너스 몇 초가 나올지도 모른다. 즉 신호등이 파란 불로 바뀌기 전에 경적을 울려댈지도 모른다는 말이다. 우리의 교통 상황을 조금만 주의 깊게 살펴보면 금방 이해가 갈 것이다. 빨간 불 신호가 거의 끝나갈 무렵 앞차들은 이미 움직이기 시작하고, 노란 불로 바뀌는 순간에는 이미 제 속도가 붙어 있다. 이런 관행을 모르고 순진하게 파란 불이 나올 때까지 기다렸다가는 뒤에서 기다리던 차 운전자들에게 욕을 먹기가 일쑤이다. 따라서 우리의 경우 그런 조사를 하려면 가만히 서 있다가 뒤에서 경적이 울려대는 순간 초시계를 누르고 신호등이 파란 불로 바뀌는 순간 멈추는 방식으로 해야 할지 모른다. 마이너스 몇 초! 과연 교통사고 사망률 세계 1~2위를 마크하고 있는 나라의 상처뿐인 영광이 아닐는지.

이러한 사례에서 우리는 숫자의 효능을 실감한다. 막연한 인상이나 짐작으로 알고 있던 현상에 통계의 방법을 적용함으로써 그 쟁점이 한결 명료하게 부각되는 경우가 많다. 수학과 과학이 지배하는 시대라서 그럴까. 인간 현상도 양적인 언어로 풀이하면 뭔가 더 설득력 있게 다가온다. 그런 효과를 노려서인지는 모르겠지만 유난히 숫자를 잘 암기하고 다니는 사람들이 있다. 그들은 공식적인 담론에서는 물론 보통 일상적인 대화를 나눌 때에도 그 수치들을 즐겨 인용한다. 그래서 그의 이야기는 늘 어떤 객관적인 사실을 말하는 듯이 여겨지고 그래서 항상 힘을 지닌다. 그의 주장을 반박하기는 쉽지 않다. 왜냐하면 그 정도로 다양한 자료를 자유자재로 인용할 수 없기 때문이다. 똑같은 사실을 말하면서도 통계 수치를 동원하면 더 과학적이고 정확한 것으로 들린다. 그러나 통계는 항상 객관적인가?

앞에서 우리는 과학의 정체에 대해서 생각해보았다. 그것은 어떠한 경우에도 절대적으로 객관적이고 공정한 관점을 확보할 수 없다는 것, 일상적인 사유에서와 마찬가지로 과학 역시 보는 사람의 관심이나 선입견 또는 고정관념에 크게 좌우된다는 것을 밝혔다. 다만 과학의 경우는 항상 자기의 전제를 의심하면서 보다 더 높은 합리성을 추구하려 한다는 점이 다를 뿐이라고 했다. 그러니까 과학은 객관성과 합리성을 추구하고 표방하지만, 실제로는 과학이라는 미명하에 엄청나게 비합리적인 정보들이 생산되어 유포된다는 것도 반성했다. 이러한 부조리는 통계의 경우에 그대로 적용된다.

생활에 가장 가까운 예부터 들어보자. 물가 상승을 예민하게 느끼는 이들은 아무래도 주부들이다. 그런데 주부들이 장을 보면서 느끼는 물가 상승률은 기획재정부나 통계청이라고 하는 매우 전문적인 기관에서 발표하는 통계와 너무 큰 차이를 보일 때가 많다. 심한 경우 3배 이상 차이가 나기도 한다. 장바구니 물가가 훨씬 높은 것이다. 이러한 차이는 어디에서 올까? 정부에서 공식적으로 발표하는 물가 인상률과 보통 사람들이 생활 속에서 느끼는 체감 물가 인상률은 왜 그렇게 다른가?

우리는 먼저 물가의 변동을 가늠할 때 조사의 대상이 되는 품목들이 엄청나게 방대하다는 것을 명심해야 한다. 이것은 조금만 생각해보면 금방 알 수 있다. 시장에서 사고 파는 물건이 얼마나 많은가. 게다가 같은 물건이라도 음식 가격처럼 업소마다 제각각인 경우까지 계산하면 거의 무한대에 이른다고 할 수 있다. 따라서 그 전부를 일일이 조사해 통계화한다는 것은 불가능하다. 어차피 몇몇 품목들을 골라 표본 집단을 만들어야 한다. 바로 여기에서 시비에 걸릴 수 있다. 누가 어떤 기준으로 그것들을 채택하는가? 보통 사람들이 실제 생활에서 널리 지출하는 품목들과 통계에 잡히는 품목들이 얼마나 일치하는가? 이 점에서 사실은 문제가 있다. 가령 대입 수험생을 둔 가정에서 엄청나게 출혈하는 과외비 같은 것은 제대로 포착되지 않는다.

보다 더 교묘한 문제가 또 있다. 위에서 실제 소비품과 조사 품목 사이의 괴리를 언급했는데, 이는 그 품목 자체가 아예 빠져버리는 경우를 말한다. 그것은 쉽게 발견되어 문제가 제기될 수 있다. 그런데 쉽게 밝혀지지 않는 것은 그 품목이 형식적으로는 계산되는데도 실제로는 누락되는 것과 마찬가지인 경우들이다.

예를 들어 가전제품이나 자동차의 경우 끊임없는 기술 혁신의 결과 불과 몇 달 사이에 기존의 모델에 몇 가지 기능이 더 첨가되어 새로운 모델로 나온다. 그 새로운 상품은 당연히 값이 더 비싸다. 그런데 그 가격의 상승은 대개 새로 추가된 기능의 가치 이상이다. 다시 말해 모델을 바꾸는 것에 편승해 그 제품의 가격 전체를 올려버린다는 것이다. 소비자들은 그것을 눈치 채지 못하는 경우가 대부분이다. 그리고 물가를 담당하는 행정 관청에서도 동일한 제품의 가격 상승으로 파악하지 않는다. 모델이 바뀌었기 때문이다.

물가 인상률을 산정할 때 실제로는 소비자가 피해를 입으면서도 통계에 잡히지 않는 사례로 다음과 같은 것들이 있다.

1) 질은 떨어졌는데 포장만 바꿔 가격을 올리는 경우

2) 가격은 그대로이나 질이 떨어진 경우

3) 질은 그대로이나 양을 줄이는 경우

4) 정부 당국의 단속으로 가격은 환원되었지만 위생 상태가 불량해지거나 불친절해진 경우

기준과 표본 집단의 문제

이렇듯 조사와 통계를 주관하는 쪽의 편파적인 의도가 작용하기도 하거니와 거기에 입력되는 원자료 자체가 이미 치우쳐 있는 경우도 많다. 예를 들어 한국의 직업병 발생률이 일본보다 훨씬 낮게 나타날 때가 있다. 일본의 공장들은 노동 조건이 우리보다 훨씬 낮기 때문에 우리 쪽의 사고가 더 많을 듯한데도 말이다. 그렇다면 그 통계는 어떻게 나온 것일까? 문제는 산업 재해의 기준이다. 작업 현장에서 손이 잘려나가는 사고처럼 명백한 경우는 문제가 되지 않는다. 그런데 공장의 유독성 물질을 오랫동안 들이마셔 몸에 축적한 결과로 나타나는 직업병의 경우 그 원인을 밝히기 어려울 수도 있다. 과로사 같은 경우는 훨씬 더 애매하다. 그런 사안을 둘러싸고 한국의 업주들은 되도록 산업 재해로 인정하지 않아 보상의 책임을 면하려 할 때가 많다. 반면

다른 나라에 비해 비교적 사원들을 책임지고 보호하는 데 철저한 일본의 회사들에서는 직업병의 판정 기준이 한국보다 훨씬 넓다. 그래서 통계에 잡히는 사례들이 많고 당연히 직업병 발생률은 더 높게 나타날 수밖에 없다.

통계적인 기법은 몇 가지 문제를 중심으로 광범위한 영역을 대상으로 조사할 때 활용된다. 여기에서 그 모든 대상을 전부 조사할 수 없음은 당연하다. 표본 집단을 산출해야 한다. 상정想定하는 바 전체 모집단을 골고루 대표하는 집단을 얼마만큼 정확하게 산출하는가? 이것은 통계 조사에서 가장 어려운 과제 가운데 하나이다. 그것을 제대로 하면 반 이상이 끝났다고 볼 수도 있다. 그런데 그 작업을 소홀하게 처리하여 편파적인 표집을 통해 대상 집단을 설정하여 조사하는 경우가 종종 있다.

모집단과 표본 집단 사이의 대응 문제를 이렇게 생각해보자. 우리 속담 가운데 "호랑이한테 물려가도 정신만 차리면 산다"는 말이 있다. 물론 이것은 정밀하게 조사한 자료에 기초한 진술은 아니다. 그러나 그렇다고 그냥 나온 말도 아닐 것이다. 어느 정도 경험적인 근거가 있을 것이라고 생각된다. 사람들 가운데 호랑이에게 물려 갔다가 요행히 살아 돌아온 이들의 생생한 증언이 전해지고 축적되면서 하나의 교훈이 된 것이리라. 주변 사람들이 그에게 물어보았을 것이다. 어떻게 살아 돌아올 수 있었는가? 글쎄, 정신을 바짝 차리고 있다가 호랑이가 한눈을 파는 기회를 틈타 도망쳐왔지. 대충 이런 식의 대화를 상상해볼 수 있다. 그런 사람이 한둘이 아니라 오랜 세월 꽤 많은 사람들의 경험으로 전승되면서 그것은 하나의 소중한 교훈으로 자리 잡을 수 있었을 것이다.

그런데 문제는 과연 호랑이에게 물려 간 사람들 가운데 그렇게 살아 돌아온 사람이 얼마나 되느냐이다. 가령 100명이 물려 갔는데 그 가운데 80명이 정신을 바짝 차렸고, 그 결과 살아 돌아온 사람이 5명밖에 안 된다고 하자. 그들이 돌아와서 자기의 모험담을 자랑스럽게 이야기했고 사람들은 그것을 근거로 호랑이한테 물려 가도 정신만 차리면 산다는 말을 믿게 되었다고 가정해보자. 사람들이 그 과정에서 입수하지 못한 정보는 나머지 죽은 사람들, 즉 정신을 바짝 차렸는데도 운 나쁘게 잡아먹힌 사람들의 증언이다. 죽은 자는 말이 없다. 또는 정신을 차리지 않았는데도 불구하고 천우신조로 살아 온 사람이 자신의 무용담을 과장해서 들려줄 수도 있다. 가정할 수 있는 예는 얼마든 있다. 다시 말해 호랑이한테 물려 갔다가 살아 온 사람은 결코 물려 간 사람 전체의 표본 집단이 될 수 없는 것이다. 물론 이것은 순전히 가정일 뿐이다. 다만 이러한 상상을 통해 우리는 어떤 사회적 사실을 판단하는 데 알게 모르게 누락시키는 정보들이 얼마나 많을지를 추정해볼 따름이다.

물음 속에 숨어 있는 답

통계의 기법을 활용하여 사회 조사를 할 경우 가장 흔히 쓰이는 수

단은 설문지이다. 우리는 보통 설문 조사를 하면 보다 객관적인 결과가 나온다고 기대한다. 물론 그러한 경우도 있다. 그러나 정말로 그렇게 탁월한 객관성을 확보하기 위해서는 설문을 작성하는 데 엄청난 정성을 기울여야 한다. 그 질문을 만들고 그 답안들을 짜는 것 자체가 이미 주관적인 의도나 편견 등을 배제하기 어렵기 때문이다. 물론 그것은 대개 그 작성자 스스로도 의식하지 못한다. 그 결과 실제로 많은 돈과 인원과 시간을 들여서 행하는 조사에서도 잘못된 결과를 내놓는 경우가 종종 있는 것이다.

어느 대학 신문사에서 1990년대 이후 급격하게 변모하는 대학 문화에 대해 조사하면서 다음과 같은 질문을 돌린 적이 있다. "최근 대학가가 급격하게 퇴폐 향락적으로 변질되어가고 있는데, 이에 대해서 우리는 무엇을 해야 한다고 생각하십니까?" 무엇이 문제인가? 대학가의 모습이 변하고 있다는 점은 누구나 동의한다. 그러나 그것이 도덕적으로 규탄받아야 할 퇴폐성을 얼마나 담고 있는지는 쉽게 판단하기 어렵다. 똑같은 현상에 대해서도 보는 이에 따라서는 윤리가 타락해가는 것으로 볼 수 있는가 하면, 오히려 젊은이들의 신선하고 발랄한 감수성이 표출되는 것으로 볼 수도 있다. 따라서 그렇게 다양한 의견들을 두루 포착하기 위해서는 그냥 "최근 대학가의 변화에 대해서 어떻게 생각하십니까?"라는 질문이 더 적합하다.

질문의 방식에 따라서 응답이 크게 달라질 수 있음을 보여주는 사례는 많다. 오래전 미국에서 "당신은 금년 추수감사절을 일주일 당겨서 지낸다는 생각에 찬성하십니까?"라는 질문과 "당신은 금년 추수감사절을 일주일 앞당겨서 지낸다는 루스벨트 대통령의 생각에 찬성하십니까?"라는 두 질문을 가지고 조사를 해보았다. 대상 집단의 성격이 거의 비슷했는데도 두번째 질문에 "그렇다"고 대답한 비율은 무려 5%나 더 많았다. 이처럼 위세가 높거나 과거에 그러했던 사람의 이름을 빙자하면 그쪽으로 대답이 기울 개연성이 큰 것이다. 이는 우리의 경우도 마찬가지일 것이다. '1970년대 새마을 운동에 대해……'라는 질문 대신 '박정희 대통령이 추진한 새마을 운동에 대해……' 같은 식으로 수식어를 바꾸면 대답이 달라질 가능성이 많다.

따라서 질문에서는 최대한 중립적인 입장을 견지하는 것이 중요하다. 예를 들어 '귀하는 국민의 신성한 권리를 이행하고자 이번 국회의원 선거에 투표하실 예정입니까?'보다는 그냥 '귀하는 이번 국회의원 선거에 투표하실 예정입니까?'라는 질문이 좋다.

응답자는 얼마나 솔직할까?

설문 조사에서 문항 작성자의 편견이 개입되는 것 못지않게 중요하게 보아야 할 것은 응답자가 얼마나 성실하고 정직하게 대답하느냐이다. 물론 그것은 설문지의 언어 구성이나 문항의 배열을 어떻게 하느냐에 크게 좌우된다. 문항이 너무 많거나 문장이 지나치게 난해할 경우에 응답자는 금방 지루해지고 자칫 대충대충 읽고 적당히 대답해버릴 수 있기 때문이다.

　응답자가 일부러 거짓말을 하지 않았는데 결과적으로 거짓말을 하게 되는 경우도 많다. 곧 설문에 답한 것과 달리 행동하는 것이다. 그 대표적인 예가 바로 선거를 앞둔 시점에서 조사되는 투표율이다. 조사 결과 나타난 투표율이 그대로 현실로 드러나는 경우는 적다. 그래서 여론 조사 기관에서는 아예 10% 정도를 감해서 예상한다. 가령 85%가 투표하겠다고 대답했다면 실제로는 75% 정도 투표에 참여하리라고 보는 것이다. 이러한 오차는 왜 발생하는가?

　여론 조사에 오래 종사해온 사람들의 말에 따르면 사람들은 자기의 소신이나 가치 판단보다는 사회적으로 바람직하다고 여겨지는 것을 먼저 생각하여 답을 한다고 한다. 그래서 투표 여부에 대해 질문을 받으면 당위적인 정답에 지레 얽매여버려 투표할 의사가 없거나 분명하지 않은데도 투표하겠다고 답을 한다는 것이다. 또한 후보 선택의 기준을 물어도 도덕적이고 사회적인 기대에 맞추어 대답해놓고 실제로 투표할 때는 지연이나 학연, 향응에 좌우된다고 한다. 게다가 오랫동안 권위주의 정치 체제와 분단 상황의 획일적인 이념 속에 살아온 우리 유권자들은 정치적으로 민감한 질문을 받으면 속마음을 쉽게 털어놓지 못한다고 한다. 그래서 어느 정당이 얼마만큼 득표하리라고 예상하는 것이 번번이 빗나가고 만다.

　투표율에 오차가 생기는 또 다른 이유로 다음과 같은 상황을 생각해볼 수 있다. 설문에 답할 당시에는 자기 스스로도 별다른 일이 없으면 투표를 하리라고 생각하고 그렇게 답을 한다. 그런데 투표 당일 이른 아침에 가까운 친구로부터 전화가 걸려온다. "투표는 무슨 투표냐?

이렇게 좋은 날씨에 등산이나 같이 가자." 이런 제의를 받고 다음과
같이 대답할 사람은 거의 없다. "안 돼, 내가 일주일 전에 어느 설문
조사에서 투표를 하겠다고 대답했거든. 그렇게 말해놓고 투표를 하지
않으면 오차가 생길 거 아냐?" 설문지에 답한 것에 책임져야 한다고
느끼는 사람은 없는 것이다.

　여기에서 우리가 주목해야 할 것은 그렇듯 자기의 말과 실제 행위
사이의 괴리가 단순히 그 당사자의 의지나 합리성 같은 것에서만 비롯
되는 것이 아니라는 점이다. 중요한 것은 그것이다. 설문지에 대답을
하는 바로 그 상황은 매우 특수한 상황이다. 다시 말해 그 상황에서
나타나 발휘되는 자아는 자아의 여러 단면 가운데 특수한 일부에 지나
지 않는다는 것이다. 그리고 그 자아가 실제 행위에서 온전히 발현되
기를 기대하기는 어렵다. 왜냐하면 사람의 행위는 거의 다 어떤 사회
적 관계 속에서 상호 작용을 일으키며 이뤄지기 때문이다. 예를 들어
프로 야구를 관람하러 들어가는 입장객들에게 "오늘 경기를 관람하면
서 당신이 응원하는 팀이 패하거나 심판의 판정이 편파적일 경우 난동
을 부리겠습니까?"라고 묻는다고 하자. 그에 대한 응답을 근거로 실제
그 경기 중에 그런 소동이 일어날지 여부를 예상한다면 매우 어리석은
일이 될 것이다. 그러한 사건은 사람들이 의도적으로 계획하여 일어나
는 것이 아니라 다분히 우발적인 계기와 군중 심리에 의해 벌어지기
때문이다.

　사람은 매우 합리적인 듯하면서도 매우 비합리적인 존재이다. 열
길 물속은 알아도 한 길 사람 속은 모른다고 한다. 그런데 그것이 타

인에 관해서만 그런 것인가. 자기를 온전히 파악한다는 것이 얼마나 어려운지는 오래전부터 많은 사람들이 말해온 바이다. 모든 사람의 행동은 그 개인의 자발적인 의도나 견해에 입각해서만 이뤄지지 않는다. 실제 행위가 일어나는 상황에서 작용하는 그 수많은 변수들을 어떻게 처리할 것인가. 그런 상황에서 시공간적으로 벗어나 있는 개인에게 그 모든 경우의 수를 다 헤아려 답을 하기는 매우 어렵다. 또한 정서, 욕망, 일시적 충동, 눈치, 강요 등 비합리적인 요소들이 복합적으로 작용하는 상황에 대해 합리적으로 예상하기란 쉽지 않다.

신용 잃은 한국 통계

통계는 사회의 여론과 정책의 방향을 잡는 데 중요한 몫을 담당한다. 그리고 그러한 통계를 가장 많이 산출하는 것은 아무래도 정부이다. 따라서 항상 최대한의 공정성과 객관성을 확보할 책임이 있다. 그런데 당국은 그러한 책임에 얼마나 충실한가?

단적인 예 하나만 들어보자. '제조업 부문 국민 소득(부가 가치)'이라는 동일한 항목에 대해서 통계청과 한국은행이 작성한 통계 사이에는 큰 편차가 있다. 문제는 해가 갈수록 그 격차가 점점 커진다는 점이다. 이 문제는 지난 1997년 통계청의 용역으로 한국개발연구원이 작성한 '국가 통계 발전 계획' 보고서에서 처음 지적되었다. 왜 이런 일이 벌어지는가? '추정치로 빈칸을 메우는' 과정을 되풀이하기 때문이다.

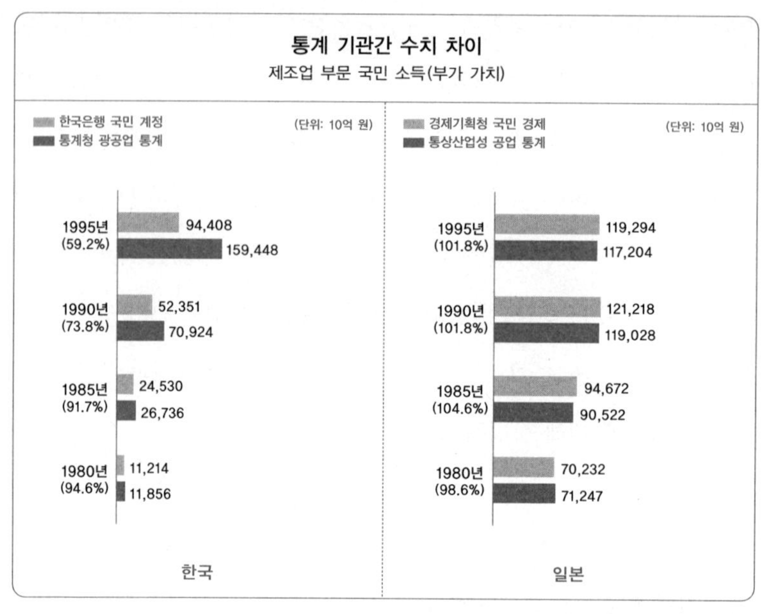

이 보고서를 작성한 연구원에 따르면 일본의 경우 경제기획청과 통상산업성의 담당자가 매주 한 차례씩 만나 계속 조정하고 협의하기 때문에 각 통계 사이의 차이는 1~2% 정도라고 한다. 반면 한국에서는 양쪽 담당자가 1년에 한 차례도 협의하지 않으며, 1996년의 경우 통계청의 수치가 한국은행 수치의 1.7배가 넘었다고 한다(중앙일보 1999년 2월 9일 자).

한국에서 그동안 발표해온 통계들은 국제적으로도 신뢰를 잃은 지 오래인가 보다. 미국의 도서관에 가보면 한국의 통계 수치 밑에 "이 통계는 별로 믿을 게 못 된다"라는 주석이 붙어 있는 경우가 많다고 한다. 지금도 한국은 통계를 찾기가 어려운 나라, 그리고 그나마 나와 있는 통계도 믿기 어려운 나라로 낙인찍혀 있다. 그래서 지난 1998년

IMF는 한국 정부와의 협의문에 '정확한 경제 통계의 작성과 공표'라는 요구를 포함시켰다.

강물의 오염이 심각해지면서 오염 지수에 대해 국민들이 예민해졌다. 그런데 폐수가 흘러나왔을 때 그 수치를 낮추는 방법은 간단하다. 댐에서 물을 잔뜩 내보내면 오염 물질의 비율은 금방 줄어드니까. 하지만 절대량은 그대로이다.

서울 시내 전광판에 대기 오염 정도를 나타내는 숫자가 매일 적혀 나온다. 많은 사람들이 기준치 이하면 안심한다. 식품에도 유해 물질의 포함 정도가 기준치 이상인지 이하인지에 민감하다. 그러나 기준치가 무슨 의미가 있는가? 그것은 모든 사람에게 획일적으로 적용될 수 있는가? 하루 종일 매연을 마시는 운전사나 교통경찰과 비교적 공기 좋은 캠퍼스에서 생활하는 대학생, 라면을 매일 먹어야 하는 빈민과 어쩌다가 별식으로 먹는 중산층에게 기준치는 달라야 하지 않을까?

이제 우리는 숫자라는 것에 대해 불신감을 갖고 있는 사람들의 마음을 이해할 수 있을 것이다. 영국의 재상 디즈레일리는 이렇게 말한 적이 있다. "거짓말에는 세 가지가 있다. 그냥 거짓말, 새빨간 거짓말, 그리고 통계." 이러한 독설은 우리 사회에서 더 적절하게 통용될지도 모른다.

하지만 극단으로 치우치지 말자. 지금까지의 이야기는 통계의 의미와 가치를 완전히 부정하려는 의도에서 한 것이 아니다. 오히려 정반대이다. 통계를 더욱 올바르게 만들어내고 유통시키기 위해 통계가 내포하는 맹점들을 파헤쳐본 것이다. 무엇보다도 통계를 산출하는 기관

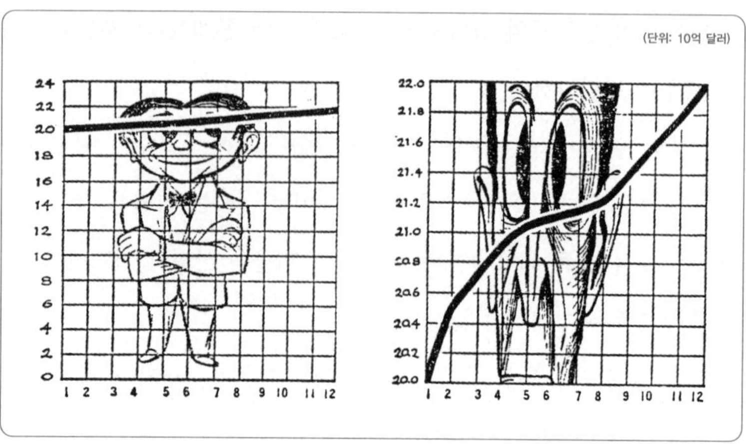

발표하는 방식을 통해서도 왜곡이 일어날 수 있다. 두 그림 그래프를 비교해보자. 똑같은 통계 수치를 가지고 그린 것인데 이렇게 다를 수 있다.

이 최대한 공정성을 기해야 한다.

통계의 생성, 전달, 수용 양식을 새삼스럽게 반성함으로써 우리는 사회를 바라보는 눈을 격상시킬 수 있다. 그 의미는 단순히 사회과학도의 연구 방법론에만 머무는 것이 아니다. 보통 사람들도 일상적으로 접하는 숫자들에 막연하게 과학적인 권위를 부여하면서 맹신할 것이 아니라, 그 근거를 다시 한 번 캐묻는 태도를 가질 필요가 있다. 그러한 태도는 진정한 민주 사회를 만들어가는 지적 토대가 된다.

기존의 과학은 현실을 계산 가능한 부분만을 통하여 이해하려고 했다. 그 과정에서 다차원적인 삶의 세계는 평면적인 도식으로 축소되어버렸다. 거기에서는 인간의 행위가 박제화된다. 그래서 보통 사람들이 매일 경험하는 생활 세계의 관점이 무시되고 중앙의 권력자와 행정가의 관점만이 일방적으로 힘을 발휘해왔다. 경제 관련 부처 전문가들이 농업에 관해 많은 학식을 쌓았으면서도 농촌의 실상은 잘 모르는 것에 대한 비판으로 "기역자 놓고 낫은 모른다"라고 비아냥거리기도 한다.

그런데 그것은 그 분야에 국한된 것이 아니다. 우리의 삶 전체가 획일적인 도식으로 재단되고 관리되어왔다. 전문가 시스템에 의해 생산되는 정보와 지식에 의문을 제기함으로써 우리는 그 객관성을 높여갈 수 있을 것이다. 더 나아가 그러한 경직된 틀로 환원될 수 없는 삶의 원형질을 있는 그대로 포착하는 계기가 될 것이다.

1 환경오염에 관련된 기초 자료는 매우 중요하다. 공장의 산업 폐수 배출량이나 운송 업체의 연간 화물 수송량은 정확하게 측정되어야 한다. 그런데 한국에서 그 자료를 수집하는 방식을 보면 해당 업체의 보고에 의해 작성되고 있어 신뢰도가 크게 떨어질 수밖에 없다. 담당 행정 부서에서 조사표를 각 업체에 보내 보고하도록 되어 있는데, 업체들의 입장에서는 "먹고 살기도 바쁜데 그렇게 귀찮은 일을 왜 하느냐"는 반응이다. 그리고 오염도나 배출량이 허용치를 넘으면 조업 중단이나 허가 취소를 당하기 때문에 제대로 신고할 까닭이 없다. 실제로 교통환경연구원에서 기존의 수송 실적 통계를 믿을 수 없어 직접 표본 조사를 해보니 발표된 수치의 2배가 넘었다고 한다. 따라서 신빙성 있는 자료를 수집하기 위해서는 조사 방법을 바꿔야 한다. 그렇다면 어떤 방법들을 도입할 수 있을까?

2 교통사고 사망자 수를 보면 경찰청에서 나온 통계와 병원협회에서 나온 통계 사이에 차이가 많이 난다. 과연 어느 쪽에서 잡은 사망자 수가 더 많을까? 그리고 그러한 차이는 왜 생기는 것일까?

3 유엔개발계획에서 정기적으로 조사 발표하는 것 가운데 세계 각국의 인간 개발 지수가 있다. 국민 한 사람당 국내 총생산GDP과 평균 수명, 교육 수준 등을 고려해 계산한 것으로 한국은 174개국 중 31위로 46개 상위국 그룹에 낀 것으로 발표되었다. 그와 비슷한 것으로 영국에서 세계

54개국의 국민들이 느끼는 행복도를 조사한 바가 있는데, 그 결과를 보면 흥미롭다. 방글라데시가 1위를 차지하는 등 빈곤국이 상위권을 휩쓸었고 미국 46위, 일본 44위 등 선진 부유국들이 하위권에 처져 있다. 과연 이 조사에서 설정한 기준 항목들은 대체로 어떤 것들이었을까?

4 선거 때마다 각 방송사에서 당선자 예측 조사를 실시하여, 투표 시간 마감과 동시에 결과를 발표한다. 그 모두 출구 조사를 통해 나온 수치다. 그런데 개표가 진행되면서 방송사는 당황하게 된다. 예상 당선자와 실제 당선자 사이에 차이가 많이 나기 때문이다. 각 정당의 희비가 교차하고 방송사는 시청자에게 사과를 한다. 왜 이런 오차가 생기는 것일까? 출구 조사의 문제점을 알아보자. 그리고 대통령 선거보다 국회의원이나 지방의원 선거에서 더 많은 오차가 생기는 까닭은 무엇인지도 생각해보자.

제 2 부 ◆ 사람과 사람 사이
—공생과 교류의 관계를 위하여

제5장

정상? 비정상?
──차별과 평등의 논리

카프라: 그렇다면 정신 질환이라는 개념에는 사회적인 맥락이 중요한 역할을 한다는 말이군요.

록: 물론입니다. 절대적이지요.

카프라: 만약 정신질환자를 그 사회에서 들어내 광야에 갖다 놓는다면, 정상으로 돌아갈 수도 있다는 건가요?

록: 맞습니다.

그로프: 한 문화권에서 다른 문화권으로 사람을 옮길 수도 있지요. 여기서 미쳤다는 사람이 다른 문화권에서는 미치지 않은 것으로 될 수도 있는 것입니다. 그 반대의 경우도 마찬가지입니다.

디말란타: 정신 이상 상태에 들어갈 수 있느냐가 아니라, 그 상태에 들어갔다 나올 수 있느냐가 문제입니다. 우리들은 잠시 조금씩은 돌아버릴 수 있거든요. 그러면 우리의 선형 線形, linear 사고를 또 다른 각도에

서 볼 수 있고, 짜릿한 감흥을 불러일으킬 수 있지요. 우리들의 창의력을 크게 북돋우는 구실을 하게 됩니다.

록: 그게 훌륭한 샤먼의 기준이기도 합니다. 의식이 전환된 상태를 경험할 수 있는 통제력을 가진 사람들을 말하지요.

카프라: 그러니까 사회 내부에서 정확한 상징들을 사용하지 못하는 것이 정신 질환의 일부가 된다는 뜻이군요. 그건 사회의 잘못이라고 할 수 있습니다. 개인이 다룰 수 없는 무엇이 있으니까요.

디말란타: 그렇습니다.

록: 바로 그겁니다.

—프리초프 카프라, 「빅서에서의 대화」, 『탁월한 지혜』(범양사)

주변에 왼손잡이인 사람들이 있으면 한번 물어보자. 그동안 살아오면서 어려웠던 점이 있었다면 무엇이었는지. 오른손잡이들은 알지 못하는 그들만의 고충이 있다. 책상들이 모두 오른손잡이용으로 만들어져 있어서 의자에 앉으면 글씨를 쓰기가 불편하다. 좁은 자리에서 다른 사람들과 옆으로 나란히 앉아 식사를 하는 자리에서 숟가락질할 때 왼쪽에 앉아 있는 사람의 손에 자꾸 걸려 공연스레 폐를 끼치는 것 같아 미안하다. 카메라 셔터가 모두 오른손잡이용이라 누를 때 흔들린다. 왼손잡이용 야구 글러브 등 스포츠 용품이 비싸다…… 그리고 무엇보다도 어릴 때 왼손을 사용한다고 어른들로부터 계속 야단맞은 것이 못내 섭섭하다. 사실 어느 사회나 왼손에 대한 편견이 있지만 우리 사회는 유달리 그것을 더 심하게 금기시한다. 그래서 그 압박에 시달리다가 결국 양손잡이가 된 왼손잡이들이 많다. 한마디로 왼손잡이는 비정상으로 인식되어왔다.

'비정상'이라는 말은 결코 유쾌하지 않은 이미지를 담고 있다. 엄밀하게 말하면 보통 사람들에 비해 무엇이든 남다른 면이 있으면 비정상이다. 그러니까 특별한 재주를 가졌다거나 타고난 천재들도 비정상이다. 그러나 흔히 통용되는 의미의 비정상은 그렇게 탁월한 점이 아니라 어딘가 크게 모자란 점을 가리킨다. 그래서 사람들은 자신이 비정상으로 분류되는 것에 대해 대단한 공포감을 갖고 있다. 유별나고 예외적인 존재로서 다른 사람들에게 거부당할 것이기 때문이다. 실제로 우리 사회에서는 그렇게 차별받으며 살아가는 사람들이 많다. 누구인가? 어떤 사람들이 이른바 비정상이라는 범주에 들어오는가? 신체 장애인, 정신병자, 혼혈아, 동성애자, 에이즈 환자, 독신자, 전과자, 여자 같은 남자, 남자 같은 여자······

문화마다 달리 채택하는 요소들

그렇다면 어떠한 근거에 입각하여 정상의 기준이 정해지는가? 그것은 절대적인 것인가? 어느 사회든지 인간의 모든 됨됨이와 가능성을 골고루 인정하지 않는다. 그 가운데 지극히 일부만을 채택하여 사회를 구성하는 주제로 삼는다. 그리고 그러한 자질을 가진 개인들을 선별적으로 우대한다. 그러한 채택selection 이라는 것은 모든 문화 형성의 기본

조건이다. 언어를 예로 들어보면 어떠한 언어도 인간의 목청으로 낼 수 있는 모든 음성을 의미있는 음소音素로 인정하지 않는다. 그 가운데 지극히 일부만을 채택하여 뜻이 통하는 소리의 요소로 삼는다. 그 밖의 소리들은 그냥 잡음이거나 괴성일 뿐이다. 그리고 그것은 도저히 글자로 표기될 수 없다. 그리고 그것은 언어마다 제각각 다르다. 따라서 어느 언어에서 인정되는 음소가 다른 언어에서는 전혀 인정되지 않는다. 영어의 'f'나 'v' 같은 발음은 한국어에서 무시되기 때문에 우리가 그 발음을 익히기는 어렵다. 그 반대로 외국인이 우리말을 배울 때 혼동하는 발음들이 꽤 많다. 일본인들은 한국어를 처음 배울 때 '혼자'와 '홍차' 같은 발음을 구별하는 데 어려움을 겪는다.

언어가 발성 가능한 음성 가운데 지극히 일부만을 채택하듯이 문화도 인간의 무한한 잠재력 가운데 일부만을 그 사회의 주요한 원리로 삼는다. 따라서 어느 사회에서 대단히 중요하게 여기는 것을 다른 사회에서는 하찮은 것으로 무시한다. 아마존 밀림에 사는 '수야'라는 족속의 여인들 사이에는 아랫입술에 목재 원반을 끼우는 관습이 있는데 그것을 끼우지 않고 있는 모습을 외부인이 보게 되면 대단한 수치심을 느낀다. 그런데 발가벗은 알몸을 노출하는 것은 전혀 창피해하지 않는다. 우리의 감각으로는 이해가 안 되겠지만 그것은 상대적인 것이다. 그들도 아마 우리 여성들이 늘씬한 다리를 가꾸기 위해 노력하는 것을 의아하게 여길 테니까 말이다. 시공간을 넘나들며 여러 사회를 두루 살펴보면 그러한 예들은 수없이 발견된다. 제2부 제7장에서 자세히 살펴보겠지만 우리 젊은이들이 그토록 열정적으로 추구하는 낭만적 사랑이라는 것도 사실 근대 이전의 사회로 거슬러 올라가보면 매우 희귀한 일이었음이 밝혀진다. 남녀 사이의 배타적인 사랑이라는 것은 이 시대의 삶을 구성하는 한 가지 매우 특이한 문화 요소이다.

이러한 상대성은 한 사회 안에서도 관찰된다. 종교적 신앙에 심취해 있는 사람의 눈에 오로지 돈에만 혈안이 된 사람은 가련해 보인다. 학문을 꾸준히 연마하기에 바쁜 학자에게 정치인들의 파워 게임은 졸렬한 짓으로만 여겨질 것이다. 주먹의 힘이 서열을 결정하는 범죄 조직에 가담한 이는 혼자서 골방에 틀어박혀 창작의 혼을 불태우는 예술가의 행복을 도저히 이해하지 못할 것이다. 각 영역에서 요구되는 사람의 능력은 저마다 다른 것이다. 너무도 당연한 이야기가 되겠지만 어느 한 영역에서 뛰어난 능력을 인정받는 사람이 다른 영역에서는 완전히 무능한 사람이 될 수 있다.

그렇다면 이렇게도 추론해볼 수 있겠다. 한 사회에서 정상으로 여겨지는 사람이 다른 사회에서는 완전히 비정상일 수 있고, 그 반대도 가능하다. 그런 예는 얼마든지 들 수 있다. 어떤 부족 사회에서는 발작을 일으켜 입에 거품을 토하며 쓰러지는 사람을 뭔가 비범하고 신성한 힘이 깃든 것이라고 여기면서 떠받든다. 또한 어떤 사회에서는 사람이 다른 사람을 죽이면 그 벌로 죽은 사람의 아내를 데려다가 아내로 삼아 부양해야 한다. 거기에서는 복수보다는 보상을 더 중요시하는 것이다. 지금 웬만한 사회에서는 금기시하는 동성애가 공공연하게 행해지고 장려되기까지 했던 경우는 역사에서 쉽게 찾아볼 수 있다. 또 다른 예를 들어보자. 한국 사회에서는 남자들이 술을 많이 마셔 제정신을 잃고 심하게 주정하고 웬만한 실수를 해도 그러려니 하고 넘어간다. 아니 때로는 그것이 남자다움으로 장려되기도 한다. 하지만 서양에서는 길거리에서 비틀거리기만 해도 알코올 중독자로 인식되어 경찰서에 끌려간다. 그리고 술에 취해 헛소리를 하면 자기 절제력이 부족한 사람으로 완전히 낙인찍힌다.

물론 그렇다고 해서 모든 것을 상대적으로 보고 윤리적으로 용납하자는 이야기는 아니다. 다만 우리가 생각하는 절대적이고 정상적이라고 하는 것들이 많은 경우 전혀 필연적인 근거가 없을 수 있다는 의미 정도는 추출할 수 있다. '정상'이라는 것이 반드시 정상이 아닐 수 있다고 한 번쯤은 의심해볼 필요가 있다. 사실이 그렇다. 예를 들어 장애인이라는 범주가 뚜렷하게 객관적으로 존재하는 것 같지만 따지고 보면 그렇지가 않다. 잘 걷지 못하는 디스크 환자나 심한 위장병으로 밥도 제대로 먹지 못하는 사람을 가리켜 장애인이라고 부르지는 않는다. 하지만 '장애'라는 말의 속뜻을 엄밀하게 적용하자면 그 모든 것이 거기에 해당된다. 젊은 사람이 귀가 잘 안 들려 보청기를 끼고 다니면 청각 장애라 하여 매우 측은하게 여긴다. 하지만 눈이 지독히 나빠 안경을 끼지 않으면 일상 생활이 불가능한 사람에게 웬만해서는 장애인이라는 호칭이 붙지 않는다. 보청기와 안경 사이의 그 엄청난 사회적 위신의 차이는 어디에서 비롯된 것일까? 아마도 숫자의 차이가 아닐까? 마치 대머리가 벗어진 남자들처럼 말이다. 만일 머리가 벗어진 남자가 만 명 가운데 한 명 있을까 말까 하다면 그렇게 버젓이 드러내놓고 다니기가 어려울 것이다. 다행히 그 수가 많기 때문에 비정상이 아니게 된 것이다. 그에 비해 여성들 가운데 머리카락이 유난히 적은 사람들은 그 수가 많지 않아 비정상으로 분류되는 듯하고, 그래서 심하게 고민한다.

정상과 비정상의 문제가 심각하게 거론되는 것은 정신 질환에서이다. 우리는 정신 의학에서 분류하는 정상성의 기준을 절대적인 것으로 받아들인다. 그러나 그것은 위에서 살펴보았듯이 얼마든지 가변적일 수 있다. 그 정상성 여부를 판정하는 전문가들은 자기가 살고 있는 사회의 편견이나 고정관념으로부터 자유로운가? 그는 객관적이고 공정한 입지를 보장받을 수 있는가? 가끔 그 분야 전문가를 자처하는 사람들이 이야기하는 것을 듣다 보면 그것을 의심하게 되는 대목들이 있다. 우리 사회에서 보통 사람들이 정상/비정상을 가르는 통념적인 기준이 거의 여과되지 않은 채 그대로 반영되고 있는 것이다. 그래서 다른 사회에서라면 전혀 문제가 없이 평범하게 살아갈 사람이 사회를 잘못 만나서 비정상으로 취급된다. 사실 이른바 비정상이라고 분류되어 소외되는 사람들은 그 본인이 본질적으로 문제를 지니고 있기보다는 그가 살아가는 사회적 환경에 문제가 있는 경우가 많다.

'노처녀 히스테리'라는 것을 예로 들어보자. 나이가 늦도록 결혼을 하지 못한 여성으로서 유난히 신경 과민 증세를 보일 때 붙이는 이름이다. 아마도 노처녀들 가운데 그러한 경우가 많은 모양이다. 그런데 그러한 말을 아무 생각 없이 사용하는 사람들은 노처녀 히스테리라는 것이 결혼을 하지 못한 데서 오는 욕구 불만 같은 것이라고 생각한다. 물론 그럴 수도 있을 것이다. 그러나 그보다 더 많은 경우는 독신으로 살아가는 것 그 자체보다는 그것을 바라보는 사회의 눈이 마음을 계속 불편하게 하고 그것이 누적되어 심리적인 '비정상'으로 굳어진다고 보아야 한다. 사실 우리 사회는 독신자에 대해서 극심한 편견을 갖고 있다. 잘못한 것도 없는데 단지 혼자 산다는 이유만으로 불쾌해한다. 독신 여성들에게는 그것이 훨씬 가혹하다. 그래서 이른바 결혼 적령기라는 것이 크나큰 압박으로 다가온다. 만나는 사람마다 언제 시집가느냐고 묻는다. 그쪽에서는 그것이 예절이라고 생각한다. 그러나 본인은 그럴 계획도 없고 지금 하는 일에 만족한다. 그런데도 주변에서는 결혼하지 않은 것을 크나큰 불행이라 여기며 동정의 시선을 보낸다. 그러한 것이 하루 이틀이 아니고 일상화되어버리면 누구라도 히스테리에 걸릴 것이다. 만일 독신이라는 것이 하나의 자연스러운 선택으로 여겨지는 사회에서 태어났다면 그들 가운데 상당수가 그러한 굴레에서 아예 자유로울 수 있었을 것이다.

그렇게 본다면 우리 사회에서 비정상 또는 일탈자로 규정되는 사람들 가운데 많은 부분이 그렇듯 본질적인 문제보다는 그가 처해 있는 사회적 상황에서 오는 문제가 더 핵심적인 관건이 될 수 있을 것이다. 자기가 있는 모습 그대로 받아들여지지 못하는 데서 성격에 모가 나고 더욱 일탈적인 태도를 갖게 되는 경우를 많이 보게 된다. 그리고 과거에 한번 잘못한 경력이 계속 본인을 따라다니면서 그의 인격을 규정해 결국 그 오명이 사람을 빗나가게 하기도 한다. 전과자들이 다시 범죄의 길로 빠져드는 것이나 학교에서 한번 '문제아'로 '찍힌' 청소년들이 그 음지에서 좀처럼 헤어나지 못하는 것이 그것이다.

▪ 다양성의 참뜻 ▪

　비정상이라고 낙인찍힌 사람이 많은 사회는 그만큼 획일적인 사회
이다. 행복한 사회는 다양성이 허용되는 사회이다. 그래서 사람들이
저마다 자기의 성품이나 능력을 있는 그대로 드러내고 인정받을 수 있
어야 한다. 어차피 사람은 다양할 수밖에 없기 때문에 사회는 도덕적
으로 문제가 되지 않는 범위 내에서 최대한 그 다양성을 허용해주어야
한다. 구체적으로 이야기해보자. 앞서 외모에 대해 이야기했지만, 그
점에 관해서 여성보다 남성들에게 훨씬 다양성이 허용되고 있다. 그래
서 외모에 대해 콤플렉스를 느끼는 남성들이 여성보다 훨씬 적다. 그
것은 미스 코리아 선발 대회와 미스터 코리아 선발 대회가 사회적인
영향력에서 얼마나 차이가 나는가를 보아도 알 수 있다. 사실 미스터
코리아 대회는 언제 어디에서 하는지, 누가 우승을 했는지 등에 대해
거의 알려지지도 않는다. 그리고 그것을 보는 남성들 가운데 그러한
몸매를 부러워하는 이도 있겠지만, 그런 자태를 보면서 열등감을 갖는
이는 별로 없다. 그만큼 남성을 평가하는 기준은 다양한 것이다. 얼굴
이 잘생기면 좋지만 못생겨도 키가 크면 매력이다. 키가 작으면 목소
리라도 좋으면 되고, 목소리가 나쁘면 아는 게 많으면 된다. 이도 저
도 아니면 하다못해 술이라도 잘 마시면 인정을 받는다. 그에 비해 여
성들은 일단 ‘용모 단정’이 가장 우선순위의 조건으로 따라온다. 그리
고 그 미모라는 것도 남성처럼 다양한 개성이 인정되는 것이 아니라

매우 획일적인 전형이 우뚝 서 있다. 영화배우나 탤런트들을 남녀별로 나누어놓고 보면 그것이 금방 드러난다.

미스 코리아 선발 대회도 좀 유치한 면은 있지만 그래도 그 자체로는 별로 문제가 되지 않을 수 있다. 외모가 아름답다는 것은 분명히 좋은 것이고, 그것에 관심 갖는 사람들끼리 겨루고 순위를 매기고 하는 것이 나쁠 것은 없다. 그것은 다양성의 차원에서 충분히 인정될 수

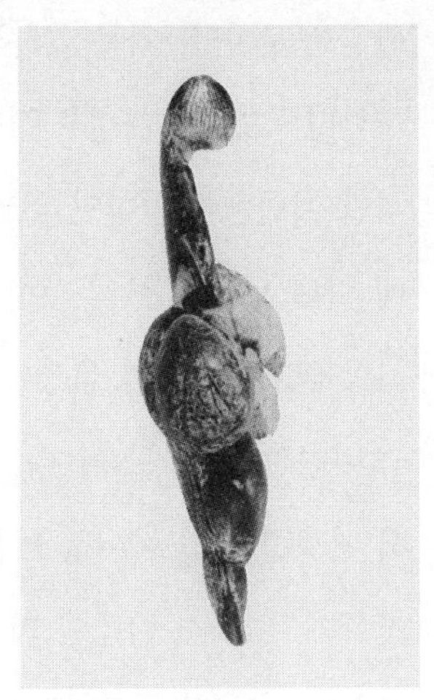

구석기 시대의 비너스. 미에 대한 기준이 시대에 따라 얼마나 다른가를 잘 보여준다.

있는 일이다. 마치 우람한 육체미를 뽐내고 상을 주고받는 미스터 코리아 선발 대회가 그러하듯이 말이다. 그러나 유감스럽게도 미스 코리아의 경우는 그렇지 못하다. 갈수록 많은 여성들이 그 예외적인 표준에 하염없이 선망의 시선을 보낸다. 이것은 참으로 한심하고 불행한 일이다. 만일 많은 남성들이 미스터 코리아 같은 우람한 체격을 갖춰 여성들의 눈길을 끌기 위해 하루에 몇 시간씩 그 운동만 한다고 상상해보자. 자기의 본래 하는 일을 뒷전에 미뤄둔 채 거기에 매달리고 지나친 운동으로 몸에 무리가 가서 탈이 나고 한다면 이 얼마나 우스꽝스러운 일인가. 도저히 그러한 야성을 갖추지 못하는 대다수 남성들이 좌절과 열등감에 시달린다면 얼마나 불행한 일인가.

물론 남성들이 모든 면에서 여성보다 다양성을 인정받는 것은 아니다. 오히려 그 반대의 경우도 있다. 그것은 사회적인 성공과 출세에

관한 부분이다. 가부장제 사회 속에서는 남성들에게 대단한 능력을 요구한다. 그래서 여성들은 실업자 신세로 오래 머물러 있다 해도 경제적인 어려움이 없다면 취업의 압박을 그다지 심하게 받지 않는다. 그에 비해 남성들은 직장이 불안정한 채로 시간이 조금만 흘러도 주변 사람들의 눈초리가 심상치 않다. 1, 2년 그렇게 보내면 영락없이 '무능'이라는 딱지가 붙는다. 남성들 가운데는 간혹 직장일보다 집 안에서 가사를 하고 아이를 키우는 일에서 보람을 찾을 수 있는 이도 있을 것이다. 그리고 아내의 직장이 확실하다면 그것이 현실적으로 불가능한 것도 아니다. 그러나 실제로 그렇게 해본 부부의 경험에 의하면 역시 주변 사람들의 눈 때문에 계속 그렇게 사는 것이 너무나 불편하다. 남자는 뭐니 뭐니 해도 사회에서 버젓한 직장이 있어야 한다는 통념 때문이다. 그것 없이 집 안에만 있으면 낙오자로 보는 것이다. 아무리 가사와 육아에 뛰어난 솜씨를 발휘한다 해도 인정받지 못한다. 그 점에서 보자면 남성들은 여성들보다 더 획일적인 기준으로 평가를 받는 셈이다.

사회에 진정으로 다양한 가치가 꽃핀다는 것은 무엇인가? 사람들의 여러 가지 미덕이 그 나름으로 인정되고 경우에 따라서 적절한 보상이 주어져야 한다. 그러면서도 또한 그것을 하지 못한다고 해서 열등감을 느끼지 않아야 한다. 쉽게 생각해볼 수 있다. 우리 사회에서 노래를 잘하면 다른 사람의 부러움을 산다. 더구나 음주가무를 유달리 즐기는 우리 문화에서 훌륭한 노래 솜씨는 많은 사람들을 즐겁게 해주는 만큼 각별한 인기를 누릴 수 있다. 그러나 음치라고 해서 인간적으로 열등감을 느끼는 사람은 그다지 많지 않다. 가수의 길에 들어선 사람이 아니라면 말이다. 왜 그런가? 노래 솜씨라는 것이 모두에게 절대적으로 요구되는 능력이 아니기 때문이다. 그렇듯 그 나름대로는 탁월함을 인정받으면서도 그렇다고 모든 사람에게 절대적으로 부과되지 않는 능력은 알고 보면 많다. 그림을 잘 그리는 것, 어떤 운동을 잘하는 것, 말재주로 사람들을 즐겁게 해주는 것…… 사실 거의 모든 능력과 자질들이 그러하다.

그에 비해 모든 사람들에게 똑같이 요구되는 능력은 무엇인가? 우리가 한결같이 골머리를 앓는 것들이다. 공부를 잘하는 것, 돈을 잘 버는 것, 여성들의 경우 미모, 남성들의 경우 사회적인 지위…… 이러한 몇몇 덕목들이 절대적 가치로 군림하면 거기에 부합하지 못하는 대부분의 사람들은 계속 상대적인 열등감에 시달리면서 살아갈 수밖에 없다. 다수의 행복을 보장하는 사회로 나아가기 위해서는 그렇듯 획일적으로 부과되는 기준들을 다양하게 해체해야 한다. 윤리적으로 타인을 침해하지 않는 범위 내에서 최대한 개성이 그 나름대로 존중되고 발현될 수 있어야 한다.

■ 주변자들의 손을 잡는다 ■

그렇다면 그러한 사회가 어떻게 만들어질 수 있을까? 이미 그 체제에서 이익을 누리고 있는 사람들이 기득권을 포기하고 변화를 일으켜

주리라고 기대할 수 있을까? 역사를 보면 그러한 예는 거의 찾기가 힘들다. 물론 자기의 문제가 아니면서도 양심적으로 약자들 편에 서서 문제를 제기하고 사회를 바꾸는 운동에 동참한 사람들은 종종 있었다. 그러나 그들은 도움을 줄 수 있을지언정 주체가 되지는 못한다. 역사는 주변자들이 자신의 처지를 직시하고 스스로 만들어낸 힘으로 진보해왔다. 중심으로만 향해 있던 시선을 돌려 자기와 비슷한 위치에 있는 이들과 손을 잡을 때 중심/주변, 정상/비정상의 허구는 극복되었다.

미국에서는 그러한 움직임이 활발하다고 한다. 링컨 대통령을 상징적인 고문으로 모시고 조직을 꾸리고 있는 추남 추녀들, 'Fat is beautiful'이라는 슬로건을 내걸고 공공시설이나 차량에 비만자용 자리를 확보하는 뚱뚱한 사람들, 키가 작다는 이유로 취직에 차별을 받으면 몰려다니며 항의하는 LPA Little People of America, 특별 체인점을 전국에 두어 왼손잡이용 도구만을 특별히 판매하도록 자구책을 마련한 왼손잡이협회…… 우리 주변에서도 비슷한 모임들이 있다. 이혼한 사람들끼리 어려움을 나누고 힘을 북돋우는 모임, 혼자서는 좀처럼 벗어나기 어려운 알코올 중독을 함께 극복하는 '단주회,' 근육병 환자들의 모임인 '잔디회,' 콩팥 이식 수술을 받고 혈액 투석 치료를 받고 있는 환자들의 모임인 '신이회,' 간질병 환자들의 모임인 '장미회'……

누구에게나 콤플렉스가 있다. 그것은 다른 사람과의 비교 속에서 생긴다. 그리고 거기에는 '정상'이라든가 '평균치' 같은 것이 하나의 표준으로 자리 잡고 있다. 그것을 중심으로 짜인 사회 속에서 거기에서 벗어난 사람들은 주변으로 소외될 수밖에 없다. 그러나 사회만을

연극 연습 중인 청각 장애인들.

탓할 수는 없다. '주변'에 놓여 있다고 생각하는 사람들이 계속 '중심'의 눈치를 보고 거기에 편입되고자 애만 쓰는 한 문제는 풀리지 않는다. 물론 일부는 거기에 성공하겠지만 대다수는 평생 그 주위를 맴돌다가 지쳐버릴 것이다.

다양성이 존중받는 사회가 되기 위해서는 우리의 감수성이 바뀌어야 한다. 장애인에 대한 편견을 예로 들어보자. 텔레비전 방송국에서는 가끔 장애인을 위한 정기 프로그램을 만들어 호평을 받고 방송상을 수상하기도 했다. 그것을 통해 일반인들은 장애인들의 어려운 처지를 많이 알게 되었고 편견을 수정할 수 있게 되었을 것이다. 그만큼 우리의 방송 문화도 진보한 것이다. 그러나 그것으로 충분한가? 장애인에 대한 차별은 외모를 가지고 사람을 판단하는 문화에서 더욱 심화되게

▪ 높이를 28cm까지 자유자재로 조절할 수 있도록 고안된 덴마크제 책상. 장애인들에게 편리할 뿐 아니라 비장애인들에게도 작업 능률을 높이는 데 도움이 된다.

마련이다. 그런데 지금 그러한 문화를 가장 앞서 선도하는 것은 바로 영상 매체이다. 장애인은커녕 보통 사람들도 기가 죽을 만큼 '예쁘고 잘빠진' 스타들만 활개치는 문화에서 아예 신체의 일부가 불편한 장애인은 더욱 위축되지 않겠는가.

장애인을 위한 특별 프로그램보다 더 바람직한 것은 그러한 문화가 바뀌는 것이다. 우리는 장애인들이 자연스럽게 출연하는 영화나 드라마를 본 기억이 없다. 특별히 그러한 주제를 다루는 작품이 아니라도 장애인들이 등장해야 한다. 장애인이 인구 20명당 1명꼴이라면 탤런트나 코미디언 가운데서도 장애인이 있는 것이 당연하지 않은가.

복지에서도 장애인들을 격리해서 수용하는 것은 바람직하지 않다는 쪽으로 논의가 모아지고 있다. 보통 사람들과 함께 교육도 받고 생활도 하면서 서로가 서로에게 적응해야 한다는 것이다. 문화 역시 마찬가지이다. 장애인 프로그램, 장애인의 날 같은 격리된 형태에서 이제는 한 걸음 나아가야 한다. 장애인이 주변에 있어도 아무렇지도 않은 분위기를 자연스럽게 형성하지 않으면 공생의 아름다움을 피워낼 수 없다.

■ 장애아와 비장애아 모두 가지고 놀 수 있도록 설계된 완구 자동차.

1 어느 지역에 장애인 복지 시설이 들어서기로 되어 있는데, 지역 주민들이 강하게 반발하고 있다. 그 일을 추진하는 복지 행정 담당자와 주민들 사이에 오가는 대화를 가상으로 구성해보시오. 그리고 우여곡절 끝에 행정 기관이 주민을 설득하게 된다고 가정하고 그 대강의 시나리오를 써보시오.

2 장애인을 위한 지도를 제작하려고 한다. 시각 장애인, 청각 장애인, 지체 부자유 장애인 각각에게 필요한 지도를 만드는 데 어떤 점에 유의하여 정보를 수집하고 배열해야 하는지를 정리해보시오.

3 「제8요일The 8th Day」이라는 영화가 비디오로 나와 있다. 1995년도 작품으로 자코 반 도마엘이 감독했고, 다니엘 오테유, 파스켈 뒤켄이 주연했다. 줄거리는 아내와 별거 중인 성공한 세일즈 기법 강사 해리(다니엘 오테유)가 다운증후군인 조지(파스켈 뒤켄)와 우연히 만나 인생의 의미를 깨달아간다는 내용이다(여기에서 주인공

역할을 맡은 배우 파스켈 뒤켄은 실제로 다운증후군이었다). 이 영화에서는 해리가 조지를 이해하게 되면서 자신의 삶을 새롭게 바라보게 되는 과정을 밀도 있게 그리고 있다. 무엇이 그를 변화시켰는지 함께 생각해보자.

4 장애인들은 똑같은 응급 상황에서도 비장애인들보다 더욱 치명적일 가능성이 높다. 가령 집에 화재가 발생했을 때 시각 장애인의 경우 후각과 청각에 의존하여 그 상황 정도를 추측할 수 있으나 정확히 어느 정도의 화재인지 판별하기 어렵다. 친구나, 급한 경우에는 119로 연락하여 화재 진압을 요청하고 자신의 위험을 알릴 수 있지만, 매우 급박한 경우에는 화재 정도를 판별하기 어려워 안심하고 대피할 수 있는 통로나 장소를 찾기조차 어렵다. 청각 장애인의 경우는 전화가 안 되기 때문에 어떤 위급한 상황에 놓였을 때 외부와의 연락이 두절되어 곤란을 겪게 된다. 화재 발생 시 소방서에 연락하기 어려우며 사고를 당했을 때 상대방에게 수화를 하여도 의사소통이 제대로 되지 않아 곤란을 겪게 된다. 이런 장애인들을 위하여 어떤 시스템이 마련되어야 하는가?

5 기존의 미스 코리아 선발 대회에 대한 단순한 반대를 넘어서 대안적인 아름다움을 찾는 운동이 '안티 미스 코리아 선발 대회'라는 이벤트로 매년 거행되고 있다. 관련된 사이트를 참고하면서 거기에서 아름다움을 평가하는 기준이 어떻게 다른지 알아보자.

제6장

체면이라는 가면
─자기 존엄의 기반

우리가 살아가면서 거의 입버릇처럼 사용하는 말 가운데 하나가 '체면'이란 말이다. "체면 때문에 어쩔 수 없다" "체면이 말이 아니다" "체면 좀 세워야겠다" "체면 좀 차려라" 등등 '체면'을 포함한 어구는 끝이 없을 정도로 많다. 〔……〕 사실, 체면은 한국의 특유한 문화 현상은 결코 아니다. 〔……〕 체면에 대한 집착과 체면을 세우고자 하는 욕구는 세계적인 현상이다.

그러나 한국인의 체면 욕구는 좀 별난 데가 있다. 서구인이 스스로가 자율적인 사람이라거나 바람직한 성격의 소유자라는 등 몇몇 제한된 영역에서 체면을 찾는 데 비해, 한국인은 생활 전반에 걸쳐 체면에 신경을 쓴다. 이를테면 의식주의 선택, 승용차 등의 구입, 친구나 준거 집단의 선택, 진학 및 취업, 학교 성적 및 진급, 선물의 선택, 명절맞이 인사 등 남의 이목을 끌 가능성이 있는 것이면 어떤 행위나 소유물도 체면과 관련짓지 않는 것이 없다. 체면이 한국인의 생활에서 차지하는 비중이 이처럼 높기 때문에 우리는 체면에 관한 한 서로 민감하게 반응하는 경향이 있다. —임태섭, 「체면을 숭배하는 나라, 한국」, 『정, 체면, 연줄 그리고 한국인의 인간관계』

이솝 우화의 '신 포도 비유'는 잘 알려져 있다. 어떤 여우가 높은 가지에 매달려 있는 포도를 따려고 시도했다가 실패하자 그 포도는 신맛이 나기 때문에 따먹지 않는다고 그럴듯한 변명을 붙인다. 한마디로 '스타일이 구겨진 상황'을 타개하는 여우의 교활함이 돋보인다. 아마도 그 여우는 자기를 바라보고 있던 다른 동물들의 눈을 대단히 의식했던 모양이다.

그런데 그 여우보다 더 강적이 있었다는 사실을 아는가. 캐스트러라는 작가는 이솝의 이야기를 이렇게 각색한 바 있다. 천신만고 끝에 여우가 겨우 그 포도를 따는 데 성공하게 되면서 상황은 반전된다. 주변에서 숨죽이며 구경하던 다른 동물들이 일제히 탄성을 올린다. 거기에는 축하와 함께 부러움이 섞여 있다. 나도 하나 먹어보면 얼마나 좋을까. 그러나 여우는 단 한 알도 나누어주지 않는다. 포도 그 자체가 아까운 것도 있지만, 그보다는 자기 혼자만 먹어야 다른 동물들이 계속 부러워할 것이기 때문이다. 그 선망의 시선을 한 몸에 받는 쾌감이 너무나 짜릿하다. 그런데 큰일났다. 먹어보니 포도가 너무나 신 것이다. 도저히 입 안에서 깨물 수 없고 뱃속으로 삼키기에는 더욱 괴로운 맛이다. 그러나 여우는 꾹 참고 계속 먹어댄다. 아무렇지도 않다는 표정을 억지로 지어야 한다. 매우 맛있다는 듯 게걸스럽게 먹는 모습을 연출하지 않으면 다른 동물들이 부러워하기는커녕 거꾸로 망신살이 뻗칠 판이니 말이다. 그래서 꾸역꾸역 깨물어 뱃속으로 집어넣는다. 그렇게 신 포도를 억지로 먹어대다가 결국 위궤양에 걸려 죽는 것으로 이야기는 막을 내린다.

이 이야기는 타인의 시선에 노예가 되어 있는 현대인의 심리를 잘 꼬집고 있다. 그런데 이 풍자는 특히 한국인들에게 더 잘 맞아떨어지지 않나 생각된다. 한국인들은 다른 사람들이 자기를 어떻게 보느냐에 대단히 예민하다. 누군가가 자기를 알아주면 살맛이 나고 알아주지 않으면 불행의 감각이 날카로워진다. 물론 그것은 인간의 보편적인 욕망이지만, 한국인은 유난히 '체면'에 신경을 쓴다.

체면 유지의 고비용 구조

국회의사당에 가보았는가. 가보지 않았다 해도 텔레비전에서 본 기억이 있을 것이다. 본회의장에 각 의원들이 앉아 있는 의자를 떠올려보자. 대단히 커다랗다. 가끔 텔레비전 뉴스에 외국의 국회의사당이 비칠 때가 있으니 유심히 살펴보라. 의자 및 탁자의 크기를 비교해보라. 너무 옹색해 불편하지 않을까 하는 느낌을 줄 정도로 비좁은 공간에 다닥다닥 붙어 앉아 의원들이 토론을 벌이는 의사당이 많다. 한국만큼 각 의원들에게 그렇게 넓은 공간이 주어지는 나라는 없다. 어디

국회의원뿐인가. 웬만한 회사나 관공서의 고위직에 있는 사람들의 집무실에 가보면 혼자 쓰는 방인데도 엄청나게 넓다. 커다란 책상 앞에 열 명 정도가 앉을 수 있는 소파가 마련되어 있고 그 나머지 공간도 매우 넉넉하다. 고위직만이 아니다. 큰 사무실을 함께 쓰는 일반 직원들 사이에서도 그 직급에 따라 개인적으로 배당된 공간과 책상이나 의자의 크기에 매우 신경을 쓴다.

한국에서는 지위의 높낮이가 그렇게 공간으로 드러나는 경우가 많다. 개인적으로 할당된 공간의 크기나 소유물의 종류만이 아니다. 어떤 공간을 배타적으로 사용할 수 있는 것도 자기와 남을 구분짓는 특권의 하나로 여겨진다. 공항에 가보면 VIP룸이라는 곳이 있다. Very Important Person! 너무나 중요한 분들이기에 보통 사람들과 섞일 수 없다. 길게 줄을 서서 수속을 밟는다는 것은 체면이 허락하지 않는다. '가까이 하기엔 너무 먼' 그런 지체 높으신 양반들을 위해 특별히 간편하게 출입국 절차를 밟을 수 있도록 마련된 곳이 VIP룸이다. 물론 어느 나라든지 특별하게 예우해야 하는 귀빈들이 있다. 외국에서 장관이 왔는데 일반인과 똑같이 공항을 통과하게 하는 나라는 없다. 문제는 한국의 경우 그 귀빈의 범위가 대단히 넓다는 것이다. 그리고 더욱 중요한 차이는 당사자 또는 그를 모시고 있는 쪽에서 직접 간접으로 부탁하거나 압력을 넣어 그 구역을 이용할 수 있도록 하는 경우가 적지 않다는 것이다. 스스로 나서서 '귀빈' 대접을 받아야 한다고 주장하는 사람이 많고 공항 운영자의 입장에서 그 부탁이나 압력을 거부할 수 없는 경우가 많다 보니 그 이용자의 범위가 넓어지는 것이 당연하다.

공항뿐인가. 유심히 살펴보면 그런 식으로 권세 높은 이들이 배타적으로 점유하는 공간은 곳곳에 있다. 국토가 좁고 땅값이 비싼 나라에서 우리는 자기의 체면을 유지하기 위해 대단히 높은 비용을 치르고 있는 것이다. 사실 많은 기업, 특히 공조직의 경우, 실제로 별로 사용되지는 않으면서 단지 고위직에 있는 이들의 위용을 과시하기 위해 낭비되는 공간이 만만치 않다. 그 위용을 집단화하여 어떤 조직이나 기구의 위세를 드러내는 전형적인 양식은 건축이다. 법원이나 관공서 가운데 보는 이를 압도하는 구조로 디자인된 것이 많다. 그리고 필요 이상으로 높다란 계단을 오르도록 만들어놓는다. 시민들이 가까이하기 어려운 권위주의적인 관료 문화가 잘 반영되어 있는 것이다.

이렇듯 우리는 다른 사람들 앞에 개인적·집단적 체면을 세우기 위해 많은 에너지를 투입하고 있다. 그러나 이제 냉정하게 따져볼 때가 되었다. 그렇게 에너지를 투입한 결과 얻는 것은 무엇인가.

결혼식장이라는 현장으로 가보자. 웬만한 도시의 예식장 주변은 주말마다 만성적인 교통난에 시달릴 정도로 결혼식은 수많은 하객들을 불러모은다. 잔치의 천국이다. 그러나 거기에서 잔치다운 환희는 좀처럼 느껴지지 않는다. 마지못해 와서 자리를 채우고 있는 듯한 표정들, 잠깐 얼굴만 내밀고 부조금을 접수시키고 부랴부랴 발걸음을 떼는 하객들이 적지 않게 눈에 띈다. '피로연披露宴'이 열리는 식당에도 향연饗宴은 없다. 식사를 빨리 갖다 달라는 아우성, 정성이 깃들지 않은 음식이지만 허겁지겁 한 끼를 때우고 쫓기듯 자리를 비켜주어야 하는 궁

색함만이 남아 있다.

그 공간이 연회장宴會場이 될 수 없는 이유는 손님들만 있을 뿐 그들을 초대한 주인이 없기 때문이다. 따라서 의례ceremony도 없다. 결혼식을 올린 신랑 신부와 그 가족들은 그 시간에 대개 폐백을 올리기 바쁘고 그것이 끝나면 '주인공'들은 서둘러 신혼여행 길에 오른다. 잔치의 주인이 하객들에게 건네는 말은 결혼식이 끝날 무렵 사회자의 입을 통해 전달되는 형식적인 인사와 식당 안내 정도일 뿐이다.

그러한 결혼 풍속도에 우리는 별로 문제를 느끼지 않는다. 어차피 모두가 그렇게 하기에 마찬가지인 것이다. 다시 말해 서로가 서로에게 들러리 서는 데 길들여져 있는 것이다. 그러나 조금만 깊이 생각해보면 이것은 그냥 넘길 일이 아니다. 옛날도 아니고 조그만 농촌도 아닌 현대의 대도시에서 그렇게 많은 사람들이 한자리에 모여 의례를 치르는 데는 엄청난 개인적 비용(시간, 부조금), 사회적 비용(교통 체증, 대량의 음식 쓰레기와 일회용품 폐기물 등)이 든다. 사실 지역에서 벌어지는 축제 같은 이벤트에도 그만한 사람들을 불러모으기는 어렵다. 그 정도의 비용이 들어가고 '자발적(?)' 참여가 이뤄진다면 대단히 훌륭한 지역 행사가 가능할 것이다. 결혼이라는 한 집안 행사에 그렇게 많은 비용과 참석자를 동원할 수 있다는 것은 별것 아닌 것 같지만 사실 엄청난 일이다.

그러나 그 결과로 얻는 것은 무엇인가? 물론 그 가치를 경제적인 수치로만 따질 수 있는 것은 아니다. 잔치는 어차피 돈을 쓰는 행위이니까 말이다. 그러한 소비적 의례를 통해 사람들은 마음의 보상을 기대한다. 결혼식을 올리는 주인공과 그 가족들은 새로운 가정의 탄생에 대한 축복의 갈채를 받음으로써 기쁨을 얻는다. 그를 통해 하객들과 공동체적인 유대를 확인한다. 또한 하객들은 그 의례를 계기로 오랫동안 소식이 뜸했던 친지나 친구들을 만날 수 있게 된다. 그러한 측면에서 우리의 결혼식은 그 나름대로 사회 문화적인 기능을 수행하고 있다고 볼 수 있다. 그러나 비용—효과의 차원에서 생각할 때 투자 가치만큼 결과를 얻어내고 있는가? 다시 말해 기회비용의 관점에서 그 정도의 시간과 돈을 다른 문화적 행위에 투입한다면 훨씬 더 큰 만족감을 얻을 수 있지 않을까?

외형적 '차이'의 인플레이션과 디플레이션

사실 여기에는 결혼식을 둘러싼 한국만의 특이한 관행인 부조금 문제(물론 몇몇 외국에도 부조금 관행이 있지만 우리처럼 이렇게 광범위한 교환 관계로 고착되어 있지는 않다)가 얽혀 있어 상황이 매우 복잡하다. 언젠가 정부에서 몇 급 이상 공무원들은 결혼식에서 부조금을 받지 못하도록 원칙을 정한 바 있는데, 그 발표 직후 어느 공식적인 자리에서 거기에 해당하는 공무원들의 불만의 목소리가 터져 나온 적이 있다. 그 가운데는 이런 발언도 있었다. "지금까지 내가 낸 부조금만 해도 몇천만 원이다. 이제 내 자식들 결혼식을 치르면서 받을 차례가 되었는데 금지시킨다는 것은 너무 억울하다. 정부에서 보상이라도 해

주어야 하는 것 아닌가."

한국 사회에서 결혼 청첩장이 갖는 함의는 대단히 미묘하다. 결혼을 하게 되었음을 알려드리는 '신고장,' 잔치에 당신을 모신다는 '초대장,' 그리고 한 푼 거들어달라는 '고지서'—이러한 메시지들이 중층적으로 축약되어 있는 것이 바로 청첩장이다. 그래서 청첩장을 받으면 어떤 의미로 해독해야 할지 마음이 복잡할 때가 종종 있다. 청첩장을 보내는 쪽에서도 고민이 많다. 보내면 부담을 느낄 사람이 있는가 하면, 보내지 않으면 대단히 섭섭하게 생각할 사람이 있다. 그 두 범주 사이에 어중간하게 걸치는 사람이 많을수록 발송 범위를 잡기가 어려워지게 마련이다.

전통 사회에서 혼사를 치르기에 버거운 가난한 살림에 그야말로 상호 부조의 미풍양속으로 생겨난 이 관행은 도시 사회에서도 그대로 남아 지속되고 있다. 달라진 것은 예전에는 쌀처럼 직접 필요한 물자를 주거나 일손으로 품앗이하는 것이 주를 이루었던 데 비해, 지금은 완전히 현찰로만 주고받는다는 점이다. 그런데 옛날보다 훨씬 형편이 넉넉해지고 풍족해졌건만 그러한 상호 부조는 아직도 왜 그렇게 굳건하게 지속되는가? 그 한 가지 중요한 이유는 위에서 언급한 공무원의 말에서 잘 드러난다. 그동안 부조금으로 지출한 만큼 제 차례가 되면 받아야 한다는 생각 때문에 '악순환(?)'의 고리는 계속 이어지는 것이다.

그렇다면 그 다음으로 짚어볼 문제가 있다. 혼사를 치르는 집안 입장에서 볼 때 그렇게 많은 부조금을 받는다면 적지 않은 돈을 손에 넣을 수 있을 텐데 실제로는 그렇지 않다. 결혼식을 치르는 데 거의 다 사용된다. 다시 말해 결혼에 어마어마한 돈이 들어가는 것이다. 그러니까 결혼식을 치른다는 것은 가난했던 옛날 농촌의 민중들에게나, GNP 2만 불 시대를 구가하는 현대 도시의 중산층에게나 버겁기는 마찬가지라는 말이다. 그러면 그렇게 많은 비용을 들이는 만큼 혼인식이 '발달'했는가? 문화적으로 더 풍요로워졌고 심리적으로 더 만족감을 가져다주는가?

그 다음으로 자연히 연결되는 질문이 있다. 비용이 왜 자꾸만 높아지는가 하는 것이다. 일반적인 물가 인상 이상의 어떤 요인이 작용하고 있는 것은 아닌가. 그것은 결혼식이 갈수록 어떻게 달라지는가를 살피면 금방 알 수 있다. 한 예로 사진 값을 따져보자. 1980년대까지만 해도 신랑 신부의 야외 촬영은 일부 계층의 특이한 문화였다. 그러던 것이 지금은 당연한 코스로 정착되었다. 사진 값이 몇 배로 늘어나는 것은 물론 신부의 드레스와 화장 비용도 두 배로 늘어난다. 사진만이 아니다. 호텔 결혼식이나 뷔페 피로연이 점점 보편화되고 결혼식 그 자체의 프로그램도 세분화되고 새로운 메뉴가 추가되면서 점점 늘어난다. 사진 한 컷이라도 더 찍기 위해 사진사들이 자꾸 새로운 기술을 개발해내고, 금방 유행을 타고, 곧 당연한 순서로 정착한다. 전에는 희소했기에 돋보이던 '차이'를 점점 많은 사람들이 누리게 되는 인플레이션이 일어나면서 그 가치는 디플레이션되고 만다. 결국 엄청난 결혼 비용은 결혼 관련 산업(예식장, 요식 업소, 사진, 드레스 대여, 화장 등)만 비대하게 살찌우는 데 들어가는 것이다.

▪ 끊임없이 새로운 '차이'는 생산되지만……

　결혼식에 그렇게 많은 비용을 들이는 까닭은 무엇인가. 답은 간단하다. 남들이 다 그렇게 하기 때문이다. 그렇게 하지 않으면 자신이 초라하게 느껴지기 때문이다. 쉽게 말해 우리는 최소한의 체면을 세우고 남들로부터 인정받는 데 대단히 높은 비용을 치르고 있는 것이다. 그리고 그 비용은 점점 높아지고 있다. 그 인플레이션의 원인은 무엇인가? 한마디로 문화적인 빈곤함 때문이라고 단정하고 싶다. 내면세계를 개성적으로 가꿔가면서 그것을 표현하고 소통할 수 있는 역량이 부족하기 때문에 외면적인 것에 집착할 수밖에 없다. 그래서 남들이 자기를 어떻게 보아주느냐에 따라서만 자기를 규정한다.

　혼례의 비용이 높아지는 배경에는 '차이'에 대한 집착이 있다. 즉 야외 촬영이 아직 보편화되지 않았을 때에는 그것 하나만으로도 '튈' 수 있었다. 그러나 그것이 대중화됨에 따라 그 효용은 점점 떨어진다. 그 행위가 주는 만족감은 그 자체에 있다기보다는 남들이 하지 않는 것을 한다는 데서 주어졌기 때문이다. 따라서 이제 또 다른 '차이'를 찾아 나선다. 당연히 비용은 추가된다. 비용이 늘어나고 겉보기에 화려해지지만 문화적으로 더 풍부해지는 것은 없다. 물론 이렇게 상품을 통해 '차이'가 끊임없이 창출되는 것은 소비 사회의 일반적인 현상이다. 그러나 한국 사회처럼 일면적인 근대화가 급속하게 추진된 결과 물질적인 조건은 하루가 다르게 바뀌는 반면 문화적으로는 여전히 획일적인 상태에 머물러 있는 사회일수록 더 심각하고 왜곡된 양상으로 드러난다.

이렇듯 비용만 높아지고 질적인 향상은 이뤄지지 않는 현상은 다른 영역에서도 많이 관찰된다. 학력을 예로 들어보자. 학력 인플레이션으로 대학생들이 많아졌지만, 그만큼 고급 두뇌들이 늘어났는가 하면 그렇지는 않다. 대학 교육이 대중화된 결과 사회 전반의 지적 수준이 보편적으로 향상되었다기보다는 오히려 하향 평준화되어버렸다는 느낌이다.

이런 식으로 외형적인 등급만 올라갈 뿐 내용은 그대로이거나 오히려 퇴화한다. 그럴수록 삶의 유지비용은 자꾸 올라가기만 한다. 교통비는 늘어나는데 교통의 질은 달라진 것이 없다. 대학 등록금은 점점 오르지만 대학에서 배우는 것은 예나 지금이나 빈약하다. 더욱 중요한 것은 대학생이 갖는 희소가치가 형편없이 떨어져버렸다는 것이다. 대학 졸업장은 이제 어떤 전문성을 보증하는 특별한 것이 아니라 '기본'처럼 되어버렸다. 그래서 많은 이들이 전문성을 입증하는 새로운 '차이'를 만들어내기 위해서 대학원에 진학하려 한다. 최근에 많은 대학에서 그러한 수요에 부응하여 각양각색의 프로그램으로 대학원 코스를 신설하였다. 그런데 거기에 입학하여 배우는 내용과 그 결과로 써내는 학위 논문은 예전 수준에 훨씬 못 미친다고 많은 교수들이 걱정한다.

■ 자존심이라는 것 ■

　사회적 위세에 대한 한국인의 삶의 의식을 압축적으로 드러내는 비슷한 표현 두 가지가 있다. '떵떵거리고 산다' 그리고 '끗발'이라는 말이 그것이다. 떵떵거리며 살고 싶은 것, 끗발을 부려보는 것, 많은 한국인들의 소망이다. 우리는 자신의 존재 이유를 자기 안에서 찾기보다는 다른 사람보다 우위에 서는 것에서 찾으려 한다. 그러한 권력 관계 또는 그에 대한 강박 관념이 우리의 일상 속에 얼마나 깊숙하게 깔려 있는가를 잘 드러내는 말이 있는데, '자존심'이 바로 그것이다. '자존심'이란 영어로 정확하게 그 뉘앙스를 번역하기 어렵다. 가까운 단어로 'pride' 'self-esteem' 'self-dignity' 같은 말을 들 수 있겠지만 정확하게 대응하지는 않는다. '자존심'이라는 말의 용례를 보면 그 뒤에 '상한다'라는 서술어가 가장 많이 따라온다. 일본어에서도 '自尊心が傷つく'라는 똑같은 표현이 있지만 우리처럼 자주 쓰지는 않는다.

　우리는 '자존심이 상한다'는 말을 정말로 많이 한다. 그만큼 그런 느낌을 자주 갖는 것이다. 그 느낌은 다른 사람과 자기와의 상대적인 관계 속에서 생겨난다. 즉 자기가 뒤져서는 안 된다고 생각하는 어떤 영역에서 누군가가 자기보다 뛰어나거나, 아니면 상대방이 자신을 제대로 대접해주지 않을 때 자존심은 상한다. 다음은 『월간조선』 1999년 12월호에 국제 변호사 하일(미국명 로버트 할리) 씨가 기고한 「체면과 권위주의는 한국 발전에 큰 걸림돌이다」라는 글의 일부이다.

필자가 하고 싶은 얘기는 한국 사람들이 외국인의 그런 행동이나 말에 전혀 기분 상할 필요가 없다는 것이다. 특히 그런 데서 '체면'을 잃었다고 생각하면 안 된다. 한국에서는 체면face이라는 것이 너무나 중요한 비중을 차지하고 있다.

필자가 겪은 일이다. 한 친구가 다른 사람들과 행사를 계획하고 있었는데 나에게 특별 출연을 요청해왔다. 요청을 받아들이고, 그렇게 하겠다고 약속했다. 그런데 그날 방송일이 예정보다 너무 늦게 끝나는 바람에 참석을 못하게 됐다. 그렇지 않아도 참석이 힘들 것 같아 행사 전부터 여러 번 전화로 못 갈지도 모른다고 말했는데 무조건 꼭 와야 된다는 것이었다. 끝내 참석을 못하게 됐다. 그 친구는 마침내 다른 사람들한테 '체면'을 잃었다고 생각하게 됐고, 지금까지 필자와 만나지 않고 있다. 미국에선 '체면'이라는 것이 중요하지 않다. 그 친구가 만약 미국인이었다면 "에이, 할 수 없지. 나중에 보자"고 했을 것이다.

'체면' 문화 외에도 꼭 짚고 싶은 것이 바로 권위주의 문화이다. 사실 권위주의보다도 '원업맨십One-Upmanship, 앞서고 싶은 행동 혹은 우월감'이 문제인 것 같다. 역시 필자가 경험한 일이다. 몇 년 전 한국의 한 대기업이 미국에 있는 꽤 유명한 전기 광고판 회사와 계약을 맺으려고 했다. 필자는 그 미국 회사를 돕고 있었다. 한국 쪽에서 먼저 계약서를 만들어 미국 회사에 보냈다.

미국 회사가 계약서를 보고 수정해 다시 한국 회사에 보냈다. 그런데 한국 회사가 수정한 부분을 거의 다 삭제한 뒤 당초의 원본 계약서를 되돌려보냈다. 이런 식으로 계약서를 주고받다가 끝내 계약을 못하게 되었다.

당시 미국 회사는 한국 회사에 도움이 될 수 있는 계약 조항 몇 개를 받아들이고, 대신 자기 이익을 위해 또 다른 몇 개를 수정한 것이다. 그런데 한국 회사가 미국 쪽 수정 내용을 하나도 받아들이려 하지 않았던 것이다. 그래서 끝내 계약이 틀어졌다. 서양인들은 평등한 입장에서 협정을 해야 한다고 믿고 있다. 평등하지 않으면 협정은 깨져버린다. 이처럼 한국 사람들이 받는 것만 좋아하고 주는 것을 기피하는 태도를 많이 보았다. 로열티도 그런 예에 속한다. 한국 사람들은 외국 회사의 이름이나 기술을 사용하면 당연히 로열티를 줘야 하는데 이를 기분 나쁘게 여긴다. 세상에 공짜란 없다. 어떤 협정을 맺을 때엔 권위주의나 '원업맨십'을 앞세워서는 안 된다는 얘기다.

여기에서 말하는 '원업맨십'이라는 것은 '자존심'의 영어적인 번역일 것이다. 상대보다 우위에 서 있다는 기분에 집착한 나머지 명분과 실리 모두를 잃는다면, 이것은 심각하게 생각해보아야 할 문제다.

위계질서에 의존하지 않고서 자존심을 세우는 것은 어려운가. 점점 비대해지는 자아, 그러면서도 사회 전반에 만연해가는 콤플렉스 내지 피해 의식, 그 분열증을 어떻게 치유할 것인가.

무엇보다도 자기와의 대화를 통해 내면을 가꿔갈 수 있어야 한다. 그 심연에서 우러나오는 삶의 에너지는 자연스러운 매력으로 인격화될 것이다. 그러면서도 그 매력은 타인과의 관계 속에서 드러나고 객관화된다.

그러한 가치는 사회적인 상호 작용 속에서 생산된다. 혼자서는 발견하지 못하는 잠재력을 타자와의 만남 속에서 찾아낼 수 있기 때문이다. 따라서 타자가 지니고 있는 가능성들을 찾아내고 북돋울 수 있는 의지와 감수성이 필요하다. 타자와 창조적으로 반응하면서 자기의 존재를 확인하는 관계, 그것을 지탱하는 삶의 격조를 어떻게 육성해갈 것인가. 바로 21세기 문화의 과제이다.

1 자신이 치르고 싶은 결혼식을 기획해보자. 거기에는 공간, 예산, 참석 범위, 예식 순서, 신랑 신부의 복장, 주례 또는 사회자 선정 등이 상세하게 들어가야 한다.

2 본문에서 인용한 하일 씨의 글 「체면과 권위주의는 한국 발전에 큰 걸림돌이다」에서 나온 것처럼, 체면 때문에 불필요하게 에너지를 낭비하고 일의 효율을 떨어뜨리는 비슷한 예들을 우리의 생활 세계 속에서 찾아보자.

3 한국인들은 체면에 대단히 신경을 쓰면서도 어떤 때는 다른 사람들의 눈을 너무 의식하지 않는다. 타인을 전혀 배려하지 않은 채 내키는 대로 행동하고 그로 인해 손가락질당해도 별로 신경 쓰지 않는 것이다. 그렇게 체면 의식과 안면 몰수의 모순적인 모습이 공존하는 것을 어떻게 설명해야 할까? 똑같은 사람이라도 상황에 따라서 그렇게 상반된 행태를 보이는 경우도 많은데, 어떤 상황들이 그런 차이를 만들어내는가?

제7장

사랑은 무엇으로 이어지는가

—남녀 관계의 성찰

"오늘도 아무도 나에게 말을 걸어오지 않았다." 이것은 북유럽의 양로원에서 가끔 발견되는 유서의 주요 문구 중 하나이다. 우리가 잘 알고 있듯이 그쪽 나라들은 노인들의 천국이다. 국가 예산 가운데 노인 복지로 할당되는 돈은 어마어마하다. 누구든지 그러한 혜택을 누릴 수 있다. 노인 홈에는 쇠약해진 육신으로 일상생활을 하는 데 따르는 불편이 없도록 모든 시설이 세심하게 배려되어 있다. 병이 들면 정성껏 치료하고 간호해준다. 따라서 돈 걱정 같은 것을 하지 않아도 된다. 아무런 염려 없이 편안하게 여생을 보낼 수 있는 것이다. 그런데 그토록 거의 완벽한 환경에서 살아가면서 종종 자살하는 노인들이 있다. 도대체 무엇이 부족하기에? 단지 다른 사람들이 자기를 알아주지 않는다는 것이 죽음을 택하는 중요한 이유 중 하나가 되고 있다.

외로움! 이것은 누구나 피하고 싶은 정황이다. 거기에서 벗어나기 위해 사람들은 몸부림친다. 마음을 열고 이야기를 나눌 수 있는 사람을 찾아 여기저기 문을 두드린다. 또는 그 쓸쓸한 시간을 잊기 위해 이런저런 자극들에 자아를 맡긴다. 현대 문화는 그러한 심정을 달래주기 위해 매우 다양한 문화 상품들을 제공하고 있다. 그리고 점점 더 선정적이 되어간다. 사람들은 자극에 점점 익숙해지면서 더욱 강렬한 것을 찾기 때문이다. 어떤 사람은 그런 현상을 가리켜 '충격 체감의 법칙'이라고 이름 짓기도 했다. 그것이 극단에 이르면 걷잡을 수 없는 쾌락이나 마약 등에 빠져들기도 한다. 사람은 왜 고독과 권태를 견디지 못하는 것일까?

인간은 대단히 나약한 동물이다. 우선 생물학적으로 그러하다. 다른 동물과 비교해보라. 인간만큼 불완전한 신체 조건을 갖고 태어나는 동물이 있는가. 웬만한 포유류들은 태어나자마자 조금 비틀거리다가 걷기 시작한다. 그런데 인간은 혼자 걸을 수 있게 되기까지 무려 1년이 걸린다. 스스로 먹이를 구할 수 있을 만큼 성장하기까지는 더 많은 시간을 요한다. 하나의 생물학적 개체로서 독립할 때까지 걸리는 시간이 동물 가운데 가장 길다(그 독립의 기준은 여러 가지가 있겠지만 예를 들어 야생 상태에서 위험한 상황을 식별하여 대처하는 능력 — 가령 독초를 구별하는 인지 능력 — 같은 것은 대단히 중요하다. 그것을 최소한의 수준으로 갖추는 데 적어도 5년 이상 걸린다).

따라서 자연히 부모는 오랫동안 자식을 돌보아주어야 한다. 바로 그 때문에 인간에게는 가족이라는 조직이 그 어느 동물보다도 중요하다. 인간의 가족적 유대는 매우 견고하고 오래 지속된다. 인간의 문화에서 가족이 보편적으로 나타나는 것은 그것이 진화 과정에서 대단히 중요한 적응 가치를 가졌기 때문이다.

그런데 가족만으로는 자연 속에서 자급자족하기가 어렵다. 그래서 인간은 가족보다 더 큰 규모의 집단을 만들어왔다. 가장 원시적인 형태는 밴드band, 郡隊이라고 번역되기도 한다라는 것이다. 이는 가족을 기초 단위로 한 50~200명 크기의 공동체였다. 그러한 집단의 협동과 결속을 바탕으로 사람은 동물들을 제압하고 자연을 지배하는 힘을 키워갔다. 문명의 진화와 함께 인류는 그 결속의 범위를 점점 넓혀왔다. 그리고 이제는 지구 전체를 아우르는 시스템을 구축하였다. 그래서 역설적이게도 생물학적으로 가장 미숙한 채 태어나는 인간이 생물의 세계 그 어느 종種보다도 광범위하게 연결망을 확보하고 있다. 말하자면 육체적인 결함을 사회적인 관계로 보완해온 것이다. 상호 의존적인 관계 속에서 분업이 이뤄졌기에 자연에 효과적으로 적응할 수 있었다.

그러나 사람의 상호 의존성은 그러한 기능적 차원에서만 국한된 것이 아니다. 그것 못지않게 심리적인 차원에서도 상호 의존적인 관계가 절실하게 요구된다. 사람은 생물학적 측면에서만이 아니라 정신적인 면에서도 대단히 나약하다. 그래서 고독을 견디지 못한다. 강아지나 고양이는 먹을 것만 주어지면 혼자서 넉넉히 살아갈 수 있다. 그러나 인간은 다르다. 아무리 풍족한 환경이라도 외톨이라면 극도로 불행하다고 느낀다. 외로움은 감당하기 어려운 고통이고, 그래서 차라리 죽음을 선택하기도 하는 것이다.

정리해보자. '인간은 사회적 동물이다'라는 명제에서 '사회적'이라는 수식어의 의미는 크게 두 차원을 내포한다. 하나는 혼자서 또는 작은 단위로는 생존하기가 어렵기 때문에 집단을 이뤄 기능적으로 의존하는 것이다. 다른 하나는 홀로 지내는 것을 견딜 수 없기에 일정한 관계를 맺어 심리적으로 의존하는 것이다. 기능적인 측면에서 보자면 현대 사회는 그 어느 시대보다도 정밀하게 짜여져 있다. 그 결과 하루가 다르게 지식과 테크놀로지가 신장되고 그 덕분에 생산성이 점점 높아진다. 물론 거기에는 몇 가지 문제가 있다. 그 결실을 배분하는 구조가 공정하지 못하다는 것, 문명의 시스템이 너무 복잡해져 그 자체로 교란에 빠지기가 일쑤라는 것, 그리고 자연의 한계를 무시한 나머지 생태학적인 근본 바탕이 위협받고 있다는 것 등이 그것이다.

다른 한편 심리적인 측면에서 현대 문명은 어떤가. 물질적인 풍요로움에도 불구하고, 아니 풍요로울수록 사람들의 외로움은 더욱 깊어진다. 왜 그렇게 되었는가? 전통적인 폐쇄 집단의 사슬에서 벗어난 개인들은 타인의 구속으로부터 자유로움을 얻었다. 하지만 그 대신 저마다 고독한 섬처럼 살아가야 하는 운명을 맞았다. 사람들을 묶는 제도적인 틀은 점점 견고해져온 데 반해, 인격적인 관계는 점점 박약해져온 것이 근대 이후의 역사이다.

낭만적 사랑이라는 것

근대 이후, 남녀 사이에 낭만적 사랑이라는 것이 그토록 지대한 관심사가 된 것도 바로 그러한 역사적 맥락에서 이해할 수 있다. 연애라는 것은 지극히 자연스러운 감정의 발로요 보편적인 인간의 기질에서 우러나오는 행위인 것으로 여겨진다. 그러나 낭만적 사랑은 역사 속에서 그다지 널리 퍼져 있지 않았다. 심지어 서구에서조차 그것이 일반화된 것은 최근의 일이다. 즉 그것은 근대라는 특수한 사회 환경에서 민감하게 부각되기 시작한 정서이다. 사회학자 앤서니 기든스Anthony Giddens는 다음과 같이 정리하고 있다.

사랑, 결혼 그리고 성이라는 세 가지가 밀접히 연관되기 시작한 것은 근대 세계에 들어선 이후의 일인 것이다. 〔……〕 중세 유럽에서 사랑을 위한 결혼은 전혀 없었다. 실제로 "감정을 가지고 부인을 사랑하는 것은 간통"이라는 중세의 말이 있었다. 중세로부터 몇 세기 동안 사람들은 주로 가족의 신분이나 재산을 유지하거나, 또는 농토를 경작할 아이들을 낳으려는 목적 때문에 결혼하였다. 물론 일단 결혼하고 나면 서로 사랑하게 될 수도 있었지만, 어쨌든 그것은 사랑부터 하고 결혼하는 것이 아니라, 결혼하고 나서 사랑하게 되는 경우인 것이다. 부부 사이 말고도 성적인 접촉의 기회는 있었지만, 이런 것들은 우리가 사랑이라고 부르는 감정과는 거의 상관이 없는 것이었다. 사랑은 기껏해야 어쩔 수 없이 나약해지는 것이고, 잘못하면 질병의 일종으로 간주되었다. ─앤서니 기든스, 『현대 사회학』(을유문화사)

이는 한국의 역사에 대입해도 크게 다르지 않을 것이다. 우리가 젊은 시절에 경험하는 낭만적인 사랑이라는 것은 이 시대에 매우 특이하게 일반화된 감정이요 인간관계의 유형이라고 할 수 있다. 사실 그것은 많은 젊은이들에게 거의 절대적인 가치를 갖는 듯하다. "거리에 다정한 연인들, 혼자서 거니는 외로운 나……" 오래전에 유행했던 노래의 한 구절이다. 목련꽃이 만발한 봄이 왔건만 그 화사한 계절을 함께 음미할 연인이 없어 서글픈 마음을 노래하고 있는 것이다. 현대의 대중문화는 가요, 영화, 텔레비전 드라마, 잡지 그리고 소설에 이르기까지 사랑이라는 영원한 주제를 읊조린다. 사랑이 잘되면 잘되는 대로 안 되면 안 되는 대로 그 환희와 애상을 번갈아 변주해간다. 광고에서도 낭만적 사랑의 환상은 십분 활용된다. 청춘 남녀들의 초미의 관심사인 사랑, 때로 그것 때문에 모든 것을 팽개치고 달려들기도 하고 간혹 목숨을 내던지는 비극까지도 벌인다.

전통 사회와 달리 현대 사회에서는 이처럼 많은 젊은이들이 연애에 대해 강박증을 가지고 있다. 연애는 누구나 거쳐야 하는 필수 과정으로 여겨진다. 연애를 하느냐 하지 않느냐도 중요하지만 연애를 할 경우에도 어떻게 연애를 할 것인가가 중요한 관심사가 된다. 보통 때는 잘 가지 않는 고급스러운 분위기의 장소를 찾아가 우아하게 식사와 대화를 즐기고 전시나 공연 관람을 하면서 일상의 구차함을 벗어날 수 있다. 결혼에서도 사랑은 가장 핵심적인 요소로 강조된다. 사랑에 기초하지 않은 결혼, 그러니까 재산을 노리는 계산된 결혼이나 유력 인사 집안끼리 혼맥을 만들기 위한 정략결혼 같은 것은 순수하지 못하다고 비난받는다. 결혼 이후에도 부부는 계속 사랑을 통해 친밀한 공동성을 끊임없이 만들어내야 한다. 대화를 통해서 서로에 대한 이해를 심화할 것, 취미 활동 같은 것을 통해 공감대를 넓힐 것, 생일이나 결혼기념일 등을 꼼꼼히 챙김으로써 관심의 고삐를 때때로 조일 것……등은 가정의 행복을 달성하기 위해 지켜야 하는 것으로 권유되는 지침들이다.

낭만적 사랑의 완성으로 여겨지는 결혼은 젊은이들에게 매우 지대한 관심사가 되어 있다. 그러한 분위기에 편승하여 결혼을 둘러싼 장사가 하나의 거대한 산업을 이루고 있다. 중매, 궁합, 성형외과, 예식장, 하객 수송 관광버스, 사진 및 비디오, 꽃가게, 드레스 대여점, 미용실, 혼수품 매점, 관광업(호텔, 운전기사, 토산품 매점)…… 웬만한 여성지들이 많은 지면을 결혼을 '잘하는' 방법을 안내하는 데 할애하고 있고, 심지어 『신부』니 『마이 웨딩』이니 하는 전문 잡지가 나올 정도이다. 그것은 역사적으로 보자면 결혼의 배우자 선택이 가문이나 부모가 아닌 개인에게 맡겨지게 된 현대 사회의 독특한 증후군이다. 당사자들의 자발적 의지와 합의에 의해 맺어지는 부부, 그들이 꾸려가는 가정은 정말로 자유로운 공간이요, 오붓한 즐거움이 스며드는 전당으로 기대된다. 광고에서는 그러한 기대를 여러 가지 이미지로 연출하여 상품에 결부시킴으로써 구매욕을 자극한다. 물건의 소유와 삶의 행복 사이의 연상 작용을 불러일으키려는 것이다.

▪ 사랑이 뭐기에 ▪

남녀 간의 사랑은 서로에 대해 전폭적인 관여total committment를 요구한다. 그래서 기대 수준이 매우 높다. 사랑을 하면서도 '이것이 진실한 사랑일까?' '저 사람은 내가 그를 사랑하는 만큼 나를 사랑하는 것일까?' 등의 물음에 끊임없이 부딪히게 된다. 아무래도 그 관계가 배타성을 전제로 하는 만큼 상대방과의 관계에서 모든 것이 만족되어야 하기 때문이리라. 부족한 것을 다른 이성과의 관계로 보완하는 것이 용납되기 어려운 것이다. 그렇게 볼 때 낭만적 사랑이 추구되는 남녀관계는 다른 인간관계와 비교해볼 때 매우 특이한 위상을 갖고 있는 것이다. 그렇다면 여기에서 추구되는 사랑은 무엇인가. 그것은 당사자들 사이에서 어떻게 인식되는가.

흔히들 '사랑에 빠진다'고 한다. 사랑에 눈이 멀었다는 표현도 있다. 뜨거운 감정에 사로잡혀 그 황홀함 때문에 이성理性을 잃는다는 뜻이리라. 그것이 순수한 애정이라고 여겨지기도 한다. 여기에서 사랑은 저절로 빠져드는 감정으로 동일시된다. 그래서 많은 '싱글'들은 생각한다. 마음에 맞는 대상을 만나지 못해서 그렇지 만나기만 하면 나도 그 꿈같은 사랑을 뜨겁게 나누리라. 이러한 기대 속에서 우리는 사랑을 설렘과 달콤함, 또는 몽롱하게 흘려 있는 상태로 생각하게 된다. 여기에는 대중문화에서 만들어 유포하는 분위기가 한몫을 한다.

우리가 낭만적 사랑에 대하여 가지고 있는 생각과 느낌 밑에는 몇

피카소의 「입맞춤」(1969)

가지 전제가 깔려 있는 듯하다. 그 가운데 하나가 에로스적인 사랑은 부모님과의 사랑이나 친구 또는 이웃과의 사랑과는 근본적으로 다르다는 것, 그 독특한 경험은 다른 어떤 것으로도 대체될 수 없다는 것이다. 그래서 젊은이로서 연인이 없으면 그 시기에 가장 중요한 행복의 끈을 잡지 못한 것으로 생각하면서 결핍감을 느끼기가 일쑤다. 또 한 가지 전제는 낭만적 사랑의 힘에 관한 것이다. 즉, 그 사랑이 일상의 얼룩들을 말끔히 닦아주고 삶의 모든 것을 충만케 하는 기쁨의 원천이 된다는 믿음이다. 그러나 실제 우리 주위에서 보는 남녀 사이의 사랑은 그러한 분홍빛 기대에 못 미치는 경우가 많다. 왜 그럴까?

에리히 프롬Erich Fromm은 그의 명저 『사랑의 기술 The Art of Loving』의 서문에서 다음과 같이 말하고 있다. "자기의 전 인격을 적극적으로 발전

136

시켜 생산적인 방향으로 나아가야 한다. 그렇게 하지 않으면 사랑하려고 아무리 발버둥쳐도 부질없는 일이 될 수밖에 없다 All his attempts for love are bound to fail, unless he tries most actively to develop his total personality, so as to achieve a productive orientation." 사랑은 맹목적 감정이 아니다. 자연 발생적 충동으로 지속되는 쾌락이 아니다. 그것은 부단한 연마와 자기 수양을 통해 키워지는 하나의 능력이다. 자기중심적인 욕망만을 자극하는 문화를 거슬러 인생의 깊은 뜻을 헤아리고 구현하는 적극적인 행위이다. 따라서 그러한 정진精進은 상대를 자기의 영역에 묶어두고 그 관계를 다른 세계로부터 단절시킨 상태에서는 결코 이뤄질 수 없다.

사랑은 훈련이다. 그리고 사랑을 통해 삶과 생각의 자유가 확장되어야 한다. 사랑에 눈이 멀어서는 안 된다. 사랑할수록 오히려 눈을 크게 떠야 한다. 상대방을 직시하고 자아를 성찰하는 시선이 바로 서야 한다. 우리는 이성을 잘 알고 있는가? 그렇지 않다. 남성의 세계와 여성의 세계는 긴 역사 속에서 단절된 채 형성되어왔다. 그렇다면 진정한 연애란 그 이질성을 극복하고 서로 적응해가는 과정이 되어야 하지 않을까.

저마다 두 개의 유리를 지니고 살아간다. 하나는 거울이고 다른 하나는 창이다. 그 두 유리가 얼마나 선명한가에 행복이 달려 있다. 타인을 보는 창이 굴절 작용을 일으키거나 자기를 보는 거울이 희미해진다면 삶은 어느 부분에선가 일그러진다. 그 창

■ 오시프 자드킨, 「부부」(1931)

과 거울을 정직하고 맑게 지켜가는 자세로 늘 깨어 있는 자만이 생산적이고 능동적인 삶의 주체가 될 수 있다. 사랑과 연애는 그러한 각성의 한 활동이다.

1 지난 50년 동안 한국에서 유행한 대중가요 가운데 사랑을 주제로 한 노래들 100편을 골라 가사를 분석해보시오. 사랑 이외에 가장 많이 나오는 단어는 무엇인지 순위를 매겨보고, 시대의 변화에 따라 그 분포가 어떻게 달라졌는지 비교해보자. 그리고 그것을 통해 한국 사회의 어떤 부분을 드러낼 수 있을지 생각해보자.

2 자신이 결혼을 한다고 가정하고 그 결혼식에서 선포되었으면 하고 바라는 주례사를 작문해보시오.

3 한국의 텔레비전 방송을 보면 유난히 드라마가 많은 비중을 차지하고 있음을 알 수 있다. 그리고 그 가운데 상당 부분이 남녀 관계와 가족 문제를 소재로 한 것이다. 삼각관계, 불륜과 이혼, 고부간의 갈등 등이 단골 메뉴이다. 왜 이러한 내용들이 끊임없이 다뤄지는가? 그것을 즐겨 보는 사람들은 누구이고, 거기에서 느끼는 재미는 무엇인지 분석해보자.

4 성희롱이 자주 발생하는 조직의 공통점이 있다면 그것은 무엇일까? 그리고 성희롱은 조직과 업무 수행에 어떤 영향을 끼칠까?

제 3 부

유연하게 소통하는 언어로

—21세기의 사회 구상

제8장

피라미드에서 네트워크로
─정보 사회의 조직 원리

카프카의 소설 『성城』을 보면 거대한 체제 속에서 소외된 현대인의 모습이 잘 묘사되어 있다. 측량사인 주인공 K는 성城과의 계약 때문에 멀리 고향을 떠나 홀로 그 성에 도착한다. 그러나 몇 번을 시도해보아도 K의 출입은 허락되지 않는다. 출입 관리자들은 그런 사실을 통보받은 적이 없다고 말할 뿐이다. 그렇게 낙담하고 있는 K에게 성안으로부터 편지 한 통이 배달된다. 바로 K를 초청한 그 사람이 보낸 것이다. 무슨 내용인가. 부탁한 일을 아주 잘하고 있는 줄 알고 있으니 더욱 분발해주기 바란다는 격려, 그리고 그런 성실함으로 일을 끝까지 잘 마무리해달라는 당부였다. 내부의 요식적인 절차에만 관심이 있는 관료 조직, 거기에 부속품으로 매몰되어 있는 인간은 바로 이렇게 황당하고 우매한 짓을 하곤 한다.

카프카의 다른 작품 『심판』을 보자. 거기에는 거대한 관리 체제 속에서 존재를 부정당하는 개인이 잘 나타나 있다. 주인공 K가 어느 날 일어나보니 이상한 사람들이 자기 방에 잠입했다. 그들은 K를 체포하러 왔노라고 하면서 그를 끌고 갈 준비를 한다. 아무리 생각해보아도 자기가 그럴 만한 죄를 짓지 않았는데 도대체 어찌 된 영문이냐고 K가 묻는다. 그 사람들의 대답은 황당하기 짝이 없다. 자기들은 알 바 없으며, 안다 해도 그것을 가르쳐주는 것은 자신들의 소관을 벗어난 일이라고 말한다. 자기들의 임무는 오로지 K를 체포하는 것이다. 그가 끌려가 어떤 사무실에 들어갔을 때 거기서 만난 사람도 마찬가지다. K가 왜 체포당했고 누가 K를 고발했는지 가르쳐주질 않는다. 자기의 임무는 K가 언제 재판을 받으리라는 것을 알려주는 것뿐이라고 한다. 계속 이런 식이다. 끝끝내 자기의 죄를 알지 못하고 사형을 받기까지 주인공 K는 도저히 화해할 수 없는 사회의 엄청난 벽에 거듭 부딪힌다.

이 작품들에서 주인공 K를 거듭 곤경에 빠뜨리는 사람들은 어떻게 형성된 것일까. 그들은 타인을 오로지 업무의 대상으로만 파악해야 적응할 수 있는 삶의 조건에 처해 있다. 생각해보면 정도의 차이만 있을 뿐 그러한 인간관은 현대를 살아가는 우리들에게도 익숙하다. 특히 조직 속에서 일하는 사람들에게 깊숙하게 내면화되어 있다. 카프카는 현대인의 그러한 실존적 정황을 다소 몽상적인 상황을 설정하여 상징적으로 묘사하고 있는 듯하다. 그렇다면 그러한 세계에 매몰되어 살아가는 사람들의 심경은 어떤 것일까. 그리고 사람이 그런 상황에 타성적으로 젖어버리면 어떤 문제를 낳는가.

몇 년 전까지만 해도 당신의 사무실에는 활기가 남아 있었다. 당신의 주위에는 아직 사물의 본질을 볼 수 있는 사람들이 몇 명인가 있었다. 만약 당신이 좀더 빨리, 그 꺼림칙하고 불길한 존재의 두려움을 알아차리고 있었다면……

얼빠진 눈동자, 미소를 띤 입가, 무표정한 그 얼굴, 퉁퉁하게 살이 쪄 한 줌도 잡힐 데가 없는 그 몸. 당신 앞에 있는 상사도, 뒤에 있는 부하도, 동료도 그리고 사무직 여성도, 모두 당신과 같이 어쩐지 기분 나쁜, 정체를 알 수 없는 생물로서, 아니 살아 있는지 죽어 있는지도 모른 채 책상에 달라붙어 있다.

이것은 일본의 대기업 조직의 위기를 진단하는 글이다. 무엇이 원인인가. 무사안일에 빠져 있는, 타성적으로 시간만 때우는 사원들이다. 글쓴이는 그러한 사람들을 가리켜 '좀비족'이라고 이름 짓고 있다. 좀비란 원래 서아프리카 부두교에서 주술에 의해 다시 태어난 사체死體를 뜻하는 말이고, 괴기 영화에서는 살아 있는 시체를 모두 좀비라고 부른다. 그러한 존재들이 공룡처럼 비대한 조직에 우글거리고 있는 것이 바로 대기업의 위기라고 진단한다. 업무는 소홀히 하면서 파워 게임에 잔재주를 부리기, 상사에게 굽실거리고 부하 직원 앞에서는 군림하기, 잘된 일은 자기가 생색내고 잘못된 일은 남을 탓하기…… 이것이 바로 그들의 전형적인 생리이다. 그러한 족속이 한두 명 있을 때는 무력하고 별로 문제가 안 되지만 수가 늘어나면서 세력을 확장하게 되면 조직과 집단으로서는 참으로 무서운 인적人的 위험이 된다고 한다. 관료주의적 조직에는 그러한 위험이 항상 도사리고 있다.

'관료주의'라고 하면 보통 행정 조직의 문제로만 생각하기가 쉽다. 그러나 사실 그것은 사회의 어떤 조직에서든 나타날 수 있는 징후이다. 따라서 기업도 예외가 될 수 없다. 물론 시장에서 살벌하게 경쟁해야 하는 기업은 공무원 조직과 그 존재 조건 자체가 근본적으로 다르기 때문에 긴장의 고삐를 쉽게 놓을 수 없는 것이 사실이다. 그러나 일단 조직 안으로 들어와서 보면 사정이 달라진다. 그 구성원들에게 그러한 경쟁의 치열함은 조직이라는 테두리를 통과하면서 상당 부분 완충되어버린다. 달리 표현하자면 조직이 그 구성원들을 보호하는 것이다. 그것은 모든 조직의 피할 수 없는 운명일까?

관료제가 낳는 폐해들

관료제는 현대 조직의 중요한 속성이다. 관료제란 무엇인가? 사회학에서는 일반적으로 관료제를 다음과 같이 정의한다. '특정한 목적을 달성하기 위해 의도적으로 만든 공식 집단으로서 엄격한 위계 서열 속에 업무를 분화한 피라미드형 대규모 집단.' 막스 베버Max Weber에 따르면 근대 관료제는 정밀한 전문성에 입각해 있고 매우 객관적이고 비인격적인impersonal 원리에 의해 운영된다. 그래서 개인의 사적인 감정을 개입시킨다거나 자의적이거나 특수한(즉 보편적이지 않은) 기준으로 사람을 평가해서는 안 된다. 그리고 직무의 내용이 명확하게 정해져 있기 때문에 권력을 마음대로 행사할 수 없다. 그러한 조직은 일상화된 업무를 처리하는 데 가장 효율적이다. 기계와 같은 정밀성, 속도, 정확성, 문서에 대한 지식, 지속성, 판별력, 통합성, 엄격한 복종, 알력의 감소, 물질적·인간적 비용의 절감 등의 효과 때문이다.

말하자면 관료제에서는 자기 완결적인 조직 원리가 매우 잘 작동된다. 개인이나 부서는 자기에게 할당된 업무만을 수행하면 된다. 그리고 그것을 전체적으로 엮어주는 시스템이 제대로 돌아간다면 매우 효율적인 성과를 낼 수 있다. 그러나 그렇듯 합리적으로 보이는 시스템에 종종 허점이 드러난다. 원칙에 따라 할당된 부분에만 충실한 나머지 전체를 보지 못하는 것이다. 그리고 그 조직 바깥에 있는 대상이나 사람에 대해서 유연하게 대처하지 못한다.

비대한 관료 조직이 낳는 폐해는 생활 주변에서도 종종 목격된다. 우리는 아예 익숙해져서 불편함을 느끼지 못할지 모르지만, 한국처럼 도로를 자주 뜯어내는 나라도 없는 것 같다. 상수도, 하수도, 전화선, 가스관, 도로 보수 등 각종 공사가 시시때때로 시행된다. 그런데 그 각각을 관리하는 행정 기관들은 저마다 개별적으로 일을 벌인다. 그들 사이에 공사 계획 정보를 주고받아 한꺼번에 도로를 뜯어내고 여러 공사를 연이어 한다면 비용을 크게 줄일 수 있을 텐데 그러한 소통과 조정의 구조가 전혀 없는 것이다. 오히려 각 부서에서는 어차피 주어진 예산을 다 써야 하기 때문에 그런 식의 수고를 들여가며 공사비를 줄일 생각을 하지 않는다. 그 낭비는 고스란히 시민들의 부담으로 전가된다.

관료제는 대개 권위주의적인 문화와 결합되어 작동할 때가 많다. 한국 사회처럼 전근대적인 권위주의가 제대로 청산되지 못했고, 오랜 개발 독재 체제 속에서 오히려 더 강화된 사회에서 관료제는 더욱 경직될 수밖에 없다. 권위주의 문화란 무엇인가. 모든 인간관계에 아래위가 있다는 전제에서 세계를 바라보는 것이다. 한국인들이 사람을 대할 때 유난히 나이를 따지고 사적인 인간관계에서도 직위 같은 것을 통해 위신을 겨루는 것은 권위주의 문화의 중요한 단면이다. 이러한 문화에서는 의사소통이 원활하게 이뤄지기가 어렵다. 그것은 어떤 문제를 일으키는가.

여러 가지를 들 수 있지만 한 가지 단적으로 드러나는 것을 생각해보자. 신문을 들추거나 뉴스를 보면 하루가 멀다 하고 각종 안전사고 소식이 나온다. 현대 사회는 어차피 위험한 요소를 가득 안고 있지만, 한국은 특히 재해 공화국으로 악명이 높다. 무엇이 그토록 많은 사고를 유발하는가? 가장 자주 드러나는 것은 비리非理이다. 공사 과정에서 먹이 사슬로 이어지는 뇌물 수수 관행 때문에 결국 원래 설계에서 벗어난 부실한 시공으로 이어지는 것이다. 따라서 조직과 업무를 보다 투명하게 하고 부패를 척결하는 것이 시급한 과제다. 그러나 그러한 도덕적인 차원과 함께 지적해야 하는 것이 조직의 의사소통 문화다.

한국에서 항공기 사고가 종종 일어나는데, 이 역시 소통과 관련되는 부분이 있다. 한국의 비행기는 왜 그렇게 자주 탈이 나는가. 관련 국제기구가 조사한 바에 따르면 조종실 내의 권위주의적인 소통 구조도 한 가지 원인으로 지적되고 있다. 무슨 말인가. 비행기 조종은 매우 복잡한 시스템을 다루는 일이다. 따라서 기장機長이 그 전체를 완전하게 파악하고 관장하기는 불가능하다. 여러 사람이 각 영역별로 분담하여 비행기를 관리하고 운영해야 한다. 따라서 그들 사이의 원활한 의사소통이 무엇보다도 중요하다. 그런데 기장이 권위주의적이고 조직의 위계 서열이 경직되어 있으면 의사소통이 크게 제약받을 수밖에 없다. 그래서 가령 부조종사copilot나 현장 정비공이 업무 수행 중에 문제를 발견해 자발적으로 보고해도 상사가 그것을 심각하게 받아들이지 않거나 무시해버리는 것이다. 그 결과 위험한 요인들이 그대로 방치되고 만다.

■ 불확실한 환경에 적응하려면 ■

리엔지니어링reengineering! 구조 조정! 1990년대 이후 모든 조직이 변신의 몸부림을 치면서 내걸고 있는 말들이다. 한국뿐만 아니라 많은 나라에서 조직들이 탈바꿈하려 하고 있다. 그 핵심은 무엇인가. 점점 복잡해지고 불확실해지는 환경에 적응하기 위한 시도이다. 최근 기업 세계와 경영학자들 사이에 자주 입에 오르내리는 말들이 있다. 네트워크, 매트릭스 조직, 프로젝트 팀, 아메바 경영, 경계 없는 조직boundaryless organization 같은 표현들이 그것이다. 이러한 개념에 깔려 있는 상황 인식은 관료제에서 전제하는 그것과 전혀 다르다. 한마디로 잘 짜여진 환경이란 없다는 것이다. 질서 정연한 세계란 허구라는 것이다. 그러면서 기업이 진정으로 살아남기 위해서는 혼란 그 자체를 사랑해야 한다고 주장한다. 변화에 능동적으로 대처할 수 있는 조직이 되어야 한다고 역설한다. 따라서 평온한 환경만을 선호하는 기업은 곧 도태할 수밖에 없다. 관료제라는 거대한 공룡은 변화하는 환경에 제대로 적응하지 못하기 때문이다. 관료제는 구성원들의 창의력을 말살한다. 책임의 한계가 명확한 위계질서 속에서는 구성원이 조직에 대한 무관심에 중독되기 십상이다. 또한 고도로 전문화된 체계에서 한 작업 부문에 차질이 생기면 시스템 전체가 마비되고 만다. 생산 라인에서 한 노동자가 나쁜 마음을 먹으면 공장의 가동에 교란을 일으킬 수 있다.

그렇다면 불확실성의 시대에 적합한 조직의 모습은 무엇인가? 유연성과 다원적인 소통 구조가 그 핵심이다. 다수의 바보 단말기와 하나의 두뇌 회로로 이루어진 피라미드식의 정보 체계는 모든 정보를 피라미드의 최상위에서 처리한다. 반면에 하이퍼 미디어hyper media라 불리는 거미줄 네트워크는 각각의 단말기가 다른 단말기와 수평적으로 접속되어 있어 수시로 메시지를 교환하며, 때로는 자체적으로 정보를 처리할 수 있게 된다. 피라미드 체계에서는 어느 한 채널의 결함이 시스템에 치명적일 수 있다. 이에 비해 거미줄 네트워크에서는 다양한 회로가 열려 있기에 한 단말기에 문제가 생겨도 다른 단말기로 쉽게 보완될 수 있다. 일정한 작업을 중심으로 팀워크를 이루는 소규모 그룹들이 상황에 따라 신속하게 이합집산하고, 그에 걸맞게 작업도 유연하게 전문화시킴으로써 지식 노동의 생산성을 높일 수 있다. 1990년대 이후 일본의 많은 기업들이 전통적인 종신 고용제를 포기해온 것도 그러한 맥락에서 이해할 수 있다. 이러한 변화는 결국 정보의 축적과 그 유통 회로의 발달 때문이다. 조직의 모든 구성원은 그 지위 고하를 막론하고 정보의 생산과 전달의 주체가 될 수 있어야 한다. 특히 현장에 밀착해 있는 말단 근로자들의 역할이 중요해진다.

따라서 이러한 상황 변화에 성공적으로 적응해가는 조직들은 기존의 조직과 전혀 다른 형태와 원리를 지닌다. 가장 두드러진 것은 의사 결정의 중심부가 없다는 점이다. 이제는 작업을 어느 한 프로그래머가 일괄적으로 구성하고 종업원들은 시키는 일만 단순 반복적으로 실행하는 것이 아니라 모든 사람이 동등하게 참여하면서 아이디어를 제출한다는 것이다. 그러한 의사소통이 가능하도록 수평적이고 입체적인 회로가 마련되어 있다. 이는 하나의 회사 내부에서뿐만 아니라 하나의 군을 이루는 개별 기업들 사이의 관계에서도 마찬가지다.

■ 파벨 키칠로프의 목각 작품인 「머리가 여럿 달린 기계」(1989)

정리해보자. 기존의 관료제를 대체하는 새로운 조직 원리의 핵심은 무엇인가? 대량 생산 체제에서는 조직을 하나의 기계로 간주한다. 그래서 모든 성원의 위치와 각 부서 간의 관계를 사전에 규정하고 거기에 필요한 정보와 수행할 임무를 정확하게 할당할 수 있다고 전제한다. 산업화의 어느 단계까지는 그것이 맞아떨어졌다. 그러나 이제는 어느 누구도 그것을 총체적으로 미리 설계할 수 없는 '불확실성의 시대'가 되었다. 이제는 직선적인 건설 구조가 아닌 순환적인 수정 구조 feedback를 통해 조직의 모양과 내부의 상호 연결망을 수시로 변경시켜야 하는 단계이다. 정보(아이디어, 이견, 자료, 반응, 느낌 등)는 상하좌우로 교차하는 통로를 신속하고 자유롭게 흐르면서 조직을 끊임없이 쇄신해야 한다.

▪ 핵심은 커뮤니케이션이다 ▪

　이제 조직의 사활은 커뮤니케이션을 얼마만큼 원활하게 하는가에 달려 있다고 할 수 있다. 그러나 어디 조직뿐이겠는가. 인간의 삶 자체가 커뮤니케이션이라고 할 수 있다. 인류 역사의 전개는 그 미디어의 발달사라 해도 과언이 아니다. 그런데 우리는 지금 그 영역의 비약적인 발전을 목격하고 있다. 시공간의 제약을 완전히 돌파하면서 엄청나게 많은 정보들이 광범위하게 그리고 신속하게 소통되고 있다. 그래서 이제는 아주 외딴 산촌에 사는 농부도 100년 전 유럽의 수상보다 세상이 어떻게 돌아가는지에 대한 소식을 더 많이 접하고 있다. 링컨이 죽었을 때 그 소식이 미국 전역으로 퍼져나가 전국민이 알게 되기까지 무려 일주일이 걸렸다고 한다. 그런데 우리는 지구 반대편에서 일어나는 전쟁을 생중계로 안방에서 관람한다.
　이렇듯 디지털 시스템은 전 세계를 하나의 신경망으로 엮어내면서 놀라운 지식 폭발을 일으키고 있다. 여러 형식의 정보들이 통합되어 처리되고, 또한 그것들이 오가는 회로가 사방팔방으로 열리고 있다. 점점 더 많은 사람들이 장소에 구애받지 않고 서로 접속할 수 있게 되었다. 이제 인류의 삶은 바야흐로 지구 전체를 하나로 아우르는 거대한 상호 연관성의 그물망 속으로 얽혀들어가고 있다. 이러한 네트워크 속에서 사회 전반적으로 조직의 원리가 바뀌고 있다. 권력에서 책임으로, 명령에서 협동으로 중심이 이동하고 있다. 따라서 각 개인들에게는 자율성이 요구된다. 복잡다기한 네트워크 속에서 활발하게 맞부딪쳐 스파크를 일으키면서 만들어지는 지식은 어떤 세상을 빚어낼 것인가. 지식 사회에서 필요로 하는 품성과 능력은 어디에서 배양되어야 하는가.

여기에서 교육의 의미가 새삼 부각된다. 지금까지 대량 생산 체제에 투입하는 인력 양성 교육은 그야말로 평균적인 지식수준을 향상시키는 데 역점을 두었다. 그리고 그 내용도 다분히 획일적이고 고정된 텍스트에 의존했다. 하지만 이제 재빠른 변화에 적응해야 하는 상황에서 교육은 조금 더 사회 속에 깊숙하게 들어가 다른 여러 기관이나 활동들과 유기적인 관련을 맺어야 한다. 그리고 학생들이 사회 현실을 생생하게 체험하면서 창조적인 감각과 상상력을 키워갈 수 있어야 한다. 그러한 책임을 이 시대는 교육에 요구하고 있는 것이다(그 구체적인 방식들에 대해서는 제4부 제14장에서 살펴볼 것이다).

그런 점에서 볼 때 정보화 사회에 대비한 교육이라고 하면 당장 컴퓨터 교육부터 떠올리는 우리의 통념은 잘못된 것이다. 우리는 정보화 사회를 너무 테크놀로지 중심으로 생각하는 경향이 짙다. 부모들은 자녀들이 무조건 컴퓨터를 능숙하게 두드리기만 하면 시대를 앞서가는 것으로 착각한다. 그러나 그것은 기본적인 필요조건이지 충분조건이 아니다. 그리고 컴퓨터 조작은 점점 쉬워질 수밖에 없기 때문에 그것을 배우는 데 그렇게 많은 투자를 할 필요는 없어진다. 모두가 컴퓨터 프로그래머가 될 필요는 없기 때문이다. 그것은 마치 자동차 운전자 모두가 정비사가 될 필요가 없는 것과 마찬가지다.

▪ 휴대폰과 창을 들고 서 있는 아프리카 오지의 마사이족 전사(『뉴스위크』지).

　기계 만능주의적인 사고는 기업에서도 정보화 사회의 걸림돌로 지적된다. 경영주는 많은 돈을 들여 고급 컴퓨터를 들여놓으면 당장 많은 문제가 한꺼번에 해결되리라고 기대한다. 그리고 전산 전문가들은 그들대로 자신의 전문 지식과 기술로 일 처리가 매우 빨라질 것이라고 기대한다. 그러나 컴퓨터는 어디까지나 하나의 도구일 뿐이다. 그것은 시키는 일만 충실하게 해낼 뿐 스스로 사고하고 판단하지는 못한다. 문제는 일을 시키는 사람들이 얼마나 상황 파악을 정확하게 하고 프로그램을 짜내는가 하는 것이다. 그것은 인간 개개인의 창조성의 문제이자 동시에 원활한 커뮤니케이션의 문제이다. 아무리 컴퓨터에 능숙한 전문가라 해도 어떤 회사의 업무에 관련된 프로그램을 짠다고 할 때 그 내용을 속속들이 알지 못하면 좋은 시스템을 만들지 못한다. 그것을 파악하는 작업은 결국 그 일을 실제로 담당하는 사람들과 컴퓨터 시스템 전문가 사이의 의사소통의 질에 달려 있다.

순환하면서 갱신되는 정보의 가치

정보화 사회를 맞이하면서 우리가 가장 깊이 생각해보아야 할 문제는 이것이다. 도대체 정보란 무엇인가? 그것은 그냥 객관적으로 주어진 대상인가? 그래서 그것은 관련된 당사자들에게 항상 가치중립적이고 공정한 지식이 되는가? 결코 그렇지 않다. 앞서 제1부 제4장에서 통계가 만들어지는 과정을 보았듯이 똑같은 현상에 대해 정보를 만들어내는 방식은 매우 다양할 수 있다. 정보라는 것은 인간에 의해 가공되는 것이고 그 밑에는 언제나 나름대로의 입장과 가치관이 깔려 있게 마련이다. 따라서 우리 사회에서 중요한 정보들을 누가 만들어내는가는 심각하게 따져볼 문제이다.

아울러 나 자신은 정보를 창출하는 과정에 어떻게 참여하고 있는가 물어보아야 한다. 사실 거의 모든 사람들이 거기에서 소외되어 있다. 정보화 사회가 되어 정보가 넘쳐나는 듯하지만 사실 우리 대부분은 그 소비자로 머물러 있을 뿐 적극적인 생산의 주체로 나서지 못하고 있는 것이다. 이런 상황에서는 우리의 생활을 질적으로 풍요롭게 해주는 정보들을 확보하기가 대단히 어렵다. 사실 우리가 미디어를 통해 일상적으로 접하는 정보란 거의가 일회적인 심심풀이용이 많다.

정보는 많을수록 좋은 것이 아니다. 오히려 정보의 과잉은 무기력과 무관심을 낳는다. 네트워크와 각종 미디어와 통신 기기의 회로들 속에서 정보가 기하급수적인 속도와 규모로 증식하고 있는 데 비해, 그것을 수용하고 처리할 수 있는 우리 두뇌의 용량은 진화하지 못하고 있다. 이 불균형은 일상의 스트레스 또는 사회적인 교란으로 표출된다. 21세기 문명은 이러한 엔트로피의 도전에 어떻게 대응할 것인가?

정보 그 자체에 집착하는 태도에서 벗어나 무엇이 필요한 정보인지를 분별할 수 있는 능력이 배양되어야 한다. 교육에서는 문제의식을 적절하게 정립하는 훈련이 이뤄져야 한다. 그리고 사회적으로는 구성원들 사이에 공유되는 비전이 있어야 한다. 정보는 눈에 보이지 않는 것이다. 그것은 얼마든지 새롭게 창조될 수 있다. 컴퓨터의 기계적인 언어로 입력되기 전까지의 과정은 인간의 몫이다. 기계가 그것을 대신하는 것은 불가능하다. 따라서 정보화 시대의 중요한 관건은 그런 기계적인 언어를 다루는 방법이 아니라, 무엇을 그 속에 담을까에 대한 인간의 직관, 느낌, 또는 창조적 상상력이다. 그것은 마치 전자레인지가 아무리 좋아도 그 자체로 훌륭한 요리를 보장하지는 못하는 것과 마찬가지다. 기계는 다만 좀더 쉽게 해줄 뿐이다. 요리를 맛있게 만드는 비법은 인간의 머리와 손에 있는 것이다.

정보와 지식은 그 자체로서는 딱딱하게 굳어 있는 물건처럼 존재하는 듯 보인다. 그러나 그것은 커뮤니케이션 속에서 살아 움직이며 진화한다. 끊임없이 새로운 의미가 발생하고 또한 더 고급으로 갱신되어간다. 따라서 한 사회의 정보화 수준은 그러한 소통의 능력과 직결된다. 아무리 좋은 기기가 있어도 필요한 사람에게 적절한 정보가 도달되지 못한다면 소용이 없기 때문이다. 그리고 정보의 순환 속에서 끊임없이 새로운 정보로 거듭나는 역동성이 없이는 아무리 방대한 데이터베이스라 해도 그 기능에 한계가 있기 때문이다.

한 가지 예를 들어보자. 일본에서 발행하는 관광 안내 책자는 한국 것에 비해 훨씬 정보가 섬세하고 정확하다. 거기에는 이런 비결이 있다. 그 책을 구입해 관광을 간 소비자들은 종종 그 내용의 오류를 발견한다. 현지의 사정이 바뀌어 그 안내 책자의 정보와 일치하지 않게 된 것이다. 그런데 많은 이들이 그것을 그냥 넘기지 않고 수정 사항을 엽서에 적어서 출판사에 보내준다. 출판사는 일일이 현지에 직원을 파견하지 않고서도 그냥 앉아서 책자를 업그레이드해갈 수 있는 것이다. 정보 마인드란 이처럼 어떤 정보나 노하우를 독점하지 않고 그것을 필요로 할 만한 누군가에게 전달하려는 의지를 바탕에 깔고 있다. 추상적인 타자에 대한 배려, 낯선 자들이 편리하게 접근할 수 있는 객관성이 거기에서 구현될 때 건강한 정보 사회가 될 수 있을 것이다.

이렇게 볼 때 교육이 어떻게 바뀌어야 하는지는 분명해진다. 이미 축적되어 있는 굳은 지식을 암기하는 쪽으로만 치중하고 있는 지금의 학습은 근본적으로 궤도 수정되어야 한다. 그 기능은 기계가 더 훌륭하게 수행해줄 것이기 때문이다. 우리가 초등학교 때부터 고등학교 때까지 머릿속에 집어넣는 데이터는 지금 기술로 조그만 칩 하나에 다 들어갈 정도이다. 인간에게 필요한 것은 그런 칩 수천만 개로도 못 해내는 창의력이다. 앨빈 토플러 Alvin Toffler 는 다음과 같이 말한다.

"미래의 학교는 단순한 지식만이 아니라 그것을 조작하는 방법까지 가르쳐야 한다. 학생들은 낡은 생각을 어떻게 버리고, 언제 그것을 바꿀 것인가도 배워야 한다. 요컨대 학생들은 배우는 방법을 배우지 않으면 안 되는 것이다. 내일의 문맹자란 읽지 못하는 사람이 아니라 배우는 방법을 배우지 못한 사람일 것이다."

1 각 행정 기관에서 개설한 홈페이지의 게시판이나 민원 창구에 들어가서 시민과 행정 사이에 어떻게 의사소통이 이뤄지는지 알아보자. 그러한 통신 회로로 인해 행정 체제가 어떻게 달라지고 있는지, 그러한 변화가 주민들에게는 어떻게 체감되고 있는지 조사해보자.

2 IMF 금융 위기 이후 한국 경제가 위기에 처한 상황에서 벤처 열풍이 불어닥쳤다. 그 가운데 적지 않은 부분이 거품이었음이 곧 드러났지만, 오랫동안 거대한 기업이 주도하던 한국 경제에 벤처 기업들이 새로운 틈새와 가능성을 열어준 것은 분명하다. 그렇다면 '벤처 기업'이란 무엇인가? 그 정의를 내려보자.

3 정보화는 장애인들에게 각별한 의미를 갖는다고 할 수 있다. 장애인들을 위한 인터넷 사이트들을 뒤져보면서 그 유형들을 분석해보고, 이러한 네트워크들이 더욱 활성화되기 위해서는 무엇이 필요한지를 생각해보자.

4 모든 학생들이 수업시간에 노트북을 가지고 수업을 들을 수 있도록 하겠다는 정책이 발표된 바 있다. 왜 그러한 발상이 나왔고, 그에 대해서 당신은 어떻게 생각하는가? 만일 그것이 실현된다면 학생들의 학습 방식에는 어떤 변화가 일어날까? 그리고 교실에서 교사와 학생 사이의 상호 작용에는 어떤 영향을 미칠까?

5 한국 사람들은 연줄을 매우 중요하게 여긴다. 실제로 사적인 영역에서는 물론 공적인 영역에서도 학연·지연·혈연 같은 인맥이 절대적인 힘을 발휘하는 경우가 적지 않다. 그렇게 연緣을 중시하는 한국 문화는 네트워크 위주로 움직이는 정보 사회와 친화력이 있기 때문에, 한국인들이 21세기에 잘 적응할 것이라고 예견하는 사람도 있다. 과연 그럴까? 한국인이 소중하게 여기는 연줄과 정보 사회가 요구하는 네트워크 사이에는 어떤 공통점과 차이점이 있는가?

제9장

지구촌에게 말 걸기
―세계화 시대의 정체성

우리는 이제 기존의 범주에 얽매이지 않고 스스로를 규정해갈 준비를 해야 한다. 다시 한국민으로 돌아오더라도 한국의 범주를 일단 떠나서 자신을 바라보는 훈련을 하자. 한국은 내게 무엇이며, 중산층이라는 것은 무엇이며, 가족은 또한 내게 무엇인가? 우리는 왜 그 범주에 집착해왔는가? 지금 말하고 있는 '나'는 누구이며 '우리'는 누구인가? 그때 여러 개의 '나,' 여러 개의 '우리'가 있지 않은가?

각자 선 자리를 돌아보자. 그리고 기존의 틀에서 자신을 규정하는 일을 그치고 내가 만들어가고 싶은 세상에 맞는 정체성을 찾아내 가보자. 나는 남한에 사는 '국민'이며, '민족주의자'이며, '중산층'이며, '엘리트'로 살아왔다. 또한 나는 '여성'의 범주에 속하는 사람으로서, 자신의 언어를 잃어온 '식민지 주민'으로서 살아왔다. 또한 나는 나 자신을 '지구상의 위기를 염려하는 세계의 양심 있는 주민'으로 규정짓고 싶어 하고, 내가 살고 있는 '신촌을 가꾸는 지역 주민'으로서의 존재를 강조하고 싶어 한다. ─조혜정, 『탈식민지 시대 지식인의 글읽기와 삶읽기 2』 (또 하나의 문화, 1994)

"너, 한국인 맞아?" 방학을 맞아 고국을 찾은 재외 교포 젊은이들 가운데 한국 땅에 발을 딛자마자 동포로부터 그러한 면박을 당하는 경우가 많다. 단지 한국말을 제대로 못한다는 이유만으로 세관원이나 택시 운전사 등에게서 설움을 당하는 것이다. 그들의 고민은 심각하다. 이국땅에서 태어나 자라고 철이 들어갈 무렵 자신이 다른 민족 집단에 속해 있음을 확인하고, 그 사회의 주류에 절대 끼지 못하는 한계를 인식하기 시작한다. 그러면서 자신의 종족적 뿌리를 그리워하게 되고 한국인이라는 새로운 정체성을 획득하고 싶어 한다. 이러한 욕망을 부분적으로 실현하기 위해서 현지에서 살고 있는 비슷한 입장의 한국 젊은이들끼리 모임을 만들어 한국말과 문화를 공부하고 때로 공연도 하는 식의 활동을 벌이기도 한다. 그리고 직접 한국 사회를 방문하여 고국의 숨결을 느껴보려 한다.

그러나 그리던 조국과의 만남은 그렇듯 싸늘한 따돌림만 받고 끝나기 일쑤다. 더구나 잠깐의 방문이 아니라 아예 정착하려는 경우에는 더욱 절망스럽다. 기억에도 아득한 어린 시절 해외로 입양되었다가 뒤늦게 고국을 찾아와 정착하려는 젊은이들이 한국에서 부딪히는 문화적 편견과 각종 제도의 벽은 엄청난 것이다. 한국 사회의 분위기가 어떤지 그리고 한국인들이 자기들을 어떻게 생각하는지 제대로 알지도 못한 채 철모르는 짝사랑에 빠져 있었음을 뒤늦게 깨닫고 개탄한다. 지금은 그러한 상황이 그쪽 교포들 사이에도 많이 알려져서 고국에 대해서 애당초 기대조차 하지 않는 이들이 많아지고 있다. 결국 자신은 한국인도 현지인도 아닌 존재, 그 두 집단 모두에서 완전히 주변으로 몰려나 있는 뜨내기임을 새삼 발견하면서 정체성identity은 심각한 혼란에 빠지게 된다.

정체성이란 무엇인가? 자신이 누구인지를 알게 해주는 이미지이자 의미 체계라고 할 수 있다. 그것은 혼자서 고독하게 내면을 탐구함으로써 확보될 수도 있지만, 대개의 경우 타인과의 관계를 통한 사회적 자아를 구성함으로써 획득된다. 여기에서 문화는 일정한 의미의 질서를 형성함으로써 정체성 형성에 중요한 기반이 된다. 즉 다른 집단과는 구분되면서 내부에서 공유되는 전통이나 스타일 등의 상징체계를 매개로 사람들은 자기 정체성의 내용을 사회적으로 구성하는 것이다. 그리고 거기에서 얻어지는 소속감과 유대감은 개개인이 안정된 삶을 영위하면서 사회로 통합되는 데 매우 긴요한 심리적 자원이 된다.

그런데 글로벌한 세계가 전개되고 확대됨에 따라 정체성의 위기를 겪는 사람이나 집단들이 많아지고 있다. 사람, 상품, 정보 등이 국경을 넘어 점점 자유롭게 넘나들 수 있게 되면서 일정한 사회적 지리적 범위를 경계로 형성되어 있던 공동체적 동질성을 유지하기가 어려워지기 때문이다. 날로 고도화되는 통신 회로와 점점 자유화되는 시장 유통 원리 속에서 정보와 상품을 통해 전달되는 문화의 영향력은 점점 막강해지고 있다. 단순한 문화 전달이 아니라 '문화 침투' 또는 '문화

제국주의'라는 표현에서 나타나듯이 문화적 상호 작용에서 불균형한 권력 구조가 첨예하게 의식되고 있다. 특히 점점 힘을 잃으면서 소멸되거나 다른 사회에 동화되는 소수 민족, 다문화 사회 속에서 자기 문화의 입지와 종족성ethnicity이 흔들리는 그룹들의 경우 문화적 정체성은 심각한 도전을 받을 수밖에 없다.

한국 사회에서도 최근 문화적인 정체성이 새삼 문제로 떠오르고 있다. 한편에서는 기존의 정체성이 흔들리고 있는가 하면, 다른 한편에서는 새로운 정체성이 형성되어가고 있다. 그러한 변화는 사회의 변동과 어떻게 맞물려 있는가? 이른바 지식 정보 사회의 물결을 맞이하면서 우리에게는 어떠한 문화적 정체성이 요구되는가? 이 장에서는 한국 사회에서 그동안 형성되어온 문화적 정체성의 내용을 따져보고, 그것이 현대 사회에 어떻게 변용되어가는지, 그리고 어떤 방향으로 재구성되어야 하는지를 생각해보고자 한다.

민족 정체성의 형성과 변천

우리는 5천 년 역사를 단일민족으로 이어왔다고 자랑한다. 하지만 따지고 보면 단일한 혈통은 아니다. 다른 민족들과 접촉하고 그들로부터 침입당하면서 숱하게 혼혈을 경험한 것은 엄연한 사실이다. 그러나 순수한 한민족의 핏줄을 공유하고 있다고 믿는다. 예나 지금이나 외모를 가지고 족속을 구별하기는 불가능할 정도로 단일한 인종을 이루고 있는 것이 우리 사회이다. 그리고 언어도 일찍이 통일되었다. 이러한 동질성은 우리가 근대의 급속한 산업화에 적응하는 데 유리한 바탕이 되었다고 할 수 있다. 만일 피부색이나 언어가 서로 다른 집단이 내부에 공존했다고 가정해보자. 공장에서 일하는 직원들이 출신 지역에 따라 말이 다르고, 그래서 자기들끼리 똘똘 뭉쳐 생활했다고 상상해보자. 그 집단들 사이에 벌어지는 엄청난 갈등으로 산업화에 지장이 많았을 것이 분명하다.

냉전 체제의 해체 이후 지구촌 곳곳에서 끊이지 않는 민족 분규를 멀리서 지켜보면서 우리는 솔직히 말해 강 건너 불구경하는 심정이다. '우리는 모두 한민족이라는 믿음'이 꿋꿋하게 최소한의 통합을 지탱해주기 때문이다. 그래서 수많은 종교들이 난립하는 우리 사회이지만 인도나 파키스탄에서와 같은 목숨 건 종교 전쟁으로는 악화되지 않는다. 우리와 비슷한 나라로 일본을 들 수도 있겠지만 그 사회에도 자세히 보면 아이누족 같은 소수 민족이나 부라쿠민 같은 천민 집단이 아직도 존재하고 있다. 그리고 사회의 결속을 위해 천황이라는 초월적 상징체계를 계속 가동시킨다. 우리는 그런 것 없이도 동일한 혈통의 국민이라는 확인이 그냥 주어져 있는 것이다. 이 얼마나 다행인가.

그러면 이러한 동질성은 어떻게 형성되어왔는가. 한국은 7세기에 이미 현재의 지리적인 경계를 가진 통일 국가를 이루었고, 고려 시대에는 중국과 구분되는 문화의 독자성을 의식하고 있었다. 그런 점에서 근대에 들어와서 국가의 틀을 갖추기 시작한 서양과 다르다. 그러나 조선 시대까지 유지되어온 민족적 정체성은 지배 엘리트와 지식인들에 국한된 것이었다. 사회 구성원 모두가 신분적 경계를 넘어서 하나의 민족적 정체성을 갖게 된 것은 일제에 나라를 빼앗기면서였다. 나라 잃은 설움을 통감하면서 민족적 주체를 자각하였고 그것을 회복하려는 움직임이 저항적인 민족주의 형태로 등장했다.

해방 이후 산업화는 철저하게 국가의 주도로 추진되었다. 강력한 권위주의 정권은 문화적(인종, 언어, 관습 등) 동질성을 토대로 사회적인 통합을 이루면서 광범위하게 인적 자원을 동원하여 급속한 경제 성장을 이룩할 수 있었다. 그 성장이 가져다주는 번영이 삶의 진보로 체험되면서 국민적 정체성은 구체적인 내용을 지니게 된 것이다. 여기에 뒷받침이 된 이데올로기는 반공('공산당이 싫어요')과 경제 성장('잘살아보세')이었다. 당시의 가치관은 서구를 모델로 한 근대화론에 입각하고 있었기 때문에, 전통이라는 것은 비합리적이고 비효율적인 것으로 폄하되면서 의식적인 부정의 대상이 되었다.

1960~70년대 한국인들의 국민적 정체성의 형성에 미디어의 역할은 매우 컸다. 텔레비전 프로그램들은 농촌이든 도시든 어린아이부터 노인까지 한자리에 둘러앉아 즐길 수 있는 것이었다. 구수한 해학이 넘치는 코미디, 애달픈 스토리의 연속극, 뽕짝이나 통기타 가요, 애국심으로 두 주먹을 불끈 쥐게 하는 프로 레슬링이나 권투 등을 통해 비슷한 정서를 공유할 수 있었다. 서구의 근대사를 보면 인쇄물에서 시작하여 비약적으로 발전해온 근대 미디어는 동일한 경험을 복제하는 장치였다. 그것들은 공간의 제약을 넘어 '국민'으로서의 일체감을 갖게 하는 데 중요한 역할을 했는데, 한국 사회에서도 텔레비전에 이르

러서 그 효력이 절정에 달했다.

1980년대 접어들어 컬러텔레비전이 등장하고 그와 동시에 맞물려 프로 야구가 출범했다. 그리고 '국풍 81' 같은 거대 이벤트가 그 신호탄이 되어 삼엄한 통제 상황에서 문화는 화려한 스펙터클을 연출하는 방향으로 나아갔다. 경제적 성장과 정치적 억압 사이의 불균형은 그때부터 모순으로 배태되기 시작했다. 즉 물질적인 여유가 생기면서 사람들은 더 많은 문화적 표현욕을 느끼게 되고 그것을 충족하기 위해서 더 많은 자유를 필요로 하는데, 정치적 현실은 정반대로 흐르고 있었다. 그 부정합 속에서 욕망의 탈정치적 출구로서 재빠르게 번식하게 된 것이 과소비와 향락 문화였다.

다른 한편, 그런 가운데 민족성과 전통 문화가 새롭게 자리매김되어갔다. 1960년대에는 의식적인 척결 대상이었고, 1970년대에는 일부 대학생들의 문화 운동 테마에 지나지 않았던 것이 전통이요 민족이었다. 그런데 1980년대 들어 그것은 저항적 사회 운동의 주요한 정서로 자리 잡는 한편, 마당놀이가 현대판으로 번안되어 흥행을 일으키고 민속 씨름이 프로 스포츠로 '재발명'되면서 지배 문화에서도 뚜렷한 위상을 부여받게 된다. 1990년대 들어 그 흐름은 더욱 확고히 정착된다. 영화 「서편제」가 불러일으킨 "우리 것이 좋은 것이여"라는 믿음, 유홍준 씨의 『나의 문화 유산 답사기』 열풍에서 확인된바 역사에 대한 진지한 애정은 한국인들의 문화적 정체성을 확인하는 데 중요한 내용이 되었다.

1990년대 말 경제 영역에서 파급된 사회의 총체적인 위기 속에서 난국을 타개하기 위한 돌파구로 다시금 국가주의적인 정서가 동원되기 시작했다. '기아'를 '국민 기업'이라고 이름 붙여 구제했고, IMF 금융 위기를 맞아 금 모으기 운동과 태극기 달기 캠페인을 거국적으로 벌였다. 박찬호와 박세리의 성공 신화는 민족적인 자긍심을 높여주는 레퍼토리로 제시되었다. 미디어의 위력에 힘입어 이러한 각본들은 감동적인 드라마를 연출해낼 수 있었다.

이렇듯 민족과 국가를 근거로 하는 문화적 정체성은 한국인의 집단 의식과 정서에 매우 결정적인 영향을 끼쳤다. 그것은 그동안 산업화에 국민들을 동원하는 데 효과적인 기제가 되었다. 그리고 급속한 변동 과정에서 생길 수밖에 없는 갈등과 혼란 속에서도 나름대로 사회를 통합하여 유지하는 데 민족주의적인 이데올로기는 중요한 바탕이 되어왔다. 그 이데올로기는 다른 한편으로 가족주의와 함께 강력한 두 축을 이루면서, 그 사이에 다양한 스펙트럼으로 집단 에너지를 응집해왔다. 말하자면 개개인이 상호 주관적인 소속감과 유대감을 가지면서 삶의 지향을 만들어가는 정체성이 그 안에서 주어진 것이다.

'우리' 안에 매몰되어 있는 우리

이렇게 조망해보면 비교적 굳건한 민족의식 및 정서에 기반한 우리의 문화적 정체성은 경제 성장과 사회적 안정을 확보하는 데 중요한 바탕이 되었다고 할 수 있다. 재빨리 선진 산업 국가를 따라잡기에 총력을 기울여온 지금까지는 긍정적으로 작용한 면이 많았음이 분명하다. 그러나 한때 유리했던 것이 어떤 시점을 지나면서 오히려 불리한 요소로 돌변하는 경우가 적지 않다. 우리의 민족적 동질성 또는 그에 대한 믿음이 바로 그러하다. 우리는 이제 어쩔 수 없이 이질적인 것들과 공존해야 하는 상황을 맞이하고 있다. 이주 노동자와 결혼 이민자가 급증하는 가운데 '다문화 사회'에 대한 논의와 정책이 활발하게 전개되고 있다. 이제 피부색과 관습과 언어가 다른 사람들과 어울려 살지 않으면 안 되는 것이다. 그 공존의 기법을 터득하지 않으면 지구촌 사회에서 고립될 수밖에 없다.

국제무대에서 한국의 자리는 어디인가? 외국인들의 눈에 비친 우리의 모습은 어떠한가? 이러한 질문은 더 이상 그냥 지적인 호기심에서 던져지는 것이 아니다. 그것은 이제 우리 민족의 국제적 운명을 좌우할 만큼 심각한 문제가 되었다. 전혀 낯선 '타자'를 그 나름으로 이해하고 그 관계 속에서 '나'를 상대적으로 파악할 수 있는 안목이 긴요하다. 자아와 세계를 보다 객관적인 관점에서 바라볼 수 있는 '보편 감각'이 요청되는 것이다. 그런데 실상은 어떤가?

다음은 조성관 씨가 저술한 『한국 엘리트들은 왜 교도소 담장 위를 걷나?』라는 책에 「서울은 세계에서 가장 큰 시골」이라는 소제목으로 실린 글의 일부다.

1997년 여름, 괌에서 KAL기 추락 사고가 있었다. 지금은 세월의 무게로 인해 서서히 잊혀져가고 있지만 나는 텔레비전의 KAL기 괌 추락 사고 보도를 보면서 한 장면이 뇌리에 와 박혔다. 추락한 KAL기의 탑승객은 대부분 한국인이었지만 외국인도 극소수 있었다. 영어를 유창하게 하는 어느 중국 여성의 인터뷰가 짤막히 소개되었다. 가족을 사고로 잃은 중국 여성은 울부짖으며 이렇게 항변했다. "아니 대한항공은 국제적인 항공사가 아닙니까? 국제적인 항공사가 외국인 탑승객이 있다는 점은 전혀 생각 않고 한국말로만 사고 수습 상황을 얘기하고 있습니다. 우리 같은 외국인들은 한국말을 어떻게 알아들으라는 겁니까? 이렇게까지 외국인에 대한 배려도 하지 않고 국제적 항공사라고 할 수 있는 겁니까?"

이게 우리의 적나라한 모습이다. 서울은 국제도시인가? 국제 행사 수만을 놓고 보면 서울은 국제도시로서 면모를 갖춘 것 같다. 나는 이에 대한 적절한 대답을 어느 중견 언론인이 미국 하버드 대 연수를 다녀와서 쓴 글에서 찾았다. 그는 김포 국제공항과 국제 도시 서울에 대해 이렇게 썼다.

"하나 확실한 것은 외국인은 죽었다가 깨어나도 자력으로는 이곳에서 통관을 할 수 없으리라는 점. 외국인에 대한 배려가 약한 공항 시설, 서울을 내가 세계에서 가장 큰 시골이라고 부르는 이유 중 하나다."

우리는 일상의 많은 부분을 무심코 지나친다. 어느 사회에서든 사람들은 특별한 계기가 없는 한 익숙한 환경에 시비를 걸지 않는다. 의식과 감각의 습관은 많은 정보를 간단하게 처리할 수 있도록 도와주는 장치이기 때문이다. 그러나 우리는 당연시되는 생활 세계를 때로 낯설게 바라보면서, 그 속에서 여러 갈래로 움직이고 있는 의미의 흐름들에 제동을 걸어볼 필요가 있다. 거기에는 거대한 집단 무의식 같은 것이 깃들어 있고, 그것이 족쇄가 되어 삶과 사회를 속박하는 경우가 많기 때문이다.

비슷한 예를 하나 더 들어보자. 많은 지하철역에서 차가 승강장으로 진입하기 직전에 이런 안내 방송이 나온다. "우리 역은 승강장과 차량 사이가 넓으니, 발이 빠지지 않도록 주의하시기 바랍니다." 이 방송 역시 전혀 의식되지 않는 소음에 불과하지만, 여기에서 "우리 역"이라는 표현이 귀에 전혀 거슬리지 않는다는 것이 신기하다. 만일 영어나 일본어로 번역한다면 참으로 이상한 표현이 될 것이 뻔하다. '우리'라는 말은 일정한 소속감을 가진 집단을 전제로 한다. 그러므로 한 지하철역에서 함께 근무하는 직원들끼리는 '우리 역'이라는 표현이 맞지만, 지하철을 타려고 잠깐 한 공간 안에 공존하고 있는 승객들까지 '우리'라고 아울러버린다면 어색하기 짝이 없다. 따라서 '이 역this station'이라고 표현해야 옳다. 이것 역시 사소한 예에 지나지 않을지 모른다. 그러나 그것을 통해 한국 사회에서 '우리'라는 범주화가 얼마나 남용되고 있는가를 새삼 생각해볼 수 있을 것 같다. 이렇듯 한국인들은 너무나 간단하게 하나의 범주 속에 타자를 일체화시키고, 모두가 그 즉자적인 집단 안에 쉽게 매몰되어버린다.

종족주의의 배타성과 오만함

이러한 폐쇄적인 집단의식은 국가나 민족을 경계로 발휘될 때가 많고, 그것이 바깥으로 잘못 표출되어 타자들에게 불쾌함을 유발하기도 한다. 1999년 10월, 잠실 경기장에서 시드니 올림픽 출장권을 겨루는 한국과 중국의 축구 경기가 벌어졌을 때의 일이다. 어느 한국의 젊은이가 중국인들 앞에서 지나가는 말로 한마디 던졌다. "이놈들은 가난한 나라에서 무슨 돈으로 여기까지 온 거래?" 그런데 정말로 공교롭게도 거기에 있던 중국인들 가운데 몇 명이 그 말을 정확하게 알아들어버렸다. 화교였기 때문에 한국말이 완벽했던 것이다. 그들은 그 '망언'에 항의하고 나섰고 젊은이는 당황하면서 사과해야 했다.

한국어는 한국 사람밖에 알아듣지 못할 것이라는 잘못된 생각이 낳은 실수였다. 그러나 그것은 단순한 실수가 아니라, 우리의 삐뚤어진 사고방식이 자연스럽게 드러난 것뿐이다. 외국인에게 거의 소통되지 않는 언어의 보호막 속에서 성찰과 비판의 무풍지대에 있다가 뜻하지 않게 노출되어버린 것이다. 외국인들에 대한 여러 고정관념과 편견이 우리 안에 뿌리 깊게 자리 잡고 있음을 그러한 계기를 통해 새삼 자각하게 된다. 한국인들은 서양인으로서 자신보다 잘사는 나라 사람들에게는 사대주의적인 태도를 곧잘 드러내는 반면, 유색 인종으로서 가난한 나라 출신 외국인들에게는 단지 못산다는 이유만으로 매우 업신여긴다.

중국인들은 무비자 혜택이 주어지는 제주도를 많이 찾아온다. 그들을 대상으로 어느 기관에선가 조사를 해보았다. 한국에 바라는 것이 무엇이냐고. 가장 많이 나온 대답은 "사람 대접 좀 해달라"는 것이었다고 한다. 그들은 돈을 쓰는 손님으로 왔는데도 괄시당하는 것에 어처구니없어한다. 중국인들의 말을 직접 들어보자. "한국 사람들은 중국인이라고 하면 못살고 지저분하다는 생각을 많이 가지고 있는데, 사실은 그렇지 않다. 왜 그런 식으로 중국인을 보는지 모르겠다." "서양인이나 일본인에게는 잘해주면서 중국인이라고 하면 무시하는 한국인이 많다"는 등의 불만이 확인되었다. 그리고 어떤 이는 "설문지에서 직업란에 회사원이라고 썼는데, 나는 사실 중국집을 하고 있다. 그런데 중국집을 한다고 하면 '짱께'라고 부르면서 무시하기에 그냥 회사원이라고 했고, 지금 이 자리에서도 그렇게 대답한 중국인들이 꽤 있을 것이다"라고 했다. 중국인들, 더 나아가서는 한국보다 못사는 나라들에 대해서 가지고 있는 이러한 편견들은 진지하게 성찰해보아야 할 자화상이다

우리는 흔히 외국인들을 이야기할 때 '-놈'이라고 부른다. 민족적 배타성이 체질화되어 있는 것이다. 오래전에 어떤 인기 여배우의 할아버지가 화교였음이 뒤늦게 밝혀지자 팬들이 실망스러운 반응을 보인 적이 있다. 실망하는 까닭은 무엇인가? 혼혈은 불순한가? 아닌 게 아니라 전 세계적으로 볼 때 화교들이 한국 땅에서만큼 수모를 받으며 뿌리를 내리지 못한 경우는 없다. 그것을 생각하면 재일 동포가 받는 차별에 대해서 할 말이 없을 정도이다. 미국 사회에서 한국 교민들은

백인보다 훨씬 더 흑인을 차별한다. 우리 사회에서도 흑인에 대한 편견은 극심하다. 텔레비전에 백인은 많이 나와도 흑인은 흔히 볼 수가 없다. 어린이 프로그램의 인형극을 보면 한결같이 금발 머리다. 우리의 혈통주의의 다른 한편에는 백인 우월주의가 함께 있는 것이다.

그러한 복합 감정은 역사, 특히 근현대사를 지나오면서 외세로부터 숱하게 수난을 당하는 과정에서 형성된 것이리라. 우리의 민족주의는 다분히 저항적이고 수세적인 것이었다. 다른 민족은 일단 백안시하고 보는 편이 안전했다. 외국에 대한 무조건적인 배척은 우리가 약자일 때는 우리 스스로의 안위를 위해 필요했고 또한 정당한 것이기도 했다. 그러나 경제 성장을 비약적으로 수행하고 세계에서 몇째 안에 들어가는 산업 국가로 발돋움한 지금이라면 이야기는 달라진다. 한때 정당했던 민족주의는 우리보다 약한 민족에 대해서 하나의 파시즘 fascism 으로 나타날 수 있다. 아니 이미 나타나고 있다. 이 땅에 점점 많아지는 외국인 노동자들과 해외에 진출한 한국 기업에 고용된 현지 노동자들이 당하는 봉변이 그것이다. 심지어 같은 민족인 연변 조선족들도 서럽게 차별당한다. 단지 우리보다 못산다는 이유만으로.

우리는 이러한 모습으로 21세기를 리드할 수 있을까? 남한과 북한이 통일된 이후 사회의 풍경은 어떻게 펼쳐질까? 우리의 그러한 천민적 속성은 점점 긴밀하게 하나로 엮여가는 지구촌 사회로 나아가는 데 결정적인 걸림돌이 될 것이다. 그 지독한 자민족 중심주의 ethno-centrism 는 결국 우리 스스로를 비좁은 우물 안에 계속 가두어두는 족쇄가 될 것이다. 이제 세상은 점점 많은 것이 열리고 바깥으로 드러나 서로가 서로를 훤히 들여다볼 수 있는 시대로 넘어가고 있다. 우리의 삶도 속속들이 지구촌의 다른 주민들에게 노출될 수밖에 없게 되었다. 그들은 우리를 어떻게 바라보고 있을까? 그 시선을 의식하지 않으면 우리는 세계인으로 나아갈 수 없다. 우리끼리 익숙해진 막무가내 행동을 성찰하면서 '보편 감각'을 육성하지 않으면 한국인은 지구촌의 소외된 벽지 주민으로 전락하고 말 것이다.

1 문화관광부가 한국을 방문한 외국인들을 대상으로 조사한 결과에 따르면 한국을 여행할 때 불편한 사항은 다음과 같은 순서로 나타난다. 언어 소통 문제가 56.3%로 가장 많았고, 안내 표지판이 32.2%, 교통 혼잡이 25.3%, 상품 강매 행위가 18.7%, 화장실의 불결함이 17.1%, 택시 운전사의 서비스가 10.7% 등의 순이다. 가장 높은 비율을 차지하는 언어 소통 문제를 개선하기 위한 방안으로 무엇이 있는지 생각해보자. 그리고 그 다음으로 응답이 많은 안내 표지판은 구체적으로 무엇이 문제인지 조사해보고 분석해보자.

2 한국에서는 화교가 사회 경제적으로 제대로 기반을 잡지 못했다. 한국 사회에서 화교의 위상과 일본 사회에서 재일 교포의 위상을 비교하면 어떤 공통점과 차이점이 드러날까? 그리고 한국에서 차이나타운을 만들려는 시도가 이뤄진 적이 있었지만, 이행되지 못했다. 무엇이 걸림돌이었는지 알아보자.

3 우리 주변에서 외국 음식을 먹을 수 있는 기회가 점점 늘어나고 있다. 최근에는 베트남 국수집이 좋은 반응을 얻고 있다. 이렇게 자기 나라 고유의 음식을 개발하여 세계화시키는 예는 많다. 그런데 한국은 음식 문화를 자랑하면서도 베트남 국수나 아메리칸 피자처럼 국제적으로 뻗어나간 예가 없다. 많은 외국인들이 한국의 음식에 감탄할 만큼 수준 높은 음식

문화를 가지고 있으면서도 그것을 보편화시키지 못하고 있는 것이다. 우리에게 무엇이 부족한가? 한국 음식 가운데 세계화시킬 만한 종류를 골라보고 그 개발 전략을 구상해보자.

4 당신은 일본의 어느 중학교에 일일 교사로 초빙받았다. 중학교 3학년 학생들을 대상으로 '한국 문화'를 2시간 동안 소개해야 한다. 무슨 내용으로, 그리고 어떤 방식으로 강의를 할 것인가? 그 강의안을 구체적으로 짜보자.

5 당신의 형제 가운데 누군가가, 또는 당신의 절친한 친구가 어느 외국인과 사귀고 있고 그와 결혼할 계획도 있다는 소식을 접했다고 가정해보자. 그 외국인이 어느 나라 사람 그리고 어느 인종이냐에 따라 당신의 반응은 크게 달라질 것이다. 그렇다면 가장 쉽게 용납할 대상은 어느 나라 사람이고 가장 반대할 대상은 어느 나라 사람일까. 그 순위를 매겨보자. 그리고 그러한 찬반의 정도 차이가 왜 나오는지를 분석해보자. 자기 안에 형성되어 있는 외국인에 대한 이미지 내지 고정관념을 해부하는 것이다.

제10장

무엇을 위한 축제인가
─ 문화 시대의 의미

판소리에서 창唱 못지않게 중요한 역할이 고수鼓手인데, 한국의 최고 명고수는 고故 김명환 선생이다. 그분이 어느 자리에서 어린 시절을 회상하면서 동네 사람들이 문화를 즐기던 풍경이 아직도 잊혀지지 않는다면서 하셨다는 말씀을 전해 들은 적이 있다. 추수가 거의 끝나는 11월이 저물어갈 무렵, 마을에서는 저녁에 판소리 한 마당이 종종 벌어졌다고 한다. 주민들은 삼삼오오 모여들어 긴 노동 끝에 주어진 모처럼의 휴식을 즐기며 회포를 풀었는데, 그 공연은 저녁부터 그 다음 날 아침까지 꼬박 밤을 새워 이어졌다고 한다. 그런데 새벽 동이 틀 무렵 어둠 속에 오랜 시간 파묻혀 있던 사람들의 모습이 미명未明을 받아 서서히 드러났다. 그 풍경에서 가장 인상에 남는 것은 그 머리에 하얀 서리가 뽀얗게 내려앉아 있는 모습이라고 하셨단다. 추위에도 아랑곳하지 않고 그 긴 밤을 한자리에서 거의 움직이지 않고 꼬박 판소리와 함께 보낸 것이다. 당시 사람들의 생활 속에서 예술이 어떻게 향유되었는가를 잘 말해주는 일화이다.

지금 우리의 생활 세계에서 그러한 운치는 많이 사라져버렸다. 몸과 몸을 부대끼면서 진하게 문화를 체험할 수 있는 기회는 별로 주어지지 않는다. 이러한 문화의 빈곤은 다름아니라 의미 세계의 고갈에서 왔다고 할 수 있다. 의미 세계는 가파른 일상의 흐름에서 잠시 멈추어서서 삶을 관조하는 데서 생성될 수 있다. 그런데 세계사에서 유례가 없을 만큼 빠른 경제 성장(1962년 우리 GNP가 85불이었는데 43년 만에 2만 불이 되었다)을 이룩하는 비정상적인 달음박질 속에 그럴 여유가 어디 있었겠는가. 당장 눈에 보이는 물질적인 결과만을 향해 맹렬하게 질주하는 스피드 속에서 문화가 자리 잡을 수 있는 여지는 너무나 비좁았다. 압축 성장의 폐해들이 뒤늦게 노출되면서 낡은 틀에서 벗어나기 위해 여러 모양으로 몸부림치는 지금, 문화라는 면에서는 어떤 탐색이 이뤄져야 할까.

외형적으로 볼 때 한국의 문화적 상황은 1980년대 후반부터 크게 달라졌다. 이제 문화는 그 자체가 독자적인 삶의 영역, 더 나아가 산업으로 자립하고 확대될 수 있는 조건을 갖추기 시작했다. 한편으로는 문민 정권의 탄생에 힘입은 정치 사회적 자유 공간, 그리고 다른 한편으로는 그간의 경제 성장에 힘입은 물적 토대가 충분히 마련된 것이다. 그리고 거기에 사람들의 생활 세계에서 여가 시간이 늘어난 것을 빼놓을 수 없다. 그래서 문화적인 표현 가능성의 범위가 넓어지는 한편 대중들의 자기실현 욕구도 높아져갔다. 특히 1988년 올림픽과 해외여행 자유화 등을 통해 형성된 개방적인 분위기는 새로운 문화에 대한 호기심을 부추기기에 충분했다. 그리고 정부는 문화라는 영역이 놀라운 부가가치를 낳는 하나의 거대한 산업이 된 현실에 새삼 눈을 뜨게 되었고 그 육성을 위한 보조금이 마련되었다. '문화의 시대'라는 구호로 함축되듯이 문화는 더 이상 가외의 장식이 아니라 경쟁력의 핵심으로 떠오르기 시작한 것이다.

전통 문화의 현주소는

문화에 대한 이러한 새삼스러운 자각은 세계화라는 흐름과 맞물려 이뤄졌다. 그리고 그러한 상황 속에서 전통의 의미가 새롭게 부여되어 왔다. 세계화의 도전 속에서 전통이 재해석되는 것은 비단 한국만의 상황이 아니다. 다양한 문화들이 교차하는 가운데 자기 또는 자기가 소속한 집단의 정체성에 대한 질문이 전통에 대한 탐구로 이어지는 것이다. 이러한 흐름과 함께 '문화의 시대'가 '지방화 시대'와 맞물리면서 지방 문화가 새삼스럽게 주목되기 시작했다. 지방 문화의 매력은 세월과 함께 축적된 향토적인 고유성에 있다고 할 수 있다. 외국 관광객을 유치하기 위해 제작된 홍보 책자에는 각 지방의 전통 문화들이 다채롭게 소개되고 있다. 선조들에게서 물려받은 역사 유산들은 한국인들이 민족적인 자부심을 갖게 하는 구체적인 근거가 된다. 그런데 그러한 전통들은 우리의 삶 속에서 어떤 모습으로 존재하는가.

한국의 대표적인 역사 유적지 경주로 가보자. 여러 문화재와 유적지가 유네스코 지정 세계의 문화유산으로 되어 있지만, 경주에는 그러한 영예에 어울리지 않게 높은 아파트가 속속 들어서면서 그 아름답던 경관이 한 해가 다르게 망가지고 있다. 충분한 고고학 조사를 생략한 채 개발이 이뤄지고 있다. 문화재들이 사장되는 것에 아랑곳하지 않고 경제적인 이윤만을 따지는 행정 당국 또는 경주 시민들을 어떻게 보아야 할까.

문화재가 밥 먹여주냐? 극단적으로는 이러한 반문까지도 나온다. 사실 문화재의 가치는 경제적인 수치로 환산될 수 없는 것이기 때문에 그 가치를 인정하지 않는다면 경제적인 이윤을 늘리는 데 거추장스러운 장애가 될 뿐이다. 그렇다면 그러한 가치는 왜 주민들에게 외면당하는가. 그러한 유산들이 지금 자기들의 삶과 아무 관련이 없는 데서 한 가지 이유를 찾을 수 있지 않을까 한다. 그들의 일상생활 속에서 신라 문화라는 상징은 '실제적인' 의미를 전혀 지니지 못하는 것이다. 그냥 '국보'일 뿐이다. '당신들의' 문화 유적이요 관광 코스일 따름이다. 엄밀하게 말해서 거기에는 신라의 옛 문화유산은 있어도 살아 있는 경주의 문화는 없다. 다른 어느 지방에서도 느끼기 어려운 특유한 삶의 숨결과 체취가 별로 느껴지지 않는다. 그 고장의 색다른 정서를 바탕으로 생겨나는 노래나 문학이나 연극 같은 것이 창작된 적이 있는지 궁금하다. 그곳에서만 맛볼 수 있는 별난 요리도 풍부하지 않은 듯하다.

어디 경주뿐이겠는가. 강릉으로 가보자. 여기는 사정이 좀 나아 보인다. 강릉 하면 누구나 떠올리는 단오제가 있으니 말이다. 사실 그곳에는 경주와 달리 경포대 같은 유형 문화재보다는 굿이나 탈놀이 같은 무형 문화재가 훨씬 풍부하다. 그리고 그것은 지금도 계속 살아 숨쉬고 계승되고 있다는 점에서 경주보다는 한결 낫다. 아닌 게 아니라 강릉 단오제는 지금 전국에서 가장 성대하게 치러지는 지역 축제 가운데 하나로서 방방곡곡에서 많은 사람들이 구경을 온다. 오랜 전통을 굳건하게 계승하면서 키워온 이 축제는 지방 자치 시대에 들어서 급조된 다른 지역 이벤트들과는 격이 다르다. 그리고 그것이 강릉 시민들의 자부심을 크게 드높여준다.

그러나 자세히 들여다보면 문제가 없는 것은 아니다. 가장 심각한 것은 그 제의의 다양한 상징들이 강릉의 젊은 세대에게 호소력을 갖지 못한다는 것이다. 그래서 젊은이들은 사흘 밤을 지새우며 굿을 즐기는 할머니들과 공감할 수 없다. 난장亂場 같은 구경거리만 기웃거리거나 그 모든 것에 아예 무관심하다. 사실 평소에 그들은 대개 시내에 있는 '대학로'와 '문화의 거리'에서 그들 나름의 유흥 공간을 만들어낸다. 그러나 그것은 강릉의 문화가 아니다.

그런 눈으로 돌아보면 어느 지역이든 마찬가지일 것이다. 그나마 지역의 고유한 전통이 있는 곳에서 그러할진대, 서울처럼 대도시의 상황은 더 말할 것도 없을 것이다. 1992년에 정도定都 6백 년을 기념하여 푸짐한 잔치들을 마련해 치렀지만, 그것을 아름다운 추억으로 간직하는 시민들은 없다. 언제 어디에서 그런 행사가 벌어졌는지조차 알지 못하고 넘어간 이들이 대부분이다. 설혹 그 현장을 목격한 이들에게도 조선 시대 고적대 행렬처럼 조선 시대를 재현하는 이벤트들이 매우 진기하게 또는 낯설고 어색하게 다가왔을 것이다. 그러한 '전통'은 이미 우리에게 매우 이국적인exotic 풍물이므로.

그렇다면 외국인들에게는 어떨까? 관광 안내 책자를 보면 궁궐이나 박물관 그리고 전통 예술 공연장 등이 주를 이룬다. 서울시에서 외국인 관광객들을 위해 특별히 운영하는 버스도 주로 역사적으로 유서 깊은 장소들을 경유한다. 그런데 외국인들은 그러한 역사적 공간들에서 무엇을 느끼게 되는지 궁금하다.『타임스』의 서울 특파원으로 15년 동안 지냈던 영국 기자 마이클 브린은『한국인을 말한다』(홍익미디어)라는 책에서 다음과 같이 말하고 있다.

예를 들어, 서울의 성균관대학교는 건물의 건축 연도를 기준으로 따지면 세계에서 가장 오래된 대학이다. 14세기에 세워진 강의실과 사무실, 도서관이 아직도 남아 있지만 성균관대학을 찾는 관광단은 거의 없다. 서울에는 옛 궁궐이 무려 열두 개나 있다. 하지만 궁궐들이 어디에 있으며 그 안에 무엇이 있는지를 알려주는 지도는 단 한 개도 없다. 많은 유적지가 불도저에 밀려 사라졌다.

옛 한성의 중심을 표시하고 있던 표석도 1980년대의 건설 공사 도중에 사라져버렸다. 관광 명소를 방문해도 이곳과 관련된 재미있는 일화를 들려주는 경우가 없다. 런던 타워에서 관광 가이드가 그 유명한 처형 장면을 설명할 때에는 관광객들은 '오' '아' 하며 감탄을 연발한다. 그는 "잘린 머리는 지금 일본 숙녀가 서 있는 바로 저곳으로 굴러갔습니다" 하고 이야기의 끝을 맺는다. 한국 역사도 그러한 극적인 사건들로 가득하지만 대부분의 경우 그런 흥미진진한 이야기보다는 지붕 위의 기와 수가 몇 개나 되는지를 들으며 궁궐을 떠난다.

생각해보면 우리 역시 관광 명소에 가서 흥미진진한 이야기를 듣는 경우는 별로 없다. 설명이 적혀 있는 안내판을 보아도 딱딱하고 지루하기만 하다. 단순한 사실들만 평면적으로 나열해놓았을 뿐, 정작 거기에 얽힌 '역사'는 보여주지 못한다. 그만큼 관광의 재미는 줄어들게 마련이다. 관광의 진흥을 위하여 그러한 소프트웨어들을 적극적으로 발굴하고 디자인해야 한다. 그리고 그것을 시민들이 널리 공유해야 한다.

시민들이 자기 지역에 관심을 가지는 것은 결코 당위적인 구호로 이뤄지지 않는다. 몇몇 일회적인 이벤트도 한계가 분명하다. 근원적인 문제가 있다. 종종 지적되는 바이지만 한국인들이 자기 지역에 마음을 붙이지 못하는 것이다. 다시 말해 소속감이나 정체성이 없는 것이다. 따라서 자긍심도 희미하다. 무엇이 그렇게 만들었는가? 너무나 잦은 이사가 한 가지 중요한 원인으로 지적된다. 정들고 익숙해질 만하면 옮겨가버리기에 뿌리를 내리지 못한다. 그런 삶이 오래 이어지다 보면 아예 뿌리내릴 생각도 하지 않는다. 다시 말해 모든 지역은 그냥 거쳐가는 곳이지 머물러 인생을 안착시키는 곳이 아니다. 이렇듯 유랑민 같은 삶을 청산할 길은 없는가?

여기에서 공간과 삶의 관계에 대해 생각해보고 싶다. 예를 들어 우리가 고향에 대한 추억을 갖는 것은 단순히 아름다운 풍경 때문이 아니라, 그곳에 자신의 생애의 일부가 녹아 들어가 있기 때문이다. 공간은 단순히 물리적인 형식이 아니라 우리의 기억이 보관되는 상자인 것이다. 집단의 역사도 구체적인 공간 속에서 펼쳐지고 그 안에 담긴다. 우리는 공간과의 그러한 밀접한 맞물림 속에서 자아의 존재감을 확인한다. 지역에 대한 애정이라는 것도 바로 그 충만한 존재감에서 우러나오는 것이리라. 즉 핵심은 현재의 삶과 유기적인 연관성을 살리는 것이다. 다시 말해 지금 그 지역에서 살아가고 있는 주민들의 일상에 자연스럽게 결합되어 있으면서 그 안에서 역동적으로 창조되고 향유되어야 한다는 것이다.

진부한 이야기지만 역사는 단순한 과거사나 그 흔적이 아니다. 역사는 오늘의 상황에서 역동적으로 살아 움직이는 의미의 원천이 되어야 한다. 우리는 역사를 그토록 강조하고 반만년이라는 민족의 연륜에 크나큰 자부심을 가지고 있지만, 많은 경우 그것은 현재의 삶에서 상당히 유리된 채 박제화되어 있다. 우리는 새삼스럽게 질문을 던져보아야 한다. 예를 들어 수원 시민의 일상에서 수원성城은 어떠한 의미로 살아 움직이는가? 오래전 경주에서 벌어진 역사의 파노라마들이 시민들의 정서 속에 지층으로 축적되어 있는가? 이 도시만이 고유하게 간직하고 있는 사연들이 삶의 공간으로 배어들고 그 장소의 미학은 예술로 형상화되고 있는가?

▪ 삶에서 우러나오는 문화로 ▪

"아는 만큼 느끼고 느낀 만큼 보인다!" 유홍준 교수의 『나의 문화유산 답사기』 서문에 나오는 이 한 대목은 문화의 한 가지 핵심을 잘 짚고 있다. 사람은 지적인 진보를 통해 자아를 실현한다. 무심코 지나치던 사물과 현상에서 역사를 읽어내고 의미를 발견하는 체험에서 우리의 문화적 잠재력은 각성된다. 더구나 우리처럼 교육열이 높은 풍토에서 그러한 전략은 문화를 창조하는 데 효과적인 힘을 발휘할 것이다.

지역 문화에 그것을 대입해보자. 경주 시민들이 그 유적들에 애착을 느끼지 못하고, 강릉의 젊은이들이 단오제를 외면하는 것은 그 문화에 대해 무지하기 때문이다. 물론 단편적인 사실들이야 교과서나 전해들은 이야기를 통해 알고 있을 것이다. 그러나 그런 껍데기나 침전물이 아니라, 그 문화가 애당초 형성되고 그동안 맥을 이어온 바탕에 깔린 생생한 원초적 체험 또는 동기는 전혀 체득하고 있지 못하다. 그렇기 때문에 그러한 문화를 통해 자기의 정체성을 구성하는 것도 아니고, 삶의 에너지를 획득하는 것도 아니다.

따라서 앞으로 지역 문화를 활성화하는 한 가지 중요한 전략은 학습의 즐거움을 일깨우는 것이다. 사실 경주 불국사에 가보지 않은 사람은 거의 없다. 그러나 그 건축물들에 대해 뭔가를 말할 수 있는 사람 또한 거의 없다. 그래서 많은 것을 관광하고 사진도 찍어대지만, 아무것도 본 것이 없게 된다. 매년 수많은 학생들이 그곳에 수학여행을 다녀가지만, 어느 누구도 그곳에서 '수학修學'하지 못한다. 경주에 신라 문화를 총체적으로 학습할 수 있는 문화 교육 회관 또는 정보 센터 같은 것이 세워지면 어떨까. 그래서 누구든지 그곳에 가면 유적을 둘러보기 전에 오리엔테이션을 받을 수 있다. 물론 그 교육의 방식은 구태의연한 강의에만 의존하지 말고 다양한 매체를 곁들여야 할 것이다.

그러한 정보 센터는 그곳 주민들이 주축이 되어 만들어지고 운영되어야 마땅하다. 경주 시민들이면 누구든지 외부에서 오는 관광객들을 위해 안내자로 나설 수 있을 정도의 수준이 되어야 한다. 그것은 단순하게 손님 접대의 의미에 머무르는 것이 아니다. 자기 지역의 문화에 대해 소개하는 체험을 통해서 그에 대한 인식과 안목이 깊어지고, 그것은 다시 오늘의 문화를 창조해가는 데 비옥한 거름이 될 수 있다. 첨성대를 만든 선인들의 절박한 동기는 오늘의 하이테크 시대에 어떤 의미로 되살아날 수 있는가? 불국사나 석굴암의 놀라운 정교함과 심오한 균형미, 그리고 그 고요한 정신세계는 양적인 팽창과 스피드에 중독되어 떠밀려가는 현대 문명에 어떤 메시지를 줄 수 있는가? 이러한 질문들을 가지고 우리는 미래 문화의 밑그림을 그릴 수 있다.

서울로 가보자. 경동 한약재 시장이 보인다. 전통이 모두 깨지고 위축되었지만, 한의학만큼은 건재하다. 한약방은 박물관에 있지 않다. 사람들은 아직도 아플 때 그곳을 찾는 것이다. 그렇다면 그렇듯 막강한 문명의 유산을 누리며 살아가는 우리는 그것을 보다 객관적이고 보편적인 형태로 재현해낼 수 있어야 한다. 그것은 우선 의학 분야에서 해야 할 작업이다. 그러나 그와 함께 일반 대중들이 호흡할 수 있는 차원에서 추진할 수 있는 프로젝트도 많다. 예를 들어 경동 시장을 관광 코스로 만들면 어떨까? 거기에 한의학 정보 센터 같은 것을 설치하여 언제라도 그곳에 들러 동양 의학에 대해 배울 수 있다면 얼마나 멋질까? 수지침이나 요가 단전호흡, 기공 같은 것을 실행할 수 있는 장이 곁들여지면 더욱 좋겠다. 초·중·고등학생, 일반인 등 연령이나 지적인 수준에 맞춰 다양한 내용들을 제공할 수 있어야 한다. 특히 외국인들을 위해 특별한 프로그램들을 만들어야 한다.

그런 눈으로 각 지역들을 보기 시작하면 많은 것이 다시 보인다. 문화를 디자인할 수 있는 공간은 지천으로 널려 있다. 우리는 문화라고 하면 그럴듯한 콘서트나 전람회만을 떠올리면서 그런 공간을 황폐하게 방치해왔다. 그래서 황학동의 골동품 시장은 꽤 유서가 깊은데 거기에서 역사의 자취를 느끼기는 어렵다. 대단위 꽃시장이 여기저기에 있지만 거기에 꽃을 주제로 한 이벤트는 별로 없다. 시각 예술, 음악, 문학 등 꽃에 얽힌 것들을 엮는다면 풍부한 소재들이 나올 수 있을 텐데. 그리고 그렇게 하면 꽃도 훨씬 잘 팔릴 텐데.

지역 이벤트에서 무엇을 얻는가

문화와 삶의 유기적인 삼투라는 관점에서 1990년대 이후 눈에 띄게 늘어난 지역 이벤트는 어떻게 평가될 수 있을까. 지방 자치제의 출범과 함께 지역 간 경쟁이 본격화되면서, 그리고 단체장은 차기를 의식해 가시적인 업적을 남기려는 동기가 강해지면서 지역의 각종 이벤트들이 급격히 늘어났다. 공중파 미디어로 송신되는 대중문화와 대형 문화 회관 중심의 고급 문화와는 다른 차원에서 작은 지역 단위의 문화를 창출한다는 점에서 그 시도들은 참신하고 소중하다. 그러나 우리는 거기에 들이는 돈만큼의 가치를 창출하고 있는가. 주민들은 그것을 통해 무엇을 얻고 있는가.

지역 문화로서 면모를 갖추었다고 보기에 지금 벌어지고 있는 문화 행사들은 아직 미비한 점이 너무 많다. 무엇보다도 주민들이 스스로 만들고 참여하는 프로그램이 빈약하다. 기껏 노래자랑과 마라톤 정도이고 대부분 구경거리 위주로 행사가 메워진다. 그 지역 주민들이 스스로 문화를 만들고 즐기는 쪽보다는 많은 사람들의 눈길과 발길을 끌어들여 상업 지구로서 유리한 입지를 확보하려는 의도가 더 두드러진다. 그러다 보니 예산도 많이 들어간다. 행사를 주최하는 행정 관청은 이벤트 전문 기획 회사에 거의 일임을 하고 그 회사의 전문 악단이나 가수들을 초빙하기 때문이다. 주민들은 텔레비전에서 보던 오케스트라나 연예인들을 '라이브'로 볼 수 있는 것 이상으로 재미를 느끼지 못한다.

주민들은 그렇게 구경꾼으로 만족하지 않는다. 우리들은 그동안 프로들의 탁월한 솜씨에 충분히 감동받았다. 물론 앞으로 우리를 놀라게 해줄 재주꾼들은 끊임없이 쏟아져나올 것이다. 그러나 그들을 접하는 것은 대중매체만으로도 족하다. 사람들이 축제에서 추구하는 것은 자기가 나서는 것이다. 스스로 익살을 떨고 더불어 흥겨워하는 것이다.

아마추어들의 풋풋한 냄새, 매너리즘에 빠지지 않은 그 발랄함을 보고 싶어 한다. 그러한 인재들은 동네마다 도처에 숨어 있다. 그렇다면 지역 축제는 그러한 자원들을 발굴하고 그들이 기량을 펼 수 있도록 멍석을 깔아주는 것이어야 한다.

따라서 그런 이벤트가 벌어지려면 축제에 임박해서 준비 위원회를 졸속으로 구성하고, 그러다 아이디어가 안 나오면 전문 기획사에 하청 주는 식으로 해서는 안 된다. 몇 개월 전에 미리 작업에 착수해야 한다. 가장 중요한 것은 빈 그릇을 크게 만드는 것이다. 그래서 지역 내의 주부, 학생, 자영업자, 노인 등을 대상으로 홍보하고 참여할 팀들을 구성한다. 가령 연극을 무대에 올린다고 하면 왕년에 학교에서 연극반 활동을 했던 사람들을 모집해 극단을 만들고, 음악 쪽으로도 그런 식으로 합창단이나 기악단을 조직하는 것이다. 이미 그 과정 자체를 통해 지역의 문화가 활성화되리라는 것은 충분히 짐작할 수 있다. 그리고 그렇게 하는 편이 예산상으로도 훨씬 경제적일 것이다. 전문 이벤트 회사에 의뢰하고 인기 연예인을 부르는 돈을 줄이고 그 일부를 주민 문화를 북돋우고 발전시키는 데 쓴다면 결과적으로 훨씬 의미 있는 열매를 거둘 것임에 틀림없다. 그런 점에서 우리에게 많은 시사를 던져주는 한 가지 사례를 보자.

1999년 9월 과천시 중앙공원 광장에서는 이색적인 패션쇼가 벌어졌다. 흔히 열리는 패션쇼와 달리 무대에 등장한 모델들은 프로가 아닌 동네 주민들이었다. 그리고 그들이 입고 나온 옷들도 의상 디자이너들의 작품이 아니라 주민들이 스스로 만들어낸 것들이었다. 그 행사

■ 과천 녹색가게의 '이야기가 있는 재활용 패션쇼'의 한 장면. 새색시 때 입었던 한복 세 벌로 세 모녀의 드레스를 만들었다.

는 과천 YMCA 녹색가게가 주최한 '이야기가 있는 재활용 패션쇼'였다. 3개월간의 준비 끝에 선을 보인 그 이벤트에서는 앞치마를 입은 주부, 등교하는 아이들, 저녁때 나들이하는 가족, 파티하는 모습 등 일상의 여러 상황들을 자연스럽게 연출하면서도 그 옷들을 색다른 이미지로 꾸며 등장시켰다. 그리고 거기에 이어진 2부에서는 유행이 지난 옷, 몸에 맞지 않는 옷들을 고쳐서 입는 지혜를 보여주는 '온고이지신溫故而知新'이라는 무대가 꾸며졌다.

과천 녹색가게는 쓰던 물건과 헌 옷을 교환하여 재활용함으로써 자원의 낭비를 줄이는 생활 운동을 4년 동안 펼쳐왔는데, 그 과정에서 이웃들 사이에 두터운 친교가 이뤄졌다. 그들은 끊임없이 새로운 것을 구매하여 쓰고 버리는 기존의 소비문화에 대한 불편함을 공감하면서

190

대안적인 생활 문화에 대한 소망을 나누고 있었다. 그런데 그러한 소망을 보다 많은 사람들에게 전하기 위한 한 가지 전략으로서 '이야기가 있는 재활용 패션쇼'라는 이벤트를 생각해냈다. 녹색가게에서 거래되는 상품의 90% 정도가 의류였으므로 의류를 다양하게 재활용하는 방식을 창조적으로 계발하고 동기 부여한다면 환경 문제를 해결하는 데 큰 도움이 될 것이라고 생각했기 때문이다. 다시 입고 고쳐 입는 것이 얼마나 멋진가를 보여주고 엄마 옷을 딸에게, 할머니 옷을 손녀에게 고쳐 입혀주는 가운데 가정 문화의 새로운 가능성을 선보일 수 있으리라는 기대가 거기에 깔려 있었다.

이 행사는 100여 명에 달하는 지역 주민들의 자원봉사 참여로 이루어졌다는 데 큰 의미가 있다. 유모차를 타고 엄마와 함께한 어린 아기로부터 유치원생, 초등학생, 중학생, 60대의 할머니에 이르기까지 남녀노소 모두가 모여 만든 무대였다. 이 행사를 기획하고 실행한 주부들은 패션쇼를 열어본 일도 없었거니와 실제 공연을 구경해보지도 못한 사람들이었다. 더구나 이러한 이벤트는 전례가 없기 때문에 백지 상태에서 창조적인 지혜를 모아가면서 꾸려갈 수밖에 없었다. 40일간의 작업 끝에 블라우스, 재킷, 정장, 홈 웨어, 스커트, 코트의 변형과 스카프로 만든 옷, 엄마 옷으로 만든 어린이 옷, 한복을 변형해 만든 옷, 스카프로 변형된 넥타이 등 60점 가량이 마련되었다. 그리고 주민들이 직접 고친 옷을 입고 모델로 나오겠다는 제의가 여러 건 들어왔다.

그리고 아마추어의 힘만으로 부족한 부분은 그 방면의 전문가들의 도움을 받았다. 현직 모델이 와서 워킹 연습을 지도했고, 공연 홍보 포스터는 문화 센터를 다닌 사람이나 미술 학원 교사들이 참여해서 만들어주었으며 녹음실의 협조를 얻어 패션쇼 음악 CD를 제작할 수 있었다. 또한 인테리어 작업 경험이 있는 꽃집 아주머니가 무대를 세팅했고, 단편 영화 제작 경험이 있는 아저씨가 각 분야의 준비 과정과 행사 후 평가회까지 필름에 담아서 다큐멘터리로 제작할 수 있게 되었으며, 행사 당일 사진 촬영까지도 지역 주민이 도맡아 해주었다. 그리고 과천초등학교 사물패들이 공연의 막을 열어주어 행사의 분위기를 돋워주었다. 그 외에도 의류 수집과 소품 코디네이터, 의류 수선, 소품 만들기, 메이크업, 무대 진행 도우미, 사회자와 연출자 등 보이지 않는 수많은 사람들의 경험이 모여 비로소 하나의 무대가 완성된 것이다.

이렇듯 큰돈을 들여 전문 기획사에 의존하지 않고서도 주민들이 가지고 있는 다양한 자원들을 최대한 활용하여 지역 문화 행사를 디자인할 수 있다. 지역 내에 있는 학교들은 그러한 일들을 꾸려가는 거점이 될 수 있다. 초등학교 정도면 그 학부모들이 거의 같은 지역에서 살기 때문에 지역의 사정을 파악하고 프로그램을 준비하는 데 좋은 연결망이 되는 것이다. 그리고 그러한 활동은 아이들에게 흥미로운 교육 현장이 된다. 대학의 잠재력도 빼놓을 수 없다. 대학은 지금까지 새로운 문화적 실험들이 계속 이어져온 공간이기 때문이다. 학생들은 자기의 전공을 응용하거나 여러 가지 동아리 활동을 통해 다양한 문예를 진흥할 수 있는 여건에 있다. 그런데 지금까지 그것은 캠퍼스라는 테두리를 벗어나지 못했다. 축제 같은 행사도 대학이 자리하고 있는 지역 사회와 아무런 관련이 없이 진행되었다.

지역 사회를 교육과 문화의 공간으로 만들어가는 것은 달리 말하면 커뮤니케이션의 장場으로 주민들을 끌어들이는 작업이라고 말할 수 있다. 지역 축제도 그러한 맥락에서 디자인되어야 한다.

학교의 특별 활동의 성과가 지역 축제를 통해 보여지고, 케이블 텔레비전 프로그램을 청소년들이 제작할 수는 없을까? 이러한 활동을 통해 청소년들은 대중문화의 소비자로서만 규정되어온 자기 정체성을 지역 문화의 생산자 쪽으로도 확장할 수 있을 것이다. 그리고 자신의 존재가 부모가 아닌 다른 어른들, 즉 사회로부터 승인받을 수 있음을 확인하게 된다. 그러한 인간적 관심의 상호 그물망 속에서 청소년과 어른들은 타인과 자아를 새롭게 발견하게 될 것이다. 이는 결코 공상적인 이야기만은 아니다.

일본의 나가노長野 현 이다飯田 시에 가보면 중심 시가지의 큰 도로 한가운데 녹지대에 사과나무가 가득 심어져 있다. 거기에는 시민들이 공유하는 역사와 의미가 담겨 있다. 패전의 충격에서 미처 헤어나지 못하고 있던 1947년, 한 동네에서 일어난 불이 강풍을 타고 시 전체를 태워버렸다. 그 비운을 딛고 도시를 재건하는 과정에서 도로 중앙에 녹지대를 만들어 방화 도로로 삼기로 했다. 그런데 그로부터 5년 후 이다히가시飯田東 중학교 교장이 삿포로에 전국 중학교 교장 회의에 참석하러 갔다가 그 도시에 조성된 훌륭한 가로수에 감탄하고 돌아왔다. 그 이야기는 학교 안으로 퍼져나갔고 학생회에서는 자기들이 가로수를 꾸미는 데 나서겠다고 제안했다. 그것은 직원회의를 거쳐 다시

■ 사과나무를 의인화하여 거리 풍경의 변화를 촌극으로 표현하고 있는 이다 시 중학생들.(위) 사과나무 재정비를 주민들이 함께 구상하는 과정에서 중학생들도 워크숍에 참여했다.(아래)

시에 제안되어, 결국 시의 지원 속에서 전교생 1천5백 명이 나서 3개월 동안 작업을 한 끝에 아름다운 시가지 풍경이 완성되었다.

그렇게 심어진 사과나무는 지금까지 60년 가까이 그 학교 학생들의 손에 의해 계속 가꿔지고 있다. 더 나아가 학생들은 도시의 바람직한 장래 상像을 제안하기 위해 지역을 직접 답사하고 주민들의 의견을 들어가면서 마을의 현황과 문제점을 조사하고 워크숍을 벌인다.

그 결과는 매년 그 시에서 열리는 인형극 페스티벌에 맞춰 '사과나무의 중얼거림' 등의 제목으로 연극화된다. 지역 공간을 디자인하는 작업에 중학생들이 어엿한 주역으로 참여하는 것이다. 여기에서 지역 이벤트는 단순히 여가 프로그램이 아니다. 그것은 미디어이다. 그래서 이를 통해서 주민들 사이에 생각과 느낌이 교류되고, 또한 지역 공간과 삶에 문화가 뿌리내리게 되는 것이다.

좋은 축제란 무엇인가. 거기에서 우리는 무엇을 기대하는가. 사람이 사람다울 수 있는 것은 주어진 것을 넘어설 수 있다는 데 있다. 다시 말해 현실에 몸을 붙이고 살아가면서도 꿈이라는 또 하나의 세계를 동시에 살아가는 것이다. 그러나 그 꿈이라는 것은 단순히 답답한 현실에서 벗어나려는 정신적 도피나 위로만은 아니다. 그것을 통해 우리는 존재의 새로운 가능성을 추구하고, 이것은 자아와 세계를 변화시키는 데 핵심적인 원동력이 되기도 한다. 따라서 건강한 삶이란 삭막한 현실주의나 몽롱한 낭만주의 그 어느 편에 치우치지 않으면서 현실과 상상 사이에 창조적인 긴장을 유지하는 것이다.

축제는 그러한 경계를 넘나드는 공동체 놀이다. 일상의 테두리를 벗어난 시공간에서 환상의 옷깃을 만지면서 또 다른 일상을 준비하는 제의이다. 참여하는 이들의 생명 에너지가 모아지면서 무기력의 굴레에서 벗어나는 해방감, 서로 부딪히면서 북돋우는 활력으로 넓어지는 마당이다. 그런 점에서 축제는 생명의 문화적 발현performance이라고 할 수 있다. 스스로 살아 움직이는 운동성, 자유롭게 소통하는 의미로 존재 이유를 창출해가기 때문이다. 그 사회적 행위를 통해 우리는 기존의 질서를 벗어나면서 끊임없이 갱신되는 질서를 체험한다.

축제다운 축제를 만들고 즐길 수 있기 위해서는 무엇이 필요한가. 한편으로는 매몰되어 있던 현실에서 한 발 물러나 그것을 멀리서 다시 바라볼 수 있는 시선이 열려야 한다. 그리고 다른 한편으로는 평소에 미처 보지 못하던 비전을 볼 수 있는 상상력과 감수성이 각성되어야 한다. 그렇듯 보이는 것과 보이지 않는 것 사이에서 다양한 상징들이 성립하고 메시지가 발신되는 것이다.

지금까지 우리에게 문화는 갤러리나 공연장 등에 갇혀 있는 예술, 아니면 소비 사회에서 '차이'를 과시하는 기호code로 머물러 있었다. 디자인이라는 것도 산업 경쟁력의 차원에서만 강조되었을 뿐, 생활 세계와 사회 전반에서 의미를 생성하고 교류를 촉매하는 차원에서는 역할이 미미했던 것이다. 문화는 삶의 여러 영역들 가운데 하나가 아니라, 모든 영역에 깃들어 있는 원리이자 정서이다. 따라서 '문화 공간'이라는 것도 따로 있는 것이 아니다. 평범한 행위 공간에 의미를 발생시키고 그것을 소통·공유하면 문화 공간이 된다. 축제라는 것도 특별히 구획화된 시공간에서 비일상적으로 이뤄지는 것만이 아니다. 내밀한 상징의 힘으로 권태롭고 진부한 일상을 일깨움으로써 작은 축제들을 만들 수 있다. 사소한 것들 안에서 즐거움을 만들 수 있는 창조적인 상상력과 지혜가 필요하다. 지방화 시대란 자기 주변을 다시금 찬찬히 뜯어보기 시작하는 시대이고, 그것은 문화를 배양하는 데 중요한 토양이 된다. 그것이 없는 '문화의 시대'는 몇몇 거대한 문화 산업 자본에 의해 대량 복제되는 소프트웨어의 위력에 정신없이 휘둘리면서 주책없이 동질화되는 길뿐이다.

1 "한국에는 좋은 미술 작품은 많은데 제자리에 놓인 작품은 별로 본 적이 없다. 한국 미술관들은 작품을 진열하기 위한 철근 콘크리트 덩어리라는 인상을 받는다. 외국의 예술대학들이 미술 건축, 미술 조명, 큐레이터, 미술관 운영 등 분야별 전문가들을 함께 키워내는 데 비해 한국의 대학들은 예술가만 길러내고 있다." 이것은 일본 도쿄 긴자의 어느 갤러리 관장이 한 말이다. 한국의 미술 상황에 대해 내린 이러한 진단은 단지 미술만이 아니라 우리 문화 전반의 문제로 읽힌다. 다른 영역에서 그러한 문제는 어떠한 양상으로 드러나는지 분석해보자.

2 경기도 고양시에서는 매년 봄 꽃박람회를 개최한다. 그런데 여느 지자체와 마찬가지로 많은 예산을 들여 행사를 벌이지만, 의미 있는 지역 문화로 이어지지 않는다는 비판을 받고 있다. 실제로 가서 보면 화훼 산업 관련 업자들을 위한 장터라는 인상을 짙게 받을 뿐, 시민들의 축제로는 다가오지 않는다. '꽃'이라는 주제는 매우 구체적이고 생활과 밀접한 관련이 있는 소재이기도 하다. 그렇다면 꽃박람회가 삶을 풍요롭게 하고 지역의 아름다운 이미지를 제고하는 잔치가 되기 위해서는 어떻게 디자인되어야 할까? 주민들이 즐겁게 참여할 수 있는 프로그램으로 어떤 것을 생각해볼 수 있을까? (예를 들어 아파트 창가에 일제히 꽃 화분을 내놓는 것 등)

3 어느 고등학교에서 수학여행을 가려고 한다. 각 반별로 각각 다른 장

소를 정해 이뤄지는 것이다. 기존의 수학여행과 달리 이 여행은 학생들이 조별로 나눠 미리 조사하여 학습 프로그램을 진행하도록 되어 있다. 배움의 즐거움을 체험함으로써 말 그대로 '수학修學'여행을 실현하는 것이다. 그 구체적인 계획을 짜보자. 이 계획에는 목적지와 그 선정 이유, 일정, 세부 견학 프로그램, 교사와 학생들의 역할 분담, 예산 등이 들어가야 한다.

4 우리는 살아가면서 많은 의례를 치른다. 입학식, 졸업식, 생일 파티, 백일 잔치, 회갑연, 사은회, 집들이, 송년회…… 그런데 이러한 의례나 모임들은 천편일률적으로 획일화되어 있다. 한국 사회가 급격하고도 타율적인 근대화 속에서 전통을 자연스럽게 계승하면서 새로운 문화로 재창출할 수 있는 여유를 갖지 못한 결과라고 할 수 있다. 위에서 예로 든 의례 가운데 하나를 골라 새롭게 디자인한다면 어떤 방식이 가능할까. 자신이 관련된 행사라고 생각하고 구체적으로 창안해보자.

5 한국의 도시에는 다른 나라에 비해 음식점이 매우 많다. 세계 어디를 가보아도 한국처럼 음식점이 많은 나라는 찾아볼 수 없다. 왜 한국에는 이렇게 음식점이 많은 것일까? (김찬호, 『문화의 발견: KTX에서 찜질방까지』의 '식당' 편을 참조할 것)

6 2002년 월드컵 대회를 통해 한국은 많은 것을 배우고 경험했다. 이제 차분하게 돌아보면서 그 이벤트가 우리에게 무엇을 남겼고, 앞으로의 과제는 무엇인지 생각해볼 때가 되었다. 다음의 몇 가지 사항들에 대해 조사하여 의견을 나눠보자.
(1) 지난번 월드컵 대회 개최를 통해 한국이 얻은 것으로 가장 소중한 것은 무엇인가?
(2) 한국 대표 팀의 선전과 국민들의 특유한 응원 문화로 '다이내믹 코리아'의 이미지가 세계적으로 널리 알려졌다. 당시에 그것은 경제적으로 따져볼 때도 엄

청난 가치를 갖는 것으로 분석되었고, 그 효과를 살려가기 위해 정부와 기업에서는 특별한 팀을 꾸리기도 했다. 그런데 그 뒤에 실제로 얼마나 성과가 있었는가? 별로 없었다면 그 까닭은 무엇인가?

(3) 2002년 월드컵 대회 이후 한국의 스포츠 문화는 달라진 점이 있는가? 차세대 선수를 육성하는 엘리트 스포츠와 일반인들의 생활 스포츠 각각에서 살펴보자.

(4) 월드컵 대회를 위해 10개의 스타디움을 건설하느라 2조 원 정도의 예산이 투입되었다. 물론 그 정도는 투자할 만한 가치가 있다고 볼 수도 있다. 그런데 문제는 그 스타디움을 그대로 두면 시설을 유지하기 위해 매년 100억 원 정도가 들어간다는 점이다. 과연 이 스타디움을 효율적으로 활용할 수 있는 방안은 무엇일까? 몇몇 지방 도시의 경우 아예 스타디움을 완전히 해체하는 것이 더 낫다는 의견도 있는데, 이에 대해서 어떻게 생각하는가?

7 시내 곳곳에 그리고 관광지에 설치되어 있는 관광 안내소에서 안내 책자와 지도들을 수집해보자. 그리고 외국 여행길에서 가져온 관광 안내 책자들이 있으면 수집해보자. 디자인의 질, 정보의 배열 방식 등에 초점을 맞춰 비교해보자. 그리고 관광 안내원의 역할에 대해서도 분석해보고 개선 방안을 제시해보자.

제 4 부 ◆ 삶이 깃드는 자리는

—대안적 생활 양식의 모색

제11장

생명의 질서를 향하여
─ 문명의 생태학

최신형 기관총좌를 지키던 젊은 병사는 피비린내 나는 맹수의 이빨 같은 총구 옆에서 지루하기 짝이 없었다. 어느 날 병사는 그의 머리 위에 날아온 한 마리 새를 다정하게 쳐다보았다. 산골 출신인 그는 새에게 온갖 아름다운 관심을 쏟았다. 그 관심은 그의 눈을 충혈케 했다. 그의 손은 서서히 움직여 최신형 기관총구를 새에게 겨냥하고 있었다. 피를 흘리며 새는 하늘에서 떨어졌다. 수풀 속에 떨어진 새의 시체는 그냥 싸늘하게 굳어졌을까. 온 수풀은 성 바오로의 손바닥인 양 새의 시체를 어루만졌고 모든 나무와 풀과 꽃들이 모여들었다. 그리고 부르짖었다. 죄 없는 자의 피는 씻을 수 없다. 죄 없는 자의 피는 씻을 수 없다. ─천상병, 「새」

어린아이의 눈으로 세상을 노래했던 천상병 시인. 우리 안에 깊숙

▪ 유진 스미스의 사진, 「미나마타병의 희생자」(1974).

이 자리 잡고 있는 반생명적인 기질, 살아 있는 대상들을 정말로 무심코 파괴하는 습성을 그는 이 시에서 잔잔한 언어로 고발하고 있다. 시인 천상병은 그러한 폭력적 습성을 본능적인 충동이라기보다는 최신형 기관총으로 상징되는 문명의 소산으로 보는 듯하다. 사실 지금 문명 폭발 속에서 사람들이 하고 있는 모든 일은 이 시에 나오는 병사의 살상 행위와 별로 다를 바 없다. 자연에 대한 잔혹한 증오심 같은 것은 전혀 없는데 그냥 이 세계에서 살아가는 것 자체로 엄청난 폭력을 가하고 있다. 우리의 자연스러운 행위가 자연을 파괴한다. 우리는 모두 파국으로 치닫는 폭주 자동차를 타고 있다. 그러면서도 사람들은 자신이 지금 어디로 가고 있는지 제대로 알지 못하고 있다.

우리는 매스컴을 통해 아프리카의 난민들이 기아로 죽어가는 비참

한 모습을 보면서 남의 일로만 여기고 동정의 시선을 보낸다. 우리는 그들이 아주 오래전부터 그렇게 살아온 줄로 여긴다. 혹은 어떤 역사적 운명 때문에 그렇게 된 것으로 생각한다. 그러나 그들은 약 100년 전까지만 해도 아주 풍요롭게 살았다. 푸른 숲에서 열매를 따먹으면서 평화롭게 살았다. 그들이 오늘날 그런 처지에 놓이게 된 요인으로 환경 파괴를 빼놓을 수 없다. 강대국의 경제 수탈과 그로 인한 농업 기반의 붕괴, 그것이 빚어내는 빈곤이 환경 파괴와 맞물려 악순환을 이루는 것이다.

역사 속에는 한때 찬란했던 문명이 환경 파괴로 인해 완전히 소멸된 사례가 많이 있다. 지금도 사하라 사막 같은 곳을 발굴해보면 오래전에 고도로 발달했던 도시 문명의 흔적을 찾을 수 있다고 한다. 경제의 성장만을 최선으로 여겨왔고 그 노력의 결과 어느 정도 윤택함을 누리고 있는 우리는 그러한 진보가 하루아침에 무참하고 허망하게 스러질 수 있다는 사실을 제대로 실감하지 못한다. 그러나 지금 조금이라도 인류의 미래를 멀리 내다보는 지구인이라면 위기감을 갖지 않을 수 없을 것이다. 1992년 브라질 리우에서 열린 세계 환경 회의, 기후 변화 협약의 일환으로 2005년 발효된 교토의정서, 그리고 국제기구 및 민간단체들 사이에 활발하게 맺어지고 있는 다양한 협약들은 그러한 파국을 미리 막으려는 국제적 노력이다.

자연 환경이 파괴된 것은 언제부터였을까? 인류사의 아득한 시절로 그 기원을 더듬어 올라가보자. 현재 우리 문명의 기본 꼴은 약 1만 년 전에 이미 만들어졌다고 볼 수 있다. 그 무렵 인간은 채집과 수렵의 기나긴 유랑 생활을 끝내고 정착하여 농경을 시작했다. 그 이전까지 수백만 년 동안 인류는 자연이 그냥 제공하는 만큼만 먹고 살았다. 그래서 자연을 인위적으로 변형시키지 않았다. 그런데 농경과 더불어 인간과 자연의 관계는 근본적으로 달라지기 시작했다.

이제 인간은 그냥 자연적으로 주어진 먹이만 취하는 것에 만족하지 않게 되었다. 자연에 힘을 가해 자신의 의도와 계산대로 소출을 거두어들일 수 있는 방법을 알게 되었다. 바야흐로 인간은 자연의 순환 질서에 완전히 복속되어 있던 단계에서 벗어나 홀로 서기의 걸음마를 내딛기 시작한 것이다. 그리고 그 비결은 생각하는 힘, 즉 이성理性이었다. 자연의 원리를 파악하여 통제하고 거기에 조작을 가해 더 많은 에너지와 식량을 뽑아내는 행위, 바로 그 저변에 깔려 있는 이성의 힘이 이후 전개된 모든 과학적 사고와 기술 발달의 기초가 된 셈이다.

신석기 혁명 덕분에 잉여 생산이 가능해졌다. 그전까지 사람들의 노동력은 각자 자기 몸뚱이 하나를 생물학적으로 연명해가는 데 거의 소모되었다. 그런데 이제는 생산력이 발전하면서 사회 구성원들이 충분히 먹고도 남을 여분의 음식이 생기기 시작했다. 따라서 그 잉여를 바탕으로 생계 활동에서 해방되어 그 대신 다른 일에 전념할 수 있는 사람들이 출현한 것이다. 바로 여기에서 다양한 직능들이 분화되기 시작했는데, 이것은 도시의 성립 조건이기도 하다. 종교 사제, 학자, 정치 권력자, 행정 관료, 기술자, 군인 등의 전문화된 영역들이 생겨났고, 그것들이 점점 긴밀하게 상호 연관되면서 도시의 힘은 점점 커졌다. 그렇게 해서 커진 집단의 힘으로 다른 지역들을 전쟁으로 복속시키는 팽창의 과정에서 우리가 지금 알고 있는 고대 문화의 '찬란한' 유산들이 생성되었다. 이른바 문명이라는 것이 비약적으로 폭발하는 중심에는 도시라는 제도가 태풍의 눈으로 자리 잡고 있었던 것이다.

잉여 생산으로 인해 인간을 노예화할 수 있는 가능성이 확대됨에 따라 인간과 인간의 관계에도 질적인 변화가 일어났다. 신석기 혁명 이전의 수렵 채취 단계에서는 자원이 공유되었고 협동과 분배가 매우 중시되었다. 권력은 어느 한 사람에게 집중되어 있지 않았다. 지위와 명예는 그냥 주어지는 것이 아니라 공동체를 위해 봉사하는 대가로 주어졌다. 즉 다른 사람들이 인정하는 한에서 권력이 성립했던 것이다. 따라서 어떤 절대적인 권력이 생겨날 수 없었다. 그런데 농업 혁명과 도시 국가의 형성 과정에서 타인을 경제적인 도구, 즉 노예로 이용할 수 있게 되면서 상황이 달라지기 시작했다. 권력은 타인이 동의하지 않아도 강권적으로 발휘될 수 있게 되었다. 그리고 힘을 가진 사람은 자신의 조직과 군사력을 이용하여 더욱 막강한 집단으로 확대해갈 수 있게 되었다. 그래서 집단 내의 사람과 사람 사이에 그리고 집단과 집단 사이에 위계적인 서열 구조가 생기기 시작한 것이다. 이제 모든 사람들은 지배와 불평등의 관계 속에 묶이게 되었다.

간추리자면 문명은 기본적으로 타자를 착취함으로써 구축된 것이라고 볼 수 있다. 그 착취 대상의 하나는 자연이고 다른 하나는 인간이다. 기원전 4천~3천 년경에 여러 곳에서 출현한 도시, 야금술, 태양력, 문자 등은 문명의 핵심적인 토대가 되었다. 즉 그때부터 복잡해진 사회 조직, 급속히 발전하는 지식, 나날이 정교해지는 도구들, 이런 요소들이 서로 상승 작용을 일으키면서 인간과 자연 그리고 인간과 인간의 관계가 광범위하게 변화되어온 것이다. 따라서 문명의 진보는 기본적으로 인간과 자연에 대한 지배를 강화하고 조직화하면서 발전해왔다고 볼 수 있다.

그러나 농업혁명과 도시국가 수준에서 출발한 문명이 일으킨 자연의 변화는 약 20여 세기 동안 그렇게 심각한 것은 아니었다. 부분적으로 파괴가 일어난 것은 사실이지만 지구 전체로 보면 극히 일부분에 국한된 것이었다. 그에 비해 산업화 이후에 일어난 자연의 변화는 가히 어마어마한 것이었다. 인간과 자연의 관계라는 관점에서 본다면 이는 농업혁명에 이어서 또 한 번의 거대한 전환을 가져왔다. 그 이전까지 인간이 자연으로부터 끌어내어 이용한 에너지의 8할은 바람이나 물 또는 가축의 힘처럼 순환하는 것이었다. 그런데 공업화 사회에서 방대한 기계 체제가 건설되면서 인간은 화석 연료 등의 재생 불가능한 에너지에 전력 투구하게 되었다.

말하자면 근대 이전까지 인류는 이자만 가지고 살아왔는데, 이제부터는 원금까지 까먹기 시작한 셈이다. 게다가 대량 생산 체제로 접어들어 대기와 수질의 오염, 합성수지라는 썩지 않는 물질의 개발로 인해 생태계에 걷잡을 수 없는 혼란이 일어났다. 농경 사회에서 인간이 자연에 가했던 영향을 산들바람으로 비유한다면 산업 사회에서의 그것은 폭풍에 비유할 수 있을 것이다. 이제 자연이 스스로 원래 상태를 회복하는 속도보다 훨씬 더 빠르게 파괴가 진행되기 시작했다. 자정 능력의 한계를 넘어선 수준에서 오염이 확산되어가고 있는 것이다.

도시의 팽창과 그 대가

에너지에 초점을 맞춰 문명의 정체를 진단해보자. 앞서 살펴보았듯이 문명이 발생하고 전개되어온 과정에서 도시는 변화와 혁신의 거점이었다. 인류 역사에서 신석기 혁명에 이어 두번째의 문명 폭발로 일컬어지는 산업화가 진행되면서 도시는 한층 더 강력한 구심력을 발휘하였다. 지금도 도시는 주변의 사람들과 자원들을 왕성하게 빨아들이고 있다. 도대체 도시란 무엇인가? 그리고 역사 속에서 그것이 취해온 모습은 어떠했는가?

근대 도시 이전에 대부분의 도시는 그 규모에서 일정한 한계를 넘어서지 못했다. 고대 아테네나 레오나르도 다 빈치 당시의 피렌체는 인구 5만 남짓의 소도시였다. 16세기 후반까지도 유럽의 도시는 대부분 2만 명 정도를 수용하고 있었다. 여기에서 한 가지 예외가 되는 도시는 바로 로마였다. 전성기에 이르렀을 때 로마는 백만 명 가까운 인구를 거느리고 있었다. 당시의 농업 생산력으로는 도저히 그 정도의 인구를 한 도시에서 수용할 수 없었다. 그런데도 그것이 가능했던 것은 주변의 광활한 영토를 식민화하여 약탈함으로써 자연의 제약을 극복했기 때문이다.

그런데 그러한 팽창이 한계를 넘어서면서 로마는 서서히 쇠락의 길로 접어들기 시작했다. 그 커다란 몸집을 유지하기 위해서는 점점 더 많은 에너지를 투입해야 하는데, 그것은 바로 엔트로피entropy의 증가를 의미했기 때문이다. 그 무질서를 극복하기 위해서는 더 많은 에너지가 요구된다. 하지만 그것은 무한히 지속되기가 어렵다. 어느 시점에서부터는 얻는 것보다 잃는 것이 많아지기 시작한다. 예를 들어 군대가 사용하는 에너지가 군대가 획득하는 에너지보다 많아지는 것이다. 식량을 운반하여 공급하거나 내부의 질서를 유지하기 위해 치러야 하는 대가가 다른 지역들을 착취하여 얻어내는 경제력을 초과하는 것이다. 노예를 잡아오는 데 드는 비용이 그 노예를 강제 노동시켜 뽑아내는 이익을 웃도는 것이다. 바로 그러한 임계치를 넘어서면서 로마와 같은 거대한 문명 시스템도 급격하게 붕괴의 길로 치달았던 것이다.

전 세계 인구의 절반 가까이가 살고 있는 현대의 도시들은 어떤가? 우선 그 규모에서 볼 때 백만 인구의 로마를 훨씬 능가하는 대도시권들이 곳곳에 있다. 그러한 삶의 집합체를 유지하기 위해 투입되는 에너지도 역시 막대하고 그로 인해 엄청난 한정 자원들이 고갈되어간다. 그리고 그 결과 빚어지는 엔트로피도 엄청나게 늘어난다. 더구나 지금의 산업 문명은 고도의 과학과 기술을 활용하기 때문에 주로 노예 노동에 의존하여 문명을 유지시키던 고대 도시들에 비해 훨씬 지독한 폐기물들을 쏟아내고 있다.

도시는 내부에 자연 자원의 재생산 기반을 거의 가지고 있지 않다. 도시인들의 먹을거리를 생산하는 농토, 그리고 그것을 소비하면서 내보내는 유기 물질들(똥과 음식 쓰레기)을 처리하는 토지는 도시 바깥에 있다. 아무리 도시화가 진행된다 해도 사람의 몸을 개조할 수는 없다. 뭔가를 먹어야 하고 그 배설물을 내보내야 한다. 그리고 그 순환은 늘 자연을 필요로 한다. 따라서 도시의 규모가 커질수록 도시인들의 생명을 지탱하기 위한 순환의 생태학적 토대는 점점 더 멀리 밀려날 수밖에 없다. 그래서 도시를 지속시키기 위한 순환의 물리적 거리역시 커지게 마련이다. 자연히 그 운송의 비용은 늘어나고 결국 그만

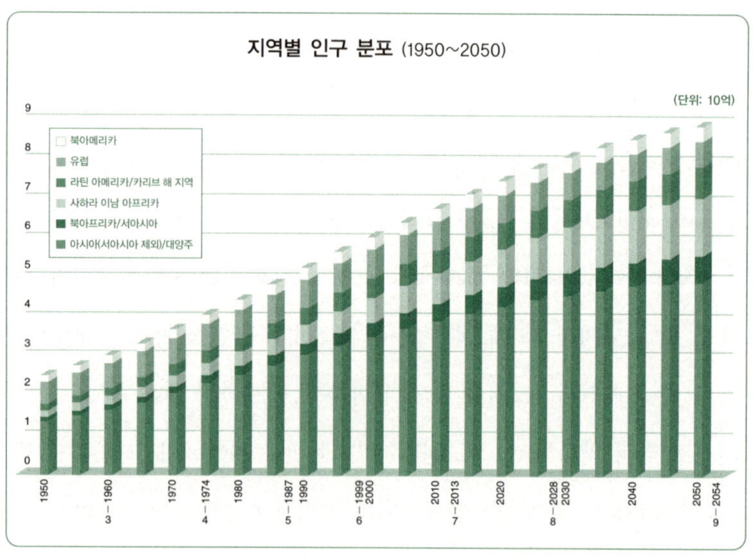

출처: 유엔, 세계 인구 전망, 1998년도 개정판

210

큼 자연 환경에 가해지는 부담도 가중된다.

로마가 그러했듯이 어느 단계에 이르러 규모의 효율은 규모의 비효율로 바뀌기 시작한다. 지금 우리 대도시들도 그러한 단계를 맞이한 듯하다. 편리하고 빠르게 이동하기 위해서 사람들은 승용차를 구입한다. 그런데 도시를 주행하는 차들은 점점 느려지고 있고 불편할 때가 많다. 승용차들이 너무 많아졌기 때문이다. 그래서 차라리 차가 없이 걸어가는 것이 더 빠르고 편리한 상황을 점점 자주 경험하게 된다.

교통 체증으로 인해 우리가 입어야 하는 손실은 생각보다 훨씬 막대하다. 차들이 도로에 정체되면서 낭비되는 연료비는 우리나라에서만 한 해에 10조 원을 넘는다고 한다. 주행 속도가 느려지면서 시내버스나 택시들이 갈수록 수입이 줄어들고 그로 인해 공공 교통 요금이 오

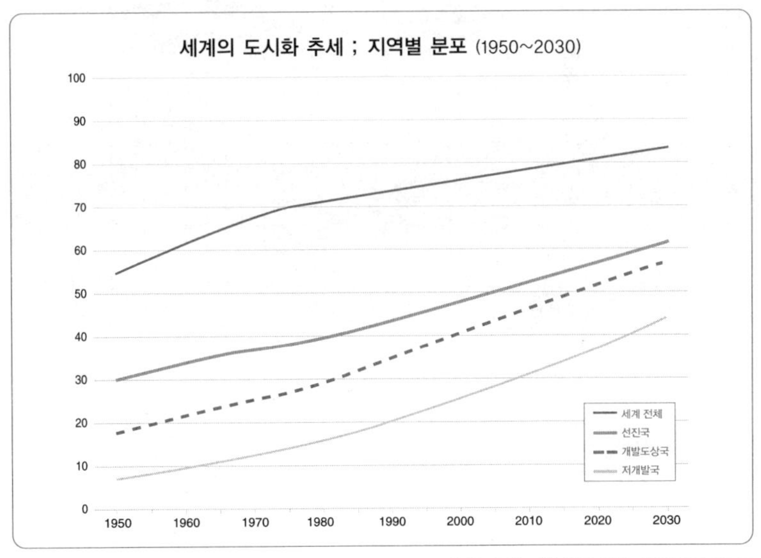

출처: 유엔, 세계 인구 전망, 1998년도 개정판

도시의 생태학

항공
탄산가스, 황산가스, 기타 유독 기체
기후
침투
대기오염
여론
시민의 발의
지역 개발
소비 양태
법률
사회 구조
지방 유원지
호로몬과
항생물질의 잔여물
토질
개량
집약 가축 농업
토양
생태계와
자연경관의 파괴
침투
단일 재배
식량 오염
살충제 찌끼
비료
황산가스, 질산가스, 먼지
지역 구조물
비료 여과
오물 발생열 에너지
지표수
집약 산업에의 이용
핵 발전소
냉각수
오물 처리
오물
방사성 오물 누출
?
지하수면의
저하
지하수
유도물 여과
지하수면의
저하
산업 시설
고체 오물
지하수면의
저하
새로운 산업 정착
평균 수명 감소
소비
밀집 지역
인구증가
사회적 풍토
격리
급박
소음
법석
직장에의단조로움
경쟁에서 오는 압박
범죄
알코올 중독
마약 중독
적응 증후
오염된
식량과 물
강박 증세
스모그
심장병, 암, 불임증
무미건조
위생
사고
자동차

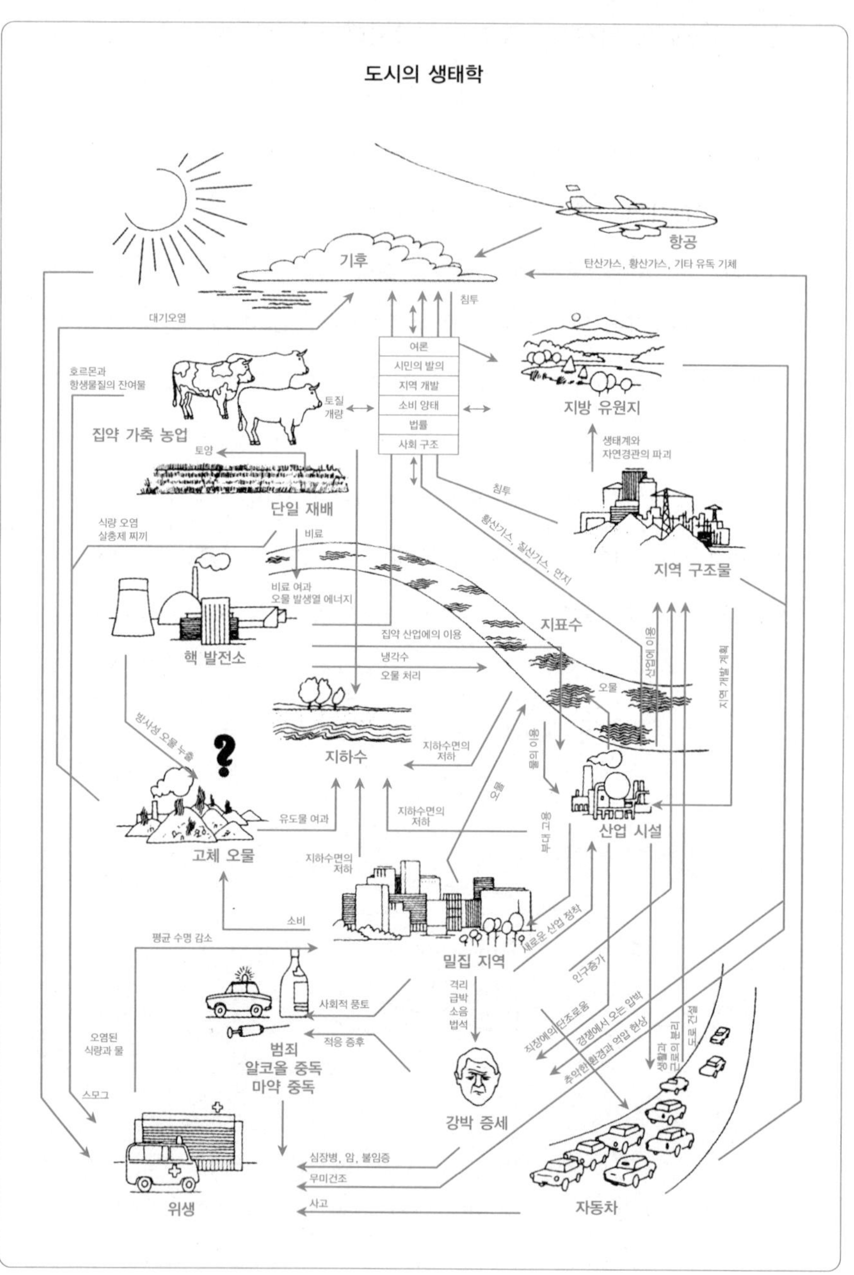

른다. 또한 정체 때문에 길에서 그냥 버려지는 시간을 계산한다면 그 손실 또한 엄청날 것이다. 그리고 계속 늘어나는 배기가스는 우리의 건강을 위협하고, 산성비를 유발함으로써 도시 내의 녹지를 파괴한다. 이러한 경제적·시간적·생태적인 적자를 우리는 어느 선까지 감수할 수 있을까?

　도시가 어느 규모 이상으로 팽창하기 시작하면서 효율과 질서가 급격하게 떨어지는 것은 그 외에도 여러 현상에서 확인된다. 쓰레기 매립지가 도시 바깥으로 점점 멀어지면서 자연히 그에 따른 처리 비용도 높아지고 그것은 주민들의 높은 세금으로 충당된다. 서울시의 경우 난지도에서 김포 매립지로 옮기면서 운반 예산이 두 배로 늘어났다.

　도시의 팽창은 안으로는 인구의 밀도를 높인다. 비좁은 공간에 많은 사람들이 부대끼면서 생활해야 한다. 도심지에서 거리를 걷는다는 것은 늘 인파를 헤쳐나가는 것과 비슷하고, 주차 공간을 찾기 위해 진땀을 빼야 한다. 그 과정에서 사소한 일로 시비가 붙고 때로 큰 싸움으로 번지기도 한다. 만성화된 스트레스가 사람들 사이의 관계를 험상궂게 만들고 그것이 다시 스트레스로 되먹임feedback된다. 악순환의 연속이다.

■ 소비의 철학이 바뀌어야 한다 ■

환경 문제는 더 이상 저 바깥에 있는 이슈가 아니다. 가해자와 피해

자를 가리고 진상을 규명하여 보상해준다고 해결되는 문제가 아니다. 궁극적으로 우리의 세계관과 생활양식이 바뀌지 않으면 안 된다. 지금 범지구적으로 드러나고 제기된 환경 문제는 바야흐로 우리의 삶의 방향 전환을 촉구하는 메시지로 변환되어 다가오고 있다. 그래서 지금까지 당연시되어온 것들을 새로운 눈으로 들여다볼 것을 요구한다.

이미 현실은 변화하고 있다. 1992년 리우 환경 회의 이후 여러 가지 국제적인 규제가 속속 등장하고 있다. 지구 온난화와 오존층 파괴를 막기 위해 탄산가스와 프레온 가스의 배출 허용량을 국가별로 제한하는 조치는 그 대표적인 예이다. 그리고 유럽에서는 비닐 포장이 지나친 상품은 수입하지 못하도록 오래전에 스스로 원칙을 정해놓은 바 있다. 이러한 시장 환경에서 살아남기 위하여 선진국의 많은 기업들은 공해를 줄이거나 방지하는 이른바 '클린 테크놀로지_{Clean technology}'를 개발하는 데 열을 올리고 있다. 따라서 환경 파괴를 대가로 치르면서 성장 일변도로 치달아온 경제 발전 방식은 점점 지탱하기가 어렵게 되어가고 있다.

개발과 환경 사이의 모순 관계는 점점 줄어들고 있다. 이제는 '깨끗한 환경에서 강한 경제가 나온다'는 패러다임의 전환이 이뤄지고 있는 것이다. 이것은 당위적인 구호가 아니라 현실이다. 그런 점에서 한국의 사정은 어떠한가. 각종 환경 관련 국제 협상에서 어떤 논의들이 진행되고 있는지를 정밀하게 파악하면서 제대로 대비해야 하는데 그 점에서 너무 허술하다. 이렇게 가다 보면 어떤 사태가 벌어질까. 한국 경제의 중요한 토대가 되는 수출 전선에 차질이 생긴다. 환경을 충분히 배려하지 않은 채 물건을 만들었다는 이유로 높은 관세가 부과되기 때문이다. 환경 기준이 점점 엄격해지는 나라에 상품을 팔기 위해서는 그 기준에 맞춰 재료와 공정 과정을 바꿔야 한다. 그런데 거기에 들어가는 비용이 만만치 않다. 예를 들어 냉장고나 에어컨을 만들 때 오존층을 파괴하는 프레온 가스를 친환경적인 신물질로 대체하면 원가 부담이 크게 늘어난다. 국내에서 자체 개발하지 못해 외국에서 비싼 값을 치르고 수입해야 하기 때문이다. 그만큼 가격 경쟁력은 떨어질 수밖에 없다.

그러나 그것은 단순히 수출만의 문제가 아니다. 내수 시장에서도 그러한 상품이 소비된다. 그래서 과잉 포장으로 쓰레기가 양산되고 유해 물질로 소비자의 안전이 위협받는다. 무엇이 그러한 생산 체제를 바꿀 수 있는가? 우선 정부의 감시와 규제를 생각할 수 있다. 그러나 그것과 함께 시장에서도 변화가 일어나야 한다. 소비자들은 단순히 가격만 보지 말고 그 상품을 만드는 과정에서 기업이 얼마나 환경을 배려했는지도 고려해야 한다. 그래서 문제가 있는 기업에게는 불매 운동 등 압력을 가해야 한다. 그러한 소비자 의식과 행동은 당장은 기업의 활동에 제약이 될 수도 있겠지만 장기적으로는 국제 시장에서 살아남을 수 있도록 체질을 개선하는 계기가 될 수도 있다.

기업과 함께 소비자들에게도 변화가 요구된다. 생활양식과 소비 패턴이 변하지 않으면, 문자 그대로 모두 죽을 수밖에 없다. 그렇다면 무엇을 어떻게 바꾸어야 하는가? 물건들과의 관계를 바꾸어야 한다. 소비에 대한 태도와 철학이 달라져야 한다. '소비'라는 말은 '소모'와 비슷한 뉘앙스를 갖는다. 즉 나의 욕망을 충족시키기 위하여 대상을 해체시키는 것이다. 그러나 이 세상의 모든 사물은 생물이든 무생물이든 나와 무관한 객체일 수 없다. 궁극적으로 서로가 서로를 연기緣起하면서 거대한 그물망을 이루고 있는 것이다. 『화엄경』에서는 그 철학을 다음과 같이 표현하고 있다. "이 세계의 각각의 사물들은 단지 그 스스로 존재하고 있는 것이 아니라 다른 모든 사물들을 동반하고 있다." 추상적인 이야기가 아니다. 쓸모를 다했다고, 그래서 나와의 인연이 끝났다고 생각하면서 버리는 물건들은 쓰레기로 변해 국토 공간을 메우면서 우리의 삶터를 협공해온다. 하늘과 땅과 물을 오염시켜 나의 목숨을 조이는 질긴 인연으로 되돌아오는 것이다.

이제 우리는 물건들과 새로운 관계를 만들어야 한다. 일상에서 세계가 보이는 시대이다. 작은 물건 안에 담겨 있는 우주를 발견하고 그것을 마음속에 담아내는 눈과 힘이 생겨나야 한다. 물건들과 대화를 시작하자. 너는 어디로부터 와서 어디로 가느냐? 그 앞뒤의 연쇄 고리들을 추적해가는 길목에서 우리는 만물의 이치를 만나게 된다. 그리고 타자들과 새롭게 사귈 수 있는 실마리가 잡힌다. 우리가 추구하는 대안적인 소비는 육신의 끝없는 편리함을 맹목적으로 추구하는 포식飽食이 아니다. 또한 화려한 디자인과 그것이 자아내는 상징적 과시에 현혹되어 벌이는 위세 경쟁이 아니다. 그러한 행태는 생태적 교란을 일으킬 뿐만 아니라 문화적인 궁핍함을 가중시킨다. 그리고 경제적인 효율도 감퇴시킨다.

인간이 자연과 화해하기 위해서는 궁극적으로 인간끼리의 관계도 변해야 한다. 우리는 자연을 파괴하면서 공동체도 파괴해왔다. 물건과 재화의 양적인 팽창을 극대화하는 과정에서 인간관계도 냉혹하고 기계적인 질서로 재편되어온 것이다. 이제 왜곡된 사람과 사람의 관계를 바로잡지 않고서는 사람과 자연의 관계도 바로잡을 수 없을 것이다.

뜻 있는 시민들 사이에서 일어나고 있는 환경 운동은 바로 그러한 바탕에서 출발하고 있다. 그래서 환경 운동의 목표는 단순히 잃어버린 자연을 되찾는 데 머물지 않는다. 궁극적으로 사람들 사이에 협동과 공생의 가치를 실현하는 것이 그 운동의 비전이다. 그리하여 지금의 사회 문화 체계를 근원적으로 재구성하면서 산업 사회를 구성하는 기본적 주제들을 바꾸는 것이다. 진보·팽창·속도·성장·지배·억압·소유 등의 사회 구성 원리를 극복하려 한다. 그래서 인간의 소외된 본성을 회복하며 자연과 더불어 살아가는 생활양식을 모색하는 것이다.

세계 각국에서 활동하는 녹색운동 단체들의 강령에 생태계 보호뿐만 아니라 삶의 체계 전반에 걸친 내용들이 포함되는 것은 그러한 비전과 상통한다. 거기에는 풀뿌리 민주주의, 분권화, 기업의 자주 관리, 남녀평등, 사회적 약자들 — 어린이·노인·장애인·소수 민족 등 —의 인권 보장 같은 포괄적 원리가 담겨 있다. 이는 자연의 해방과 인간의 해방이 유기적으로 연관되어 있음을 암시하는 것이다.

따라서 녹색운동은 생산력이라는 하나의 도식으로 획일화된 우리의 환경을 자연 본래의 다양함으로 되돌리고, 거대한 생산 체제와 중앙 집권적 구조를 작은 단위로 분해하는 작업이다. 산업 사회가 최고의 가치를 매겨온 '큰 것'과 '빠른 것'은 자연이 인간에게 부여한 바탕에 어긋난다. 인간 본연의 생물학적 구조와 심성에 적합한 규모로 삶을 재편성하는 것, 그래서 '작은 것'과 '느린 것'에 그 나름의 가치를 부여하여 자율적인 존재로 서게 하는 것이 바로 녹색운동의 전략이다. 이제 생활양식의 변화 없이는 사회의 변화가 이뤄질 수 없기 때문이다.

녹색 소비는 생태와 문화와 경제 세 차원의 요구를 아우르면서 성립하는 생활 양식이다. 자연의 순환과 삶의 보람과 물질의 풍요를 최적 모델로 구현하는 실험이다. 그 한가운데는 자아와 우주를 꿰뚫어 잇는 성찰이 중심축으로 자리 잡고 있다. 거기에서 생성되는 삶의 에너지로 사회의 변화를 창조적으로 주도하는 운동이 녹색운동이다. 우리는 스스로에게 묻는다. 인류는 자연과 아름답게 공존할 수 있을 것인가? 21세기는 거대한 명상의 세기가 될 것이다.

1 서울시에서는 1980년대 후반에 무려 98억 원을 들여 덴마크로부터 쓰레기 자동 분리 시설을 난지도에 들여놓았다. 그런데 단 한 번도 가동하지 못한 채 그 자체로 대형 폐기물이 되어버렸다. 기계에는 아무런 하자가 없었는데도 사용하지 못한 것은 무슨 까닭이었을까?

2 베트남에서는 한국의 새마을 운동을 모델로 비슷한 지역 개발을 시도하고 있다. 한국에서 새마을 운동이 활발하게 전개되었던 1970년대에는 아직 환경 문제가 심각하게 대두되지 않고 있었다. 그에 비해 지금은 전 지구적인 차원에서 위기의식이 팽배해 있다. 따라서 베트남 같은 경우 경제 개발과 지역 환경 개선 사업을 할 때, 생태학적인 배려를 하지 않으면 안 된다. 한국의 급속한 산업화 과정의 결과로 빚어진 여러 가지 문제들을 거울삼아 시행착오를 피하면서 개발하는 방식을 후발 산업 국가에 제시한다면, 어떤 점들이 그 주요 내용이 될 수 있을까?

3 어떤 개발을 시행하기 전에 그로 인해 환경이 얼마나 파괴될지에 대해 미리 조사하는 것을 '환경 영향 평가'라고 한다. 그런데 한국에서는 그 평가 작업이 오히려 환경 파괴에 일조한다는 비판을 받고 있다. 무엇 때문에 그러한 역효과가 발생하는 것일까?

4 못 쓰게 된 가전제품은 점점 골칫거리 쓰레기가 되고 있다. 독일 같은

선진국에서는 그러한 물건들을 제조 회사에서 책임지고 수거하여 재활용하도록 되어 있다. 그러한 시스템이 어떻게 작동하는지 알아보고, 그러한 시스템이 갖춰지기 위해서는 어떤 제도적인 뒷받침이 있어야 하는지 분석해보자.

5 다음은 소설 『쥬라기 공원』에 나오는 한 대목이다. 쥬라기 공원의 성공을 장담하는 법률 자문 변호사 제나로에게 수학자 맬컴이 집요하게 만류하면서 하는 말이다.

"바로 당신들이 이곳에서 시도하는 그 일 때문입니다. 보십시오. 이 섬은 과거의 자연 환경을 재창조하려는 시도입니다. 멸종한 동물들이 자유롭게 돌아다닐 수 있는 하나의 고립된 세계를 만들자는 거지요. 맞습니까?"

"맞습니다."

"〔……〕 하지만 내 관점에서 볼 때는 그런 일은 불가능합니다. 〔……〕 난 자연을 이런 식으로 성공적으로 복제할 수도 없으며, 또 그것을 고립시키고자 하는 희망을 가질 수도 없다는 것을 그냥 알게 되는 것입니다."

"왜 성공하지 못합니까? 세상에는 동물원도 있고……"

"동물원은 자연을 재창조하는 게 아닙니다. 분명히 해둡시다. 동물원은 이미 존재하는 자연을 가져다가 아주 약간만 변형을 가합니다. 〔……〕 하지만 이 공원 모델은 동물원이 아닙니다. 이 공원에는 동물원을 만드는 것보다 훨씬 큰 야망이 담겨 있습니다."

"이해가 안 되는데요."

"〔……〕 이른바 '자연'이라는 것은 사실 우리가 일상적으로 받아들이는 것보다 훨씬 미묘하고 복잡합니다. 우리는 자연에 대한 단순화된 이미지를 만들어놓고, 그걸 어설프게 엮어내지요. 난 환경 보호주의자는 아니지만 우린 우리가 지금 이해하지 못하고 있는 것을 이해해야 한다고 생각합니다. 내가 몇 번씩이나 내 뜻을 밝혀야 합니까? 우리가 몇 번씩이나 그 증거들을 보아야만 합니까? 우리는 아스완 댐을 지어놓고 그것이 그 나라에 다시 활력을 줄 거라고 주장했습니다. 하지만 그 댐은 비옥한 나일 강 유역의 델타 평야를 파괴하고 기생충이 만연하게 했으며, 이집트 경제를 궤멸시켰습니다. 우리는 또……"

여기에서 "자연에 대한 단순화된 이미지를 만들어놓고, 그걸 어설프게 엮어내"는 과학이 비판되고 있다. 그러한 관점에서 비판될 수 있는 프로젝트들이 한국에서도 많이 시행되어왔고 지금도 여기저기에서 진행되고 있다. 그 구체적인 사례를 들어 설명해보시오.

제12장

몸의 소리를 듣자
─건강 사회의 의약과 여가

아래 광고는 1905년 대한매일신보에 실린 '팔보단 광고'이다. 근대에 접어든 이후 신문에서 가장 많은 비중을 차지하는 광고가 바로 약에 관한 것이었다. 여덟 가지 보배로 만든 단이라는 뜻의 '팔보단'이 지니는 효능을 보자. 아편인을 끊는 약, 매독 치료제, 부인병에 드는 약임을 주장하면서 '원기 회복하는 약, 일절 신효神效, 영약靈藥'이

라는 표현이 나온다. 대단히 과장되어 있음을 알 수 있다.

이러한 경향은 일제시대를 통해 계속된다. 오른쪽의 광고는 1937년 같은 대한매일신보에 실린 것이다. '백보환'이라는 약 이름을 검은 바탕에 흰 글씨로 써서 10개 이상 나열함으로써 강렬한 인상을 주고 있다. 그런데 그 약 이름 위에 신경

쇠약, 양기 부족, 폐약 위약, 불로 장수, 보혈 강장, 강정 회춘, 불로 장생 등 효능들을 적어놓고 있다. 만일 정말로 그런 효능들을 다 갖고 있다면 만병통치약임에 틀림없다.

약에 대한 맹신이 역사적으로 꽤 뿌리 깊다는 것을 알 수 있다. 그러한 맹신은 곧 약의 남용을 낳았다. 1999년 보건복지부 통계에 따르면 한국에서 의료보험 진료 환자 가운데 주사제를 처방받은 환자의 비율은 56.6%였다. 이는 WHO의 권장치인 17.2%에 비하여 3배 이상 높은 수치라고 한다. 그리고 환자가 의료 기관을 방문했을 때 처방받는 의약품의 수는 외래 환자가 4.2종, 입원 환자가 6.3종으로 WHO 기준인 1~2종에 비하여 많은 실정이다. 이런 현실을 바꾸기 위해 뒤늦게 의약 분업을 실시한 것이다.

우리 생활에서 약의 남용이 얼마나 일상화되어왔는지 살펴보자. 도시의 경관을 어지럽게 하는 주범 가운데 하나가 상점의 간판이다. 붉은색이나 노란색 등 원색을 잔뜩 집어넣을 뿐 아니라 그 크기가 점점 커져서 행인들의 시선을 어지럽힌다. 그런데 그 가운데서도 유난히 선정적이고 커다란 것이 약국의 간판이다. 게다가 그 약국들의 수도 워낙 많다. 그만큼 우리의 일상에서 약의 구매는 습관화되어 있다고 볼수 있다. 우리는 그동안 구멍가게에서 물건 사듯이 매우 즉흥적으로약을 사 먹을 수 있었다.

생활 속으로 들어와보면 그 현상이 더욱 확연히 드러난다. 집 안에있는 약통에는 언제 샀는지 모르는 약들이 조제약에서부터 캡슐 그리고 연고에 이르기까지 가득하다. 사무직 근로자들의 책상 서랍 속에도위장약과 두통약이 항상 비치되어 있어 자주 복용된다. 중년 이상의저소득층 여성들은 각종 만성적인 질환에 시달리며 일시적으로 증상을가라앉히기 위해 이런저런 약물들을 남용하는 것이 꽤 보편화되어 있다. 또한 택시 운전사들 가운데는 매일 일하러 나가는 길에 드링크류의 약을 복용한다. 박카스 같은 피로 회복제는 각성제 성분으로 정신이 잠깐 맑아진 것 같은 기분이 들게 할 뿐 피로의 원인을 제거하지는못하는 것인데도, 지금까지 엄청나게 애용되어왔다.

건강의 3요소인 운동과 휴식과 식사 가운데 한국인들은 먹는 것을가장 중시하는 경향이 뚜렷하다. 어떤 음식을 권할 때 '맛이 있으니먹어보라'가 아니라, '몸에 좋으니 먹어보라'고 이유를 대는 모습에 외국인들은 신기해한다. 또한 보신에 도움이 된다면 닥치는 대로 뒤져서먹는 바람에 세계 곳곳에서 희귀 동물을 멸종시키는 한 주범으로 한국인이 지목되고 있다. 이러한 집착은 약에 이르러서 더욱 뚜렷하게 드러난다. 몸이 조금만 아프면 흔히 약부터 먹으라고 조언한다. 병원에서도 약이나 주사를 주지 않으면 환자들은 치료를 제대로 받았다고 생각하지 않는다. 한마디로 말해 약은 무조건 몸에 좋은 것이라는 생각이 우리의 의식 속에 강하게 그리고 널리 깔려 있는 것이다. 그러한 잘못된 생각은 약이 아닌데도 마치 약의 효과를 내는 것처럼 암시하면서 광고하는 식품 광고에서 잘 표출된다. 다음의 몇몇 예를 보자.

솔잎의 위력을 아세요?/피를 생성하고 혈액 순환, 기를 돋우는 송죽환은 당뇨, 천식, 중풍, 신경통, 비만 피부 개선제 (송죽환 광고)

조제 의약품보다도 더 강하고 더 지속적인 효과/부작용 0%/화장품과 의약품의 만남 (레닐놀, A 화장품)

성인병, 당뇨, 혈압, 간, 불면증에 효과 (게르마늄 광천수)

고혈압 심장 질환 예방 및 개선/각종 암 예방 및 개선/체르노빌 원전 피해자들에게 의약품으로 사용 (브로트룽크)

이렇듯 의약품이 아닌 것을 의약품으로 착각하게 하는 광고 문구는 광고 심의에서 매우 빈번하게 지적되는 문제이고, 광고를 둘러싼 문제로 지적되는 여러 경우들 가운데 상당히 높은 비중을 차지한다. 이는 한국에서 두드러지게 나타나는 현상이다.

약과 몸에 대한 기계론적 이미지

　우리가 약에 대해서 가지고 있는 관념은 무엇인가? 그리고 약이 그 안에 들어가서 효과를 발휘한다고 믿는 몸에 대한 인식은 어떠한가? 한마디로 말해 매우 기계론적인 패러다임이 강하게 작용하고 있다고 할 수 있다. 즉 몸은 하나의 기계 같은 사물이고 거기에 어떤 고장이 생기면 약이라는 화학 물질을 주입함으로써 수리한다는 이미지다. 여기에는 서양의 과학 문명에 대한 환상이 그 바탕으로 깔려 있다.

　일제 강점기를 통해서, 그리고 해방 이후 미국의 본격적인 문화 지배를 통해서 경험하게 된 근대의 충격은 다양한 얼굴로 다가왔다. 군사적으로 압도적인 우세를 보여준 각종 무기, 철도와 전기 등의 기기가 가져다주는 편리함과 효율, 세련되어 보이는 생활양식, 신선한 감각을 일깨우는 대중문화…… 그러나 그 무엇보다도 충격적으로 다가온 부분은 위생과 의술이었다. 제3세계 국가가 다 그러하듯이 한국에서도 서양 문명은 공중 보건의 위력을 앞세워 진입해 들어왔다. 아이들을 일렬로 세워놓고 미군들이 밀가루 같은 DDT를 뿌려대던 모습은 기성세대의 기억 속에 아직 선연하다. 그리고 소독차가 약을 뿌리면서 동네 골목을 누빌 때 아이들은 그 뒤꽁무니를 쫓아 달음박질쳤던 것이 불과 2, 30여 년 전의 일이다.

　이렇듯 새로운 화학 물질의 대량 살포로 우리의 생활환경은 획기적으로 개선된 것이 사실이다. 머리에 들끓던 이, 몸속에 기어들어와 밤

잠을 설치게 하던 벼룩, 한번 창궐하면 동네를 몰살시킬 정도로 끔찍했던 각종 전염병이 하나둘씩 박멸되어온 것이다. 이러한 문명의 승리를 지켜보면서 서양의 과학과 의술은 만능에 가까운 구세주로 다가오게 되었다. 약이라는 것에 대해서도 그것을 몸에 입력input하면 치유라는 결과output가 나오리라는 주술적인 기대를 갖게 되었다.

그런데 흥미로운 것은 그러면서도 의약에 관한 한 동양 내지 전통적인 것에 대해 여전히 가치를 부여해왔다는 점이다. 음악에서 의상에 이르기까지 전통의 여러 다른 영역에서는 서양적인 것에 전통이 압도당하고 위축되었음에 비해 의약에서는 전통이 건재하면서 서양 의약과 공존해왔다. 그런데 그러한 흐름 속에서 한약에 대한 이미지가 양약과 혼재되어버린 결과를 낳지 않았나 한다. 즉 보약이라는 것을 먹어두면 좋다는 생각(사실은 항상 그런 것이 아닌데도 흔히 그렇게 믿는다)이 양약 쪽으로 자연스럽게 확장되어, 약에 대한 경계심이 없어진 것이다. 그 결과 우리는 세계적으로 가장 많은 약을 소비하고 있다. 잘못된 의약 상식과 보신에 대한 집착이 결합된 결과라고 할 수 있다.

그런데 우리는 그렇게 몸을 끔찍하게 생각하면서도 다른 한편으로 그것과 완전히 모순되는 생활을 한다. 몸을 무자비하게 혹사하는 것이 그것이다. 많은 사람들이 폭음과 폭식, 흡연, 과로 등을 다반사로 하면서 몸을 망가뜨린다. 그리고 그에 대해 매우 관대하다. 특히 음주에 관해 그러하다. 술을 먹고 실수하는 것, 숙취로 늦게 출근하는 것은 그럴 수 있다고 생각한다. 사실 술자리가 근무의 연장선상에서 마련될 때가 많다. 그런 탓일까. 건강관리를 소홀히 하여 결근하고 임무를 제대로 수행하지 못하는 것에 대해서 크게 나무라지 않는다. 남성의 40대 사망률이 세계에서 가장 높다는 통계와 함께 남성들의 건강관리에 종종 경종이 울린다. 그런데 거기에서도 본인의 소홀한 몸 관리보다는 과로하지 않을 수 없는 삶의 조건 쪽으로만 초점을 맞추면서 동정론으로 흐를 때가 많다.

우리는 지난 몇십 년 동안 허겁지겁 내달려오면서 시간적으로 길게, 그리고 공간적으로 널리 바라보면서 건강이라는 것을 생각하지 못했다. 당장 최대의 성과를 올리는 단기 승부에 매달려왔기 때문에 장기적으로 자기의 건강을 관리하는 안목과 의지가 없었다. 그래서 조금 탈이 나면 약으로 응급 처방을 내린다. 마치 군대에서 그러하듯이 또는 피난민이 그러하듯이 우리는 최대한 빨리 몸을 성하게 고쳐서 서둘러 다시 생존의 전선에 나선 것이다. 건강관리를 위한 여가 공간의 필요성도 별로 안중에 들어오지 않았다. 몸을 생활환경의 일부로 생각하기에는 우리 삶의 여정이 너무 유동적이었다고도 할 수 있다. 지역에 뿌리를 내리지 못하고 부초처럼 떠도는 삶 속에서 거주 환경을 가꾸는 것보다는 음식이나 약으로 건강을 지키는 것이 훨씬 합리적이었는지 모른다.

몸과의 대화를 시작하자

그러나 이제 패러다임이 바뀌고 있다. 삶의 질이 강조되고 진정한 행복과 건강이 무엇인지에 대해 진지하게 생각하는 움직임이 일고 있다. 그래서 몸에 대한 생각이 달라진다. 특히 젊은이들 사이에서는 몸을 자아의 중요한 요소로 생각하기 시작한다. 몸을 통해 자기를 표현하고 정체성을 형성한다. 그런데 지금 그것은 과시적 소비문화에 편승하는 모습으로 나타나고, 외모에 지나치게 집착한 나머지 무리한 다이어트나 성형 수술로 도리어 건강을 훼손하는 부작용도 나타난다. 이러한 병리들을 극복하기 위해서는 생명에 대한 깊은 이해와 성찰이 요구된다. 의약 분업이라는 것도 궁극적으로 자기의 몸을 새롭게 발견하고 자각하는 것을 통해서 성공적으로 정착될 수 있다.

왜 자꾸만 약에 의존하는가. 몸이라는 생물체가 갖는 자기 복원력에 대한 믿음이 없기 때문이다. 몸을 한낱 도구요 사물로만 보기 때문이다. 생명의 치유 능력을 북돋우는 것은 몸과 정신의 이분법을 넘어, 정신과 몸이 대화하면서 그 자체로 하나의 유기적인 순환 구조를 경험함으로써 가능하다. 몸을 통하여 자기를 인식하고 인생과 세계를 배울 수 있는 문화가 형성되는 가운데 생명의 힘은 체감될 수 있다. 자기 몸에 대해 무지한 것이 무식한 것으로 취급받지 않고, 스포츠를 전혀 못해도 교양인으로서 부끄럽지 않은 풍토에서 몸은 늘 자아로부터 소외된 객체로 머물러 있을 수밖에 없다. 그래서 몸을 함부로 굴리고, 그렇게 하다가 망가지면 약으로 해결하려고 한다. 신체의 남용과 약물의 남용은 그렇게 악순환을 빚어왔다.

의약 분업은 손쉽게 약을 손에 넣어온 소비자들에게 적지 않은 번거로움과 불편함을 초래한다. 그러나 그동안 우리가 누려온 편리함이 치른 대가는 무엇인가? 당장 드러나지 않을 뿐 이미 심각한 지표들로 빨간 불이 켜지고 있다. 그런 바이러스가 일으킨 병에 걸려 아무런 약도 쓰지 못하고 죽어가는 환자들이 여러 병원들에서 발견되고 있다. 폐렴구균의 70~80%가 페니실린 내성을 보여 아시아 최고 수준이며, 가장 강력한 항생제로 알려져 있는 반코마이신에 대해서도 일부 병원을 중심으로 내성 균주가 보고되어 감염증에 대한 치료가 점점 어려워지고 있다. 어느 항생제로도 듣지 않는 슈퍼 바이러스 보균율이 세계에서 가장 높은 수치를 기록하고 있는 것이다.

　지금까지는 의사가 약을 처방해주지 않으면 뭔가 허전했다. 약이나 주사도 주지 않는 진료에 돈을 내면 뭔가 손해를 본다고 생각하거나 그 의사에게 문제가 있다고 생각했다. 병원에서 불필요하게 많은 약을 처방한 데는 바로 환자들의 그런 잘못된 통념도 작용했다. 이제 생각을 바꿔야 한다. 약 대신 처방전을 들고 약국으로 발걸음을 옮기면서 우리는 성찰해보아야 한다. 나의 몸은 과연 누구의 것인가? 그 몸이 하나의 생명으로 지속되는 조건은 무엇이고, 그것을 건강하게 가꿔가기 위해 나는 무엇을 하고 있는가? 이렇게 자기 몸과의 대화에 잠길 때 약국으로 향하는 발걸음은 결코 무겁지만은 않을 것이다. 약이 필요 없다고 의사가 진단을 내리면, 그만큼 자기 몸이 살아 있다는 뜻으로 받아들이고 기뻐할 수 있을 것이다.

■ 우리에게 스포츠는 무엇인가 ■

　　건강관리에서 운동은 핵심이다. 그런데 우리는 몸의 생명력을 증진시키는 운동보다는 고장난 몸을 고치는 의약에 훨씬 더 많은 비용을 들인다. 개인적으로든 사회적으로든 생활 체육에 들어가는 돈과 의료에 들어가는 돈은 얼마나 차이가 나는가. 대학 입시에서 의과대학과 체육대학 사이의 엄청난 점수 차이는 무엇을 말하는가. 건강에 대한 관심과 에너지를 이제 의약에서 스포츠로 전환하는 것은 삶의 질과 밀접한 관련을 갖는 과제이다. 그런 점에서 우리의 현실은 어떤가. 다음 대화를 보자.

　　"우리 아이 학교를 옮기려고 해요."

　　"왜요, 무슨 일이 있으세요?"

　　"학교 안에 있는 농구 클럽 때문에요."

　　"아 참, 댁의 아드님이 농구를 참 좋아한다고 하셨지요. 그래서 농구 클럽이 있는 학교로 옮기시려는 거군요."

　　"그게 아니고요. 지금 학교에 농구 클럽이 있어서, 클럽이 없는 학교로 옮기는 거예요."

　　"아니, 그게 무슨 말씀이세요? 아이가 농구를 좋아하는데, 클럽이 없는 학교로 일부러 가다니……"

　　"댁은 아들을 안 키우셔서 잘 모르시는군요. 요즘 고등학교 남자 아이들은 운동에 한번 빠져들면 공부는 뒷전에 미뤄두고 거기에만 몰두하거든요. 이대로 놓아두었다가는 대학 가기 다 틀리겠더라고요. 그래서……"

이것은 실제로 어느 학부모들 사이에 오간 대화이다. 그런데 이런 식의 대화는 요즘 그다지 기이한 것이 아니다. 즉 자녀의 운동을 규제하는 학부모가 적지 않다는 것이다. 물론 적당한 수준을 넘어 너무 빠져드는 것이 문제라고 하지만, 스포츠는 술이나 마약처럼 중독성이 심한 것은 아니다. 근원적으로 체력의 한계가 있기 때문이다. 그리고 설령 일시적으로 좀 치우친다고 해도 그것을 스스로 조절해가는 것도 인격의 성장에 큰 도움이 된다. 그러나 학부모 입장에서는 그러다가 1, 2년을 놓쳐버리면 돌이킬 수 없는 손해로 돌아오기에 걱정이 아닐 수 없으리라.

한국의 청소년들에게 스포츠는 과연 무엇인가? 프로 선수들의 현란한 몸놀림을 보면서 환호성을 지르고 팬클럽을 결성하여 지원하는 소비 문화적 스포츠는 왕성하다. 그러나 보는 스포츠가 아니라 행하는 스포츠의 차원에서는 너무나 빈곤하다. 청소년들이 갈 곳이 없다는 비판과 한탄은 끊이지 않는다. 그러나 문제는 공간만이 아니라, 시간 그리고 마음의 여유도 턱없이 부족하다는 것이다. 신체 행위를 통하여 자기를 계발하고 재발견하면서 타인과 교류하는 스포츠가 학업과 양립되기 어렵다. 이런 상황은 스포츠를 리더십 육성의 핵심 커리큘럼으로 삼아온 서양의 명문 사립학교와 대조를 이룬다.

생각해보면 한국의 교육 과정에서 체육은 있어도 스포츠는 없었다. 그러니까 훈육과 규율의 연장선상에서 또는 체력장 점수를 따기 위해 몸을 수련하는 것이 주를 이루지, 놀이를 통해 생명의 즐거움을 일깨우고 규칙을 준수하며 매너를 익히는 스포츠는 거의 없었던 것이다. 그런데 생활 문화로서 스포츠가 불모지대로 남아 있는 것은 비단 청소년만의 문제가 아니다. 그것은 어쩌면 한국 문화 그 자체가 빈곤한 것과 직결된 문제이다. 오랜 역사 속에서 생성되고 변형되어오면서 한국의 고유한 기예로 정착된 태권도의 실상을 통해 그 문제를 생각해보자.

일상적 스포츠 문화의 활성화

2000년 시드니 올림픽에서 정식 종목으로 채택된 태권도는 이미 전 세계에 널리 보급되어 있다. 한국 문화 가운데 세계적으로 가장 널리 보급된 것이 태권도라 해도 과언이 아닐 것이다. 1970년대부터 미국을 중심으로 한국인 사범들이 꾸준히 활동한 결과 지금은 여러 나라에서 엘리트 스포츠 문화로 정착했고, 올림픽 종목으로 채택된 것도 그러한 토대에 힘입었다고 할 수 있다. 어느 나라에서든 경기 진행의 기본 용어가 한국어로 되어 있고, 수련생들은 태권도의 역사와 정신에 대해 숙지하는 것이 기본이다.

그런데 정작 그 종주국인 한국에서 태권도의 위상은 어떤가. 매년 여러 나라에서 태권도를 통해 한국과 친숙해진 외국인들이 한국을 방

독일인 Klaus Steinberger가 만든 태권도 정보 사이트 Traditional Taekwon Do and other Martial Arts(http://homepages. physik.uni-muenchen.de/~Klaus. Steinberger//budo_english/)메인 화면에 실려 있는 디자인.

문한다. 종교로 비유하자면 메카를 순례하는 것이다. 자기의 삶을 바꿔놓을 만큼 매력적인 태권도가 그 원산지 한국에서는 어떤 모습으로 발전되고 있을까. 그런 호기심으로 그들이 가장 먼저 찾는 곳은 국기원이다. 그런데 첫 대면에서부터 실망이다. 태권도의 역사를 체계적으로 소개하는 박물관도 없고 변변한 기념품 하나 살 만한 것이 없다. 커다란 체육관과 그 곁에 평범한 매점만 덩그러니 있을 뿐이다. 그리고 국기원에서 이뤄지는 가장 주된 일은 태권도 승단 심사인데, 그 방식을 보면 너무 형식적이고 피상적이다. 한 아이의 승단을 위해 5분 이상을 할애하여 차근차근 지도해주면서 진행하는 심사에 익숙한 외국인들로서는, 여러 명을 한꺼번에 세워놓고 짧은 시간에 처리하는 모습을 이해하기 어렵다.

동네마다 들어서 있는 태권도 학원은 어떤가. 그곳에 매일 드나드는 이들은 대부분 초등학생들이고 중학생이 되면 태권도로 대학에 진학하려는 청소년들만 남는다. 그리고 어른들은 거의 없다. 자녀들의 기를 살리기 위해 잠시 시키는 운동, 아니면 대학에 가기 위해서 마지못해 하는 수험 준비에 지나지 않는다. 그래서 청소년들이 출전하는 태권도 대회는 살벌한 싸움판이 된다. 그 성적이 바로 입시로 연관되기 때문이다. 이것 역시 그런 대회를 하나의 유쾌한 축제로 만끽하는 외국의 경우와 대조를 이룬다. 한마디로 한국에는 태권도를 즐기는 사람들이 별로 없다. 태권도가 생활 문화로 살아 움직이지 못하고 있는 것이다.

문화관광부에서 태권도 공원을 세우려는 계획이 발표되자 많은 지자체에서 유치 작전을 폈던 적이 있다. 그런데 거기에 담을 소프트웨어는 무엇인가. 태권도를 상징하는 로고 디자인이나 캐릭터 상품 하나 제대로 나와 있는 것이 없고, 태권도를 주제로 한 영화나 소설도 눈에 띄지 않는다. 외국인과 태권도에 관해 이야기를 나눌 때 뭔가 제대로 된 정보를 주고 자기 나름의 견해를 피력할 수 있는 한국인은 얼마나 될까. 교과서에 태권도에 관한 단원을 넣는다면 사정이 좀 나아질까. 고려 청자 이조 백자에 대해 국사 시간에 그렇게 많이 배웠지만 그에 대한 심미적인 안목이 생기지 못하는 것은 무슨 까닭인가. 전통을 아끼고 다듬자는 주장이 공허하게 맴돌지 않으려면 그것을 체험할 수 있는 장이 많아져야 한다. 자기의 언어로 해석하고 소통할 수 있는 기회들이 넓어져야 한다. 태권도라는 소중한 유산이 오늘의 살아 있는 문화로 재생되기 위해서는 일상적인 스포츠 문화의 활성화와 접맥되어야 한다.

전 세계적으로 국제적인 스포츠 이벤트는 점점 대형화된다. 한국은 2002년 한일 월드컵 대회와 부산 아시안 게임을 개최했다. 그런데 그러한 이벤트의 핵심은 말할 것도 없이 스포츠 문화이다. 스포츠를 통해 문화를 만들어갈 수 있는 역량에 따라 월드컵의 축제다움이 살아날 것이다. 그것은 일시적인 동원이나 캠페인으로 되는 것이 아니라 오랫동안의 축적과 숙성의 결과이다. 우리 사회는 정말로 축구나 스포츠를 즐기는가? 그것을 통해 주고받는 언어는 풍부한가? 지하철을 가득 메우는 스포츠 신문은 그러한 활력을 북돋우는 미디어가 되고 있는가? 학교 교육은 앞으로 어떠한 방향으로 전환해가야 하는가?

2002년 한일 월드컵 대회를 통해서 지구촌 시민들은 한국의 스포츠 문화에 대해 알게 되었다. 그것은 우리의 자화상을 다시금 바라보는 좋은 기회가 되기도 한 것이다. 따라서 지금부터 우리는 스스로의 모습을 객관화하고 해석하면서 대안을 모색해가는 작업이 필요하다. 금 메달로 국위를 선양하기 위해 국가가 나서서 몇몇 선수들만 집중적으로 훈련시키는 한편, 나머지 청소년들은 제대로 된 놀이 공간이나 여유를 갖지 못하는 상황을 언제까지 방치할 것인가?

스포츠 이벤트는 몸의 제전祭典이다. 잔치를 벌이는 주인이 진수성찬만 가득 차려놓았지 정작 흥과 멋을 내지 못한다면, 초대받은 손님들은 어색하기 짝이 없을 것이다. 국위의 선양도 중요하고, 스타들을 육성하여 스포츠 산업을 신장시키는 것도 필요하다. 그러나 앞으로는 그 두 가지가 제대로 되기 위해서라도 시민들의 스포츠 문화가 건실하게 육성되어야 한다. 아울러 몸의 요구를 극도로 억압하는 교육 체제의 수정 전략도 치밀하게 탐구되어야 한다. 여러 도시에서 거듭 개최되는 스포츠 대회가 그러한 변화의 중요한 계기가 되길 기대해본다.

몸―생명의 순환을 담는 그릇

　근대 산업 사회에서 신체는 노동의 도구로 전락했다. 신체는 생산성을 극대화하는 데 동원된다. 그래서 경쟁에서 살아남기 위해서 뛰다 보면 건강을 배려하지 못한 채 무리하게 된다. 스트레스를 먹는 것으로 해결하기도 한다. 그렇게 혹사한 결과 돌이킬 수 없는 불행에 이르기도 한다. 내 몸이 내 것이 아니고 몸과 환경 사이의 연결 고리도 끊겨버린다. 몸과 마음과 환경이 별개의 실체로 겉돈다. 자기를 위한 행위들이 몸과 환경을 무너뜨린다. 그렇게 망가진 생명을 추스르기 위한 몸부림이 다시 자기 파괴로 이어진다.

　모든 생명은 근본적으로 이기적이다. 그러면서도 이타적이다. 그래서 공생한다. 참다운 공동체의 길은 생명의 원리에 복귀함으로써 열린다. 이 길에서 실현되는 공생의 윤리는 내부뿐만 아니라 바깥에서 맺는 다른 존재와의 관계 속에서도 성취된다. 그리하여 자연 환경의 오염이 야기하는 신체적 건강의 위기, 기계적인 사회 체제가 일으키는 영혼의 질식, 그 폭력들로부터 벗어나려는 몸부림이 일어난다. 막힌 숨결을 트고 닫힌 문을 열며 매인 고리를 푸는 몸짓이다. 그래서 가장 보편적인 원리로서 생명은 가장 구체적인 형식을 취하게 된다.

　자연自然이란 무엇인가? 도올 김용옥 선생의 풀이에 따르면 '스스로 그러함'이다. 우리는 자연을 해치면서 동시에 생활의 자연스러움도 잃어버렸다. 그래서 건강도 균형이 깨져버렸다. 건강이란 무엇인가? 만물의 자연스러운 순환이 스스로 이뤄지도록 비워두고 거기에 몸을 맡기는 여유가 아닐까? 그런데 오늘날 우리는 건강에 대한 집착과 인위적 노력으로 그러한 본원적 질서를 교란시키고 있다.

생명은 '비어 있음'을 지향하고 그 속에서 순환한다. 그런데 인간의 욕망은 반대로 그것을 자꾸 채우려고만 한다. 채움은 막힘을 가져온다. 과식으로 위장이 막히고 쓰레기로 하수구가 막힌다. 차량으로 도로가 막히며 사람들로 산하가 막힌다. 그래서 숨이 막힌다. 우리가 추구하는 생활양식은 그러한 막힘을 뚫고 잃어버린 '비어 있음'을 되찾는 생명 본연의 운동이어야 한다.

1 한국의 40대 남성 사망률이 세계 1위라는 몇 해 전의 통계에 이어, 40
대 여성 사망률에 비해 3배나 된다는 것도 밝혀졌다. 구체적인 사망 원인
들이 무엇인지 알아보고, 그렇게 반反생명적으로 삶이 영위되는 데는 어
떤 문화적 배경이 깔려 있는지를 분석해보자.

2 한국인의 평균 수명은 앞으로 점점 더 늘어날 수도 있고 줄어들 수도
있다. 그것을 좌우하는 변수들은 무엇일까? 모두 나열해보고 그것들 사
이의 상관관계도 생각해보자. 그 결과를 토대로 하여, 지금의 추세대로
갈 경우에 50년 후에 한국인의 평균 수명이 몇 살쯤 될지를 몇 가지 유형
의 시나리오로 예측해보자.

3 선진국의 학교 체육은 한국과 비교해서 무엇이 다른가? 그러한 사례들
에서 우리가 배워 적용할 수 있는 사항이 있다면 무엇인가? 중앙일보에
2000년 12월 14일부터 일주일 동안 특집으로 실린 연재 기사들을 참고
로 정리해보자(기사들은 www.kinds.or.kr에서 찾을 수 있다).

4 한국에서는 몇 해 전부터 기공氣功 체조나 단학丹學 수련 등 전통적인 수
련이 붐을 일으키고 있다. 성인들 사이에 그런 프로그램들이 인기를 끄는
이유는 어디에 있는가? 그리고 태권도가 그런 현상에서 벤치 마킹bench
marking할 점이 있다면 무엇인가?

제13장

걷고 싶은 거리, 머물고 싶은 도시
—— 공간 디자인의 인간화

요즘에는 비행기를 탄다는 것이 그렇게 희귀한 일이 아니다. 하늘 위에서 아래를 내려다보는 경험은 언제나 어떤 설렘 같은 것을 느끼게 한다. 땅 위에서 걸어다니는 우리 인간에게는 비일상적인 경험이다. 방금 전까지만 해도 내 자신이 저기 보이는 풍경 속을 걸어다니던 한 사람이었는데 갑자기 그것들이 내 발 아래로 내려다보이고 있다. 마치 새가 된 것 같고, 딴 세계를 보고 있는 것 같다. 내가 사람 위에 군림하는 존재인 것 같다.

〔……〕 도시 계획을 직업으로 하는 사람들은 매일처럼 비행기를 타고 하늘에 높이 올라가서 작업을 하는 셈이다. 그들은 대개 1만분의 일에서 5만분의 일 지도를 써서 작업을 하는 경우가 많다. 이것은 바로 1만 미터 내지 5만 미터 상공에서 지상을 내려다보고 있는 꼴이 된다. 사람의 사고 능력은 사람이 놓인 상황이나 위상과 상관없을 것 같지만,

앞에 놓인 상황이나 위상을 뛰어넘어 자유롭게 사고하는 사람은 드물다. 능력이 모자라서라기보다 무의식중에 상황이나 위상이 설정해내는 환경 속에서 사고하게 되는 습성이 있는 것이다.

〔……〕 도시 계획을 하는 목적을 물어보면 너나없이 도시 주민의 생활과 활동을 원활하게 할 수 있는 그릇과 조건 만들기라고 제법 인간미 있는 대답이 되돌아온다. 그런데 높은 하늘의 비행기에서 지상의 사람이 거의 보이지 않았듯이 지도 위에서도 사람은 보이지 않는다. 떨어져 있으면 멀어지게 마련이다. 하늘 높이 뜬 도시 계획가의 눈에 사람이 보이지 않고 있는데, 그 보이지 않는 사람들을 위해 도시 계획이 무엇인가를 해주리라고 기대하는 일은 부질없는 일이 아니겠는가. 기껏해야 전문가적인 원론에서 풀이한 좋은 삶과 행복한 삶을 위해 전문가가 명령하는 대로 움직여야 한다고 강요할 뿐이다. ─강병기, 『삶의 문화와 도시 계획』(나남, 1993)

가령 한국에 굉장히 무서운 전염병이 갑자기 퍼져서 하루에 30명씩 죽어간다고 상상해보자. 또는 어떤 흉악범 조직 하나가 전국을 누비고 다니면서 그 정도의 인명을 앗아간다고 가정해보자. 온 나라가 벌집 쑤셔놓은 것처럼 난리가 날 것이다. 사람들은 자신 또는 자기 가족의 목숨을 지키기 위한 모든 수단을 강구할 것이며, 정부는 정부대로 사태 해결에 총력을 기울일 것이다. 그야말로 총체적 난국과 위기에 돌입하여 모든 일상 업무가 완전히 뒤죽박죽될 것이 틀림없다.

이 가상 스토리에서 전염병이나 범죄 조직 대신 자동차를 대입해보

자. 그것은 더 이상 허구가 아니다. 우리가 매일 겪고 있는 현실이다. 교통사고로 인해 하루 30여 명이 목숨을 잃고 100여 명에 달하는 사람들이 다치며 그 가운데 상당수가 불구자로 여생을 살아간다. 거기에서 그치지 않는다. 지금까지는 난방 시설과 각종 산업 및 발전소 시설 등이 대기 오염의 주범으로 꼽혀왔으나 이제는 자동차에서 배출되는 유독 물질들이 전체 대기 오염 물질의 3분의 1 이상을 차지하고 있으며 서울 등 대도시의 경우에는 그 비율이 훨씬 높다. 더구나 자동차는 한 대 한 대로 볼 때는 공장이나 빌딩 등 대형 배출원보다 유독 물질의 배출량이 훨씬 적지만, 바로 사람의 코앞에 가스를 내뿜기 때문에 그 피해가 심각하다고 한다. 말하자면 모든 사람의 생명을 서서히 죽여가고 있는 것이다.

그런데 이 비상사태에 대해서 공포를 느끼는 사람은 거의 없다. 오히려 날이 갈수록 자동차는 엄청나게 늘어나고 있다. 시내를 가득 메우는 차량 행렬, 전국 방방곡곡 심지어 지리산 꼭대기까지 활개치고 다니는 자동차들은 아직도 많은 이들에게 풍요로움과 행복의 징표로 여겨지고 있다. 우리도 이제 이른바 마이 카 시대에 돌입하여 어느덧 자가용은 사치품이 아니라 필수품이 되었다. 자동차가 생활에 긴요한 물건이 되었다는 것은 그만큼 먼 거리 이동이 일상화되었다는 뜻이다. 생활 반경이 넓어진다는 것은 그만큼 체험의 폭이 다양하게 확장된다는 뜻이다. 그러나 그것뿐일까? 자동차 중심으로 삶이 편제되면서 우리가 잃은 것은 없는가?

위에서 이미 지적한 교통사고나 대기 오염 같은 문제는 눈에 금방 드러난다. 그러나 그에 못지않게 심각하면서도 쉽게 의식되지 않는 문제가 있다. 그것은 우리 삶의 질에 관한 것이다. 큰 도로에서는 물론 좁은 골목길에서도 걷다 보면 뒤에서 느닷없이 울려대는 자동차 경적소리에 깜짝 놀라는 일이 다반사가 되어버렸다. 심지어 오토바이들이 들어올 수 없는 인도에서 그것이 도리어 사람을 향해 비키라고 소리를 낸다. 횡단보도를 건너다 보면 미처 다 건너지도 않았는데 불이 깜빡이기 시작하면서 지금은 위험하니 다음 신호를 기다리라고 한다. 우리는 신속하게 이동하는 기능을 위주로 만들어진 도시에 살면서 그러한 긴장과 조급함에 길들여져버리지 않았는가.

모든 것이 자동차의 빠른 주행을 보장하는 쪽으로 짜여진 도시는 사람을 압도할 수밖에 없다. 골목에서조차 차량에 쫓기고 비키고 하는 가운데 길은 더 이상 생활공간이 아니다. 그 스피드 속에 마음이 머물 곳이 없는 것이다. 시간과 거리의 단축만을 고려한 교통 체계로 바뀌면서 도시에는 큰길들이 많이 생겼다. 그러는 동안 샛길들이 사라져버렸다. 걸으면서 오붓하고 아기자기한 재미를 느낄 수 있고 단골집에서 사람들이 부담 없이 만나 시간을 보낼 수 있는 뒷골목들이 없어지고 있다. 자동차들이 세차게 달리는 큰길의 보도에서 보행자들 역시 빨리 통과하기 바쁘다. 그래서 그 길 자체의 분위기를 음미할 여유를 갖지 못한다. 오가며 마주치는 다른 사람들도 눈에 잘 들어오지 않는다. 부딪히지 않도록 피해야 할 장애물로 다가올 뿐이다.

산업화는 항상 도시화를 수반한다. 우리 삶이 지난 몇십 년 동안 급격하게 변했다고 할 때, 그 가장 중요한 내용은 농촌적인 생활 구조에

■ 현대 건축이 부딪힌 문제—모든 이용자를 위할 것인가, 아니면 극소수를 위한 더 편한 환경을 만들려는 신기루를 쫓을 것인가—는 르 코르뷔지에의 그림 「현대의 재난인가 공간 구성의 자유인가」에 잘 나타나 있다.

서 도시적 생활 구조로 바뀐 것이라 할 수 있다. 지금도 계속 많은 사람들이 농촌을 떠나 도시로 향하고 있다. 서울로 입성하기 위해 늘어선 행렬은 도무지 끝이 보이지 않는다. 그래서 전체 인구의 절반인 2천만이 수도권에 몰려 살고 있으며 이는 세계적으로도 유례를 찾기 어려울 정도로 기이한 현상이다. 이러한 팽창은 너무나 빠르게 진행되어왔기에 이곳을 사람다운 삶이 영위될 수 있는 공간으로 가꿀 여유가 없었다. 도시의 불빛을 찾아 급작스레 번식하는 인구를 수용할 수 있는 최소한의 기능을 확보하고 유지하는 데 급급했던 것이다. 그 과정에서 우리의 생활은 어떻게 되었는가?

똑같은 집, 똑같은 삶

주택 2백만 호 건설이라는 어마어마한 계획이 어느 날 갑자기 발표되고 추진되었다. 그 많은 집을 한꺼번에 짓는다는 것은 어쩔 수 없이 똑같은 규격으로 대량 생산하는 것일 수밖에 없다. 그런데 과연 집이란 것이 사람이 먹고 자고 하는 단순한 서식처인가? 강병기 교수의 말을 더 들어보자.

집합 주택이나 주택 단지처럼 불특정 다수를 대상으로 하는 건축물 내지 환경의 계획이나 설계에서 통계학적으로 추출된 추상적인 인간상을 발주자client 또는 이용자로 착각한다. 그런 잘못을 자각 없이 저지르게 된다. 같은 대지 위에 김 아무개의 집을 설계하는 경우와 강 아무개의 집을 설계한 결과는 상당히 달라야 마땅하다. 그런데도 집주인이 많아질수록 그리고 집주인이 확정되지 않을수록 집주인 개인의 구체적 이질성이나 다양성보다 추상적 동질성과 공통성을 중시한다. 이질성과 다양성도 평균치라는 편리한 대표치로 통계 처리해버린다. 그 결과 실재할 리도 없고 실재할 수도 없는 평균치적 인간이라는 것을 과학적이라고 하는 조작에 의해서 탄생시킨다. (앞의 책, p. 52)

동물원에서 동물의 집을 지을 때도 각 동물들 나름의 다양한 행태를 고려하지 않으면 안 된다. 그런데 사람의 집을 지을 때는 그 중요한 작업을 생략해버린다. 하기야 짓는 사람도 똑같은 사람이고 건축 교과서는 기본적으로 사람의 생물학적인 기능을 모두 고려해서 얼개를 짜놓았는데 거기에 맞추어 지어놓으면 무슨 문제인가? 그 이상 무엇이 더 필요한가? 그렇기는 하다. 어떻게 지어놓든 부실 공사만 없다면 그런대로 살 수는 있을 것이다. 몸뚱어리 유지해가는 데 지장은 없을 것이다. 그러나 사람이 산다는 것이 생존에 머무르는 것은 아니지 않은가. 사람의 삶은 다른 동물과 달리 타고난 본능이나 행동 프로그램보다는 사회화 과정에서 습득한 문화에 의해서 훨씬 더 많이 좌우된다. 그리고 그 문화는 매우 다양하다. 따라서 그 다양성을 무시하고 획일화된 규격으로 집을 지어대는 것은 마치 똑같은 모양의 철창에 여러 종류의 동물을 집어넣는 것과 비슷한 잘못이다.

이것은 주택 하나하나에만 해당하는 것이 아니다. 집과 집이 모여 이루는 동네의 생태 또한 지역마다 다르게 나타난다. 정부에서는 판자촌이 보기 싫다고 한꺼번에 철거해버리고 그 주민들을 새로 지은 임대 아파트에 이주시킨다. 그런 대안도 없이 내쫓는 처사에 비하면 그런 식으로라도 새로운 삶터를 마련하는 것이 바람직한 것은 말할 것도 없다. 그러나 거기에도 중대한 문제가 있음을 놓치지 말아야 한다. 빈민촌은 바깥에서 보기에는 누추하고 남루할지 모르지만 그 안에는 삶의 정교한 얼개가 깃들어 있다. 무엇보다도 주민들 사이에 비공식적으로 맺는 이웃, 단골, 동료 등과의 관계는 일자리를 얻는 통로이자 경제적인 불안정성과 현금의 결핍을 극복하는 하나의 자조 체계이다.

그런데 지금까지 시행되어온 재개발은 늘 이러한 생활 패턴을 염두에 두지 않았다. 물리적인 주택만 있으면 된다는 안이한 발상으로 아파트만 많이 지어 여기저기에 살던 영세민들을 마구잡이로 입주시킨다. 그 결과 생계를 유지해가는 데 매우 소중한 기반이 되는 알음알이의 연줄망이 모두 해체된다. 왜 이런 일이 벌어질까? 계획가와 행정가의 눈에는 그들의 삶이 포착되지 않기 때문이다. 사람이 보이지 않기 때문이다.

　'도시 계획'이라고 하면 우리는 대부분 자기의 삶과 관련이 없다고 생각한다. 관련이 있다고 해도 내가 관여할 수 있는 영역이 아니라고 생각한다. 그것은 그 방면에 특수한 지식을 갖춘 전문가와 행정가들의 소관이라고 여기는 것이다. 우리의 도시가 그 규모의 적절성을 잃고 공룡처럼 비대해져만 가는 것, 그 안에 쾌적한 생활의 질서가 자라나지 못하고 삭막한 기능들만 난삽하게 번식하는 것은 바로 우리의 그러한 편견 때문이다. 우리는 자기의 방을 정돈하고 때로 그 안의 물건들의 위치를 바꾸기도 한다. 또한 집 안의 실내 디자인이나 마당의 조경을 새로 바꿈으로써 심기일전의 기회로 삼기도 한다. 그런데 대문을 열고 한 발자국만 나서면 거기서부터는 내가 알 바가 아니다. 그것은 완전히 관청의 몫이다.

　그러나 유감스럽게도 관청은 그 책임을 성공적으로 수행하지 못한다. 그들은 주민의 생활 세계를 밀도 있게 고려하지 않고 마구잡이로 도로를 낸다. 임시변통으로 시설을 세웠다가 문제가 되면 없애버린다. 더구나 지금까지 우리의 관료 행정은 지나치게 중앙 집중적이었기 때문에 각 지역의 특징들을 섬세하게 고려할 시야를 갖지 못했다. 그리고 개발 일변도의 정책에 묶여 있었기에 삶의 다양한 요소들을 골고루 헤아려 종합하지 못했다. 저 높은 곳에서 내려다보는 국토와 도시는 몇 개의 도식과 통계 수치로 간단하게 환산되는 대상일 뿐, 살아 움직이는 생명의 자리는 아니었던 것이다. 그렇다면 사람이 보이는 계획은 어떻게 가능할까?

최근 들어서 도시 계획의 패러다임이 전환되고 있다. 그 핵심은 무엇인가. 어떤 완벽한 마스터플랜을 짠다는 것이 불가능하다는 것이다. 모든 사람들의 이해관계를 초월한 공공의 입장이라는 것이 명확하게 설정될 수 있다는 전제가 흔들리고 있다. 어떤 유능한 전문가들이 총체적으로 설계할 수 있다고 더 이상 믿지 않는다. 집만 있으면 되고 그냥 사는 것 자체가 목적이었던 시절을 지나 이제 점점 사람들의 생활 자체가 복잡해지고 욕구도 다양해지고 있다. 따라서 그러한 모든 변수들을 고려하여 체계화하고 설계에 반영하기는 쉽지 않다. 아무리 해도 반드시 결함이 드러난다. 그렇다면 계획 자체를 포기해야 하는가?

그렇지는 않다. 대안적으로 제시되는 것은 꽉 짜여진 계획이 아니라 느슨하게 열려 있고 여백이 많은 계획이다. 설계는 본질적으로 불확정적이어야 한다. 전문가들이 기본적인 구조물을 배치하면 그 빈 부분들을 거주민들이 서서히 메워가는 것이다. 이것을 '목표 개방적인 설계'라고도 하는데 그 공간의 섬세한 모습을 누군가가 사전에 짜지 않는다는 뜻이다. 전문가가 제공하는 것은 기본 얼개에만 머물고 그것조차 한꺼번에 완성시키지 않고 거주자들이 수정할 수 있도록 하는 것이다. 빈틈없이 짜여진 틀이 얼마나 비효율적이고 억압적인가에 대한 반성에서 출발하여 유연성과 융통성을 그 핵심으로 삼는다. 여기에는 생활의 유기적인 내부 구조와 그 안에서 벌어지는 상호 작용에 대한

■ 도시 계획 도면을 놓고 시민들이 함께 이야기를 나누고 생각을 모으는 작업은 지역 사회의 의사 결정 과정에 주민 참여를 활성화하는 데 매우 훌륭한 촉매제가 된다.

배려가 깔려 있으며 어떤 지역이든지 그 거주자들이 가장 잘 안다는 (또는 알아야 한다는) 전제에서 출발한다. 그들이 가진 잠재력이야말로 지역을 개발하는 데 가장 중요한 힘이 된다고 생각한다.

그런 의미에서 '시민이 참여하는 내발적 개발 Development from within by Citizen Participation'이라는 개념이 나온다. 거기에서는 스스로가 안고 있는 문제를 스스로의 창의력으로 해결해나가고 일단 만들어진 거주 환경을 스스로의 힘으로 지키고 가꾸어갈 수 있게 하는 과정 자체가 중요하다. 따라서 천편일률적인 환경 대신 지역마다의 특성과 활기를 가진 거주 환경이 조성되는 것을 지향한다. 도시 계획은 이러한 주민들의 자발적인 움직임을 자연스럽게 인도해주고 전문가적인 지식으로 조언해주는 방향으로 성격을 변화시켜가려 한다.

건물이나 물리적인 공간은 그 자체로 완결성을 지닐 수 없다. 그것은 거기에 있는 사람들과의 관계 속에서 의미를 발생시킨다. 건축사를 연구하는 김성우 교수에 따르면 서양의 건축 개념은 독자적인 개체로서 변화의 여지가 적은 반면, 동양의 건축 개념은 하나의 독립된 오브제object가 되는 것을 거부할 뿐 아니라 균형을 이루기 위해 다른 상대물counter part을 기다리는 형태이다. 전자가 충족된 독립체라면 후자는 채워지기를 기다리는 그릇이다. 그 그릇이 아무 대응물이 없이 비어 있을 때 그 안에 사람이 나타나 그 공간에 주는 의미의 출처가 된다. 그렇듯 동아시아 건축 전통에서는 땅을 바닥으로 하는 빈 공간, 즉 마당을 형성하려는 동기가 강하게 작용해온 것이다. 무대는 어디까지나 철저하게 무대이어야 하며 건축의 질은 독립된 물건으로서의 가치가 아니라 무대의 효용성으로서의 질이어야 한다는 입장이다.

형태적으로 완성된 결정체 위주로 건물이나 도시 계획을 보는 관점은 결국 사람을 구석으로 떠밀어넣고 역동적인 삶의 에너지를 억압한다. 사람을 기다리는 마당으로 공간을 인지했던 전통은 그런 점에서 재해석될 필요가 있다. 사람과 환경 사이의 감응을 통합적으로 파악하는 눈으로 오늘의 도시와 건물을 다시 들여다보아야 한다.

지휘자 정명훈 씨가 어느 잡지와 인터뷰를 하면서 다음과 같은 체험을 이야기한 적이 있다. 프랑스에 살 때, 집 근처에 고속도로가 놓이게 되었다고 한다. 그런데 도로 공사가 끝나고 꽤 오랜 시간이 지났는데도 좀처럼 개통을 하지 않더라는 것이다. 나중에 그 까닭을 알아본즉슨 도로 그 자체는 완공되었지만 그 옆의 꽃밭이 아직 마무리되지 않았기 때문이라는 것이었다. 꽃밭은커녕 도로의 물리적인 완결조차 이루지 않은 상태에서 자동차를 운행시키는 우리의 도로 사정과 너무나 대조적이다. 한가롭고 사치스런 이야기로 들릴지 모른다. 그러나 과연 그 꽃밭은 단순히 운전자의 시선을 즐겁게 하는 장식에 불과한 것일까?

그렇지 않다. 그 꽃밭이 있음으로 해서 그 도로는 단순히 한 지점에서 다른 지점으로 이동하는 물리적 수단이 아니라, 그 과정에서 아름다움을 느낄 수 있는 의미 공간이 되는 것이다. 그곳을 통과하는 운전자는 자연히 스피드에 대한 집착에서 해방될 수 있고 따라서 그만큼 안전사고의 위험도 줄어들게 될 것이다.

자연과 도시가 조화를 이룬 거리로서 1992년 일본 도시 경관 대상을 수상한 일본 도쿄도(東京都) 「다마(多摩) 뉴타운」.

서울 동대문구 전농1동 457-2호 주변의 골목길이 차 없는 골목으로 바뀌어 아이들의 공간이 되었다. 동장이 주도하고 주민들이 호응하면서 매달 한 번씩 하루 종일 골목의 차들을 인근의 공터로 옮기고 이렇게 놀이터로 열어놓은 것이다. 그러나 불과 2년 뒤 동장이 다른 지역으로 전출하면서 이런 기쁨도 사라졌다. 사진과 설명은 『마을 단위 도시 계획 실현의 기본 방향』(정석, 서울시정개발연구원)에 실린 것이다.

단독 주택의 담장을 헐고 골목에 작은 공원을 만든 대구 삼덕동 3가.

과속을 방지하기 위해서 카메라를 설치해 단속하는 것과는 전혀 다른 차원의 전략이 구사되고 있다고 할 수 있다. 안전 운행이라는 기능적 요구와 아름다움에 대한 감흥이라는 문화적 요구를 일치시킨 것이라고 할까?

언제부터인가 우리는 걷는 즐거움을 잃어버렸다. 길은 재빨리 지나가야 하는 통로로만 여겨질 뿐, 그 자체로 삶이 깃드는 장소로는 생각되지 않는 것이다. 그래서 우리는 길을 걸어가면서 그 주변의 풍경들에 눈길을 돌리는 일이 좀처럼 드물다. 수많은 간판들이 현란하게 걸려 있는 번화가를 걷고 나서도 주의 깊게 응시했거나 기억에 새겨둔 간판은 거의 없을 때가 많다. 다시 말해 바깥에 있는 사물들이 피상적인 영상으로 스쳐 지나가는 동안 우리는 그것들과 의미 있는 교류를 하지 못하는 것이다.

생활 속에 품위 있는 디자인을 개발하고 구현하는 것은 결코 한가한 사치가 아니다. 그것은 갈가리 균열되어가는 사회를 새롭게 만들기 위해 문화적 토대를 다지는 일이다. 단절된 의사소통의 회로를 복원해 창조적 의미를 생산하도록 이음쇠들을 엮는 작업이다. 거기에서 얻어지고 느껴지는 공공의 행복감으로 우리 삶의 격조는 한결 높아질 것이다.

그러한 문화가 깃들 수 있는 여백은 생활 속에 가득 널려 있다. 아무렇지도 않게 보아 넘겨온 지하철 역 구내의 사물 보관함이 하나의 수려한 화폭으로 바뀔 수 있다. 한갓 보행 장애물에 지나지 않았던 전기 배전함이 거리의 아름다운 조형물 역할을 할 수 있는 것이다. 지금도 수많은 사물들이 그렇듯 새로운 의미로 거듭나기를 기다리고 있다. 그 꽃봉오리들이 하나둘씩 피어나면서 가꿔지는 생활환경은 은은한 아름다움으로 우리의 내면을 감쌀 것이다.

1 청소년 문화회관이 청소년 문화의 활성화에 기여하는 공간이 되도록 하기 위해서는 사전에 많은 정보가 필요하다. 입지 조건에서 내부 공간 디자인에 이르기까지 구체적인 자료를 수집하고 분석한 결과에 기초해서 디자인이 이뤄져야 하는 것이다. 그 업무의 담당자라고 생각하고 연구 계획서를 짜보자.

2 주민들이 도시 계획 등 행정의 업무에 대해 접근하기 어려운 이유 가운데 하나는 그 말들이 너무 난해하기 때문이다. 행정 및 사법 기관에서 흔히 사용되고 있는 용어나 표현들을 조사해보고 그것들을 누구나 쉽게 이해할 수 있는 말로 바꿔보자.

예) 공도상 무단 적치물 엄금(길 위에 함부로 물건을 쌓아두지 마시오)

예) 무루필착(빠짐없이 꼭 도착하도록)

예) 수반입적자(함께 호적에 오를 사람)

예) 상기무위(위에 쓴 것과 다름없음)

예) 소권의 행사가 공서 양속 또는 신의칙에 반한다거나 권리의 남용에 해당한다고 볼 만한 사정이 있는 때에는 위법하다 아니 할 수 없고……(소송을 낼 수 있는 권리를 행사하는 것이 사회 질서 또는 신의 성실의 원칙에 어긋나거나 권리의 남용에 해당할 경우에는 법에 어긋난다고 할 수밖에 없고……)

3 1990년대 후반에 접어들면서 여러 지자체에서 '걷고 싶은 거리' '문

화의 거리' 등을 내걸면서 환경 조성 사업을 전개해왔다. 그 패턴을 보면 보도블록을 교체하는 것이 가장 일반적이다. 그러나 그러한 물리적 개선 사업은 많은 돈을 들이는 것에 비해 효과를 거두지 못하고 있다. 정말로 걷고 싶은 거리는 어떤 것인가? 자신의 감수성과 체험을 성찰하면서 그 조건들을 정리해보자. 그리고 그러한 거리를 조성하기 위해서 행정과 주민들은 각각 어떤 일들을 해야 하는지도 생각해보자.

4 동사무소의 많은 업무들이 전산화되고 있다. 그에 따라 그 공간을 주민 자치 센터로 바꿔 복지와 문화를 위해 활용하는 방안에 대해 다각적으로 논의가 진행되어왔다. 그런데 동사무소가 진정으로 주민들의 공간이 되어야 한다는 총론에는 모두가 동의하지만, 구체적으로 어떤 방식으로 기능이 전환되어야 하는지를 놓고 각론으로 들어가면 여러 의견들이 상충될 수 있다. '지역 주민'이라고 해도 그들은 주부, 노인, 어린이, 청소년, 직장 여성, 자영업자 등으로 다양하게 구성되어 있고, 저마다 공간적인 필요가 다르기 때문이다. 그렇다면 구체적으로 각 입장에 따라서 어떤 요구가 있을 수 있는지 정리해보자. 그리고 그 요구들을 제한된 공간에서 최대한 수용하기 위해서는 그 공간의 기능을 어떻게 복합화할 수 있는지도 생각해보자.

제14장

사회가 곧 교실이다
─학습 사회의 감수성과 상상력

가령 한 소년에게 예술과 과학에 대하여 무엇인가를 가르치고 싶다면 나는 그 아이를 어떤 교수가 있는 곳으로 보내는 식의 흔해빠진 방법은 쓰지 않을 것이다. 왜냐하면 그곳에서는 모든 것이 강의되고 실습되지만 삶의 예술은 가르쳐주지 않기 때문이다. 그곳에서는 망원경이나 현미경으로 세계를 관찰하는 법은 교습되지만, 육안으로 세상을 보는 법은 가르쳐주지 않는다. 화학은 공부하되 자기의 빵이 어떻게 구워지는가는 배우지 않으며, 기계학은 배우되 빵을 어떻게 베는가에 대해서는 배우지 않는다. 해왕성의 새로운 위성은 발견해내지만, 자기 눈의 티는 보지 못하며, 또한 자기가 지금 어떤 악당의 위성 노릇을 하고 있는지는 깨닫지 못하고 있다. 한 방울의 식초 안에 있는 괴균怪菌들을 연구하면서 자기의 주위에서 우글거리는 괴물들에게 자신이 잡아먹히고 있다는 것을 모르고 있다.

다음 두 학생 중 한 달이 지난 다음에 어느 쪽이 더 발전해 있을까? 즉, 한 학생은 자기가 캐어낸 쇠붙이를 녹여서 주머니칼을 만들되 그러는 중에도 거기에 관련된 책들을 읽었으며, 또 한 학생은 대학에 나가 광물학 강의를 듣되 아버지로부터 '로저스' 표 주머니칼을 선물로 받았다면 말이다. 둘 중에 누가 더 손을 잘 베겠는가?

대학을 졸업할 무렵 나는 내가 재학 중에 항해학 과목을 수강한 일이 있다는 것을 듣고는 깜짝 놀랐다. 차라리 내가 배 한 척을 직접 몰고 항구 밖으로 단 한 번만이라도 나갔더라면 항해술에 대해 훨씬 많은 것을 배웠으리라. 가난한 학생들까지도 정치경제학만을 공부하고 강의받고 있으며, 철학과 동의어 관계에 있는 생활의 경제학은 대학에서 진지하게 가르쳐지고 있지 않다. 그 결과, 학생이 애덤 스미스와 리카르도와 세이의 경제학 서적을 읽는 동안 그는 자기 아버지를 헤어날 수 없는 빚 구덩이에 몰아넣고 마는 것이다. —헨리 데이비드 소로, 『월든』

산업화는 한마디로 말해 삶이 생산 중심으로 재편성되어온 과정이라고 할 수 있다. 그런 가운데 사회는 한편으로 거대한 공적 영역으로 집약되면서 다른 한편으로는 왜소한 사적 영역들로 세분화되었다. 그리고 학교는 공장이 필요로 하는 노동력을 훈련시켜 제공하는 기능을 떠맡게 되었다. 근대 교육은 청소년들을 삶의 현장으로부터 격리 수용하는 데서 출발했다. 그래서 교육이라는 활동은 지역 사회로부터 떨어져나와 별도의 공간에서 자기 완결적인 구조를 갖게 된 것이다. 다시 말해 교육에 관련된 모든 요소들을 가족이나 지역 사회에서 분리하여

한곳으로 집결시켜 독점하는 것이다.

이것은 역사적으로 보아 매우 예외적인 현상이다. 근대 이전의 모든 사회에서 아이들은 가족과 지역에 동시에 소속해 있었다. 그래서 자기 부모만이 아니라 동네의 모든 어른들이 부모처럼 훈육하였고, 그러한 관계를 모두가 당연한 것으로 받아들였다. 다시 말해 부모—자녀 관계가 가족 단위에 한정된 것이 아니라, 지역 사회 안에 거주하고 있는 '어른들 일반'과 '아이들 일반' 사이에 성립하고 있었던 것이다. 그러한 관념은 우리처럼 짧은 시간에 산업화와 도시화가 이뤄진 사회에서는 사실 그다지 낯설지 않다.

근대 사회는 그러한 지역의 자율성을 해체하고 국가 단위에서 사회를 재편성하는 거대한 '헤쳐 모여'의 과정을 통해 형성되었다. 그 사회의 경쟁력은 노동력을 얼마나 효율적으로 동원하여 가동시키느냐, 그리고 그 노동력의 질을 어떻게 제고하느냐에 달려 있다. 근대 생산 체제에 적응할 수 있는 최소한의 지식과 기능을 얼마큼 빨리 그리고 얼마큼 많은 사람들에게 체득시키느냐가 그 사회의 경제적 성패를 좌우하는 것이다. 바로 이것이 근대 교육의 핵심 목표였고, 한국 사회는 이 점에서 성공한 편이다.

그러나 그러한 방식은 새로운 시대가 요구하는 인력을 키워내는 데 점점 치명적인 결함을 드러내고 있다. 지금까지는 주어진 상황이나 과제가 단순했다. 그래서 그에 대한 해석이나 대처 방식이 뚜렷한 몇 가지 유형으로 매뉴얼화될 수 있었다. 그러나 이제는 환경이 달라졌다. 표준화된 코드를 기계적으로 적용하는 방식으로는 풀 수 없는 문제들이 점점 많아지는 것이다. 따라서 이제 필요한 능력은 지식이 아니라 안목이다. 쏟아지는 정보들 가운데 유용한 것을 선별하여 조합하면서 해법을 찾아내는 창의력이다. 이렇게 볼 때 지금까지 현실과 단절된 채 추상적 기호들만을 입력시키는 기존 교육의 한계는 자명하다.

그렇다면 21세기가 요구하는 교육의 모습은 무엇인가? 사고뿐만 아니라 감각을 통해서도 현실을 구체적으로 학습할 수 있어야 한다. 앞으로 중요한 것은 리얼리티에 대한 감수성과 통찰력이다. 그러한 능력은 다양한 경험을 통해서 배양된다. 그렇다면 그것은 구체적으로 어떠한 모습인가?

하자센터의 실험

"일＋놀이＋자율이 결합된 새로운 라이프 스타일을 만들어내면서 동시에 우리 사회를 업그레이드하자." 이것은 1999년 12월 서울 영등포구에 세워진 서울시립 청소년직업체험센터 '하자센터'(www.haja.or.kr)가 내세우는 활동 목표이다. 설립 당시 한국은 한편으로는 이른바 교실 붕괴가 급속하게 일어나고 있었고 다른 한편으로는 경제의 몰락에 따른 고실업과 불안정 고용 시대로 접어들고 있었다. 이렇게 급변하는 시대 속에서 청소년들은 무엇을 준비할 것인가? 자발성과 창의력을 갖춘 다양한 휴먼웨어를 기존의 공교육이 배양하지 못하는 상황에서 대안적인 교육 공간은 어떤 모습이어야 하는가? 바로 이러

한 물음에서 하자센터가 탄생했다.

여기에서는 여러 가지 문화적인 체험의 장이 제공된다. 그것을 통해 자신을 새롭게 발견하고 저마다 숨겨진 '끼'를 발굴하고 키워가는 즐거움을 맛볼 수 있다. 그래서 하자센터에는 수십 가지 프로젝트가 있는데, 24세 이하 청소년이면 2만~4만 원 정도의 참가비를 내고 쉽게 자신이 원하는 프로그램에 참가할 수 있다. 마음에 들지 않으면 30여 개에 이르는 다른 프로젝트를 하든지 이곳을 떠나면 된다. 청년과 소녀 소년들은 그 가운데 자기가 정말 좋아하는 것, 해보고 싶은 것을 스스로 선택해서 참여하게 되는 것이다. 그 모든 프로그램은 선생과 학생이라는 이분법을 넘어서 서로가 서로에게 가르치고 배우는 상호

260

학습의 방식으로 이뤄진다. 또한 인터넷 환경을 최대한 활용하여 새로운 양식의 배움을 실험하는데, 자치 대학인 '하자 콜레지오'가 그 역할을 담당하고 있다.

센터에서 이뤄지는 학습은 그 안에서 폐쇄적으로 완결되는 것이 아니라 그것을 통해 자신의 일거리를 창출하고 일자리를 모색하기 위해 다각적인 산학 협동이 이뤄진다. 그래서 거기에서 이뤄지는 활동들이 현장과 긴밀하게 연결되어 있어, 영상, 음악, 시각 디자인, 웹 디자인, 시민 문화의 총 5개 작업장에서 십대들은 전문가와 함께 프로젝트를 수행하면서 각 분야에 대한 감과 기획력을 길러간다. 그리고 그러한 능력을 바탕으로 십대들 스스로 창업할 수 있도록 지원하는 벤처 인큐베이터로서 'e-Haja'가 움직이고 있다. 이는 청소년들이 일과 놀이의 결합을 경험하는 장이며, 자신의 작업을 문화 산업으로 연결시키는 통로이기도 하다.

그렇다면 거기에서 구체적으로 무슨 일들이 벌어지고, 청소년들은 어떤 체험을 나누고 있는가? 하자센터의 부센터장으로 일하고 있는 전효관 박사가 『주간조선』 2000년 10월 26일 자에 「'무너지는 공교육' 삶을 설계하는 '하자센터' 아이들」이라는 제목으로 기고한 글의 일부를 인용한다.

하자센터와 콜레지오의 아이들은 자신을 표현하기 위한 기초 수단으로 다양한 멀티미디어 활용 능력을 배운다. 아이들은 각자 자신들의 스타일에 맞는 표현 매체를 발견하고 멀티미디어로 자신의 이야기를 표현한다. 콜레지오의 아이들은 지난여름 일본에 다녀왔다. 자퇴생과 방통고 학생으로 구성된 콜레지오 아이들이 대안 교육 시스템을 위한 아이덱IDEC: International Democratic Education Conference 회의에 참가하여 대안 교육과 대안 학교에 대해서 알아보고 싶어 했기 때문이었다.

일본에 다녀온 후 아이들이 변하기 시작했다. 그들은 전 세계의 많은 아이들이 자신들처럼 다양한 고민과 다양한 실험을 진행시키고 있다는 것을 깨달았다. 아이들 중 일부는 아시아 청소년들을 위한 네트워크를 만드는 실험을 시작했다. 한국 사회에서 청소년들이 다양성을 추구할 수 있는 공간은 좁지만, 아시아 네트워크를 통해 좀더 규모가 큰 공간에서 살아갈 수 있으리라는 희망을 갖기 시작했다.

또 한편의 아이들은 콜레지오에서 한 발을 빼 각자의 작업을 구체적으로 실험하기 시작했다. '십대 창업 프로젝트'를 시작한 것이다. 우선 '디자인 하자'의 명함숍을 운영하며 '십대 디자인 그룹' 실장이 된 남이 (18). 지난해 일반 고등학교에서 방통고로 전학을 한 친구다. 하고 싶은 일을 하고 싶다는 열망과 자퇴는 안 된다는 부모와 타협한 셈이었다. 남이는 1주일에 한 번씩만 학교에 가면서 나머지 시간을 시각 디자인 작업장에서 보낸다. 남이는 11월 대만의 타이베이에서 열리는 아시아 NGO 대회에도 참여하기로 되어 있다. 아시아 청소년들의 패션과 대중음악이 이미 하나의 문화권을 형성하고 있기 때문에 남이는 그러한 동북아 청소년 문화에서 디자이너의 가능성을 찾아보고 싶어 한다.

'라디오 하자'의 지원(19)과 재식(19)은 앞으로 아시아 채널을 가진 인터넷 TV 방송국을 목표로 인터넷 라디오 방송국을 차렸다. 지원과 재식은 모두 학교를 그만두었다. 학교를 나온 이유는 각기 달랐지만 "우리의 미래를 개척하기 위해 일을 한다는 것이 정말 쉬운 일이 아니다"라는 걸 요즘 절실히 깨닫고 있다. 이제는 학교를 그만둔 사람으로서가 아니라 자신이 하는 일로 평가받고 싶어 한다. 그들은 라디오 하자를 성공(?)시키기 위해 새로운 아이디어와 기획을 짜내느라 바쁘다. 10월 28일에 열리는 서울시 '시민의 날' 신촌 행사에서 게임방 프로젝트를 기획하고 있기도 하며, 12월에는 '디지털 스토리 페스티벌'에서 '라디오 하자'가 기획한 프로젝트를 야무지게 수행하겠다고 벼르고 있다.

자신이 하고 싶은 일을 하면서 경제적으로 독립적인 사람이 되는 것을 생각하는 아이들도 생겼다. 하자센터의 스낵바와 유리가게를 맡아 운영하면서, 소자본의 벤처 회사나 작은 가게의 주인이 되는 연습을 하고 있는 친구들이다. 예컨대 '코코봉고'란 은경이(19)를 사장으로, 다른 세 명의 부사장이 꾸려가는 스낵바 이름이다. 은경이는 고3 학생으로 졸업을 앞두고 자신이 하고 싶은 일을 하면서 경제적으로도 독립하고 싶어 한다. 나머지 아이들도 아르바이트를 해야 하는 상황이다. 그래서 하자센터 안에 스낵바를 열게 되었다. 설거지도 제대로 할 줄 몰랐던 아이들이지만, 이제는 제법 간단한 음식을 만들 줄도 알게 되었고, 장부 쓰는 법도 배웠다. 하자센터는 이러한 아이들을 위해 경영 프로그램도 지원하고 있다.

들는 것으로는 잊어버리고 만다. 눈으로 보면 기억한다.
그러나 실제로 해보면 이해한다.
—중국의 격언

이 시대에 하자센터와 같은 시도가 갖는 의미는 무엇인가. 세계가 지식 중심으로 재편성되고 사람들의 문화적인 창조 역량이 그 사회의 경쟁력뿐만 아니라 삶의 질까지도 좌우하는 시대가 되었다. 정부와 사회 각계에서는 갑자기 '문화'를 외치고 벤처 기업 육성 전략을 부랴부랴 내놓고 있지만, 그것은 캠페인이나 정책으로 되는 것이 아니다. 장기적인 토대를 다져가야 한다. 물리적인 인프라가 아니라 휴먼웨어다. 그러므로 이는 궁극적으로 어떻게 하면 학습 사회learning society를 건실하게 구축할 것인가의 과제로 귀결된다. 사회(이는 어떤 제도적인 틀일 수도 있고, 사람들의 만남일 수도 있다) 그 자체가 개개인의 학습을 촉진할 수 있어야 한다. 그리고 그것은 지역에서부터 실현되어야 한다.

그렇게 되기 위해서는 교육이라는 행위를 단지 여러 영역 가운데 하나로서가 아니라 지역 운영의 중심적 가치로 놓아야 한다. 그래서 그것을 중심으로 다른 활동들이 재구성되고 질적으로 변화되어 문화와 정보를 낳는 모태가 되는 것이다. 한때 시골 초등학교의 운동회가 온 마을의 잔치였듯이 학교는 지역 문화의 거점이 될 가능성이 많다. 스위스 어느 산촌의 초등학교 학부모들은 매주 한 번씩 저녁때 학교 강당에 모인다. 거기에서 학교 일을 의논한 다음 연이어 동네 일을 의논하고, 그것이 끝나면 다 함께 합창 연습을 한다. 학부모 회의가 곧 주민 회의이면서 문화적 회합이 되는 것이다. 물론 이는 규모가 작고 도시로부터 멀리 떨어져 고립되어 있는 입지 조건 속에서 가능한 것이긴 하지만, 지역 주민의 공공적 구심점이 형성되지 않은 우리에게 시사하는 바가 많다고 본다.

"동네에서 세계가 보인다"라는 말이 있듯이 지역 안에는 세상사의 모든 것이 함축되어 있다. 그 집약된 연관성과 의미를 찾아내기 위해서는 평범한 사물과 존재들을 다시 보는 눈이 열려야 한다. 한 가지 예로 제과점을 들어보자. 그 안에는 농업과 유통, 생물학과 화학, 경영과 디자인 등 여러 전문 영역들이 얽혀 들어가 있다. 따라서 제과점 주인은 적어도 빵에 관련해서는 그 모든 영역에 대한 나름대로의 노하우를 갖고 있다. 그 살아 있는 지식은 흥미로운 교과목으로 각색될 수 있다. 제과점은 하나의 멋진 교실로 바뀌고 주인은 훌륭한 특강 교사로 변신할 수 있다.

제과점뿐이겠는가. 문방구점, 음식점, 은행, 병원, 소방서, 파출소, 구청…… 동네 안에 있는 모든 '일터'는 '배움터'가 될 수 있다. 지역 경제와 금융 시스템, 보건과 복지, 도시 시설물과 재해, 행정 체계 등 세계의 제반 얼개 및 작동 원리를 이해할 수 있는 현장인 것이다. 그것을 학습의 텍스트로 인지하게 되면서 청소년들은 지역 뭇 대상들에 대해서 지적인 관심을 가지고 말을 걸기 시작할 것이다. 그 관심이 축적되고 발전하여 환경에 대해서 주체적으로 관여할 수 있는 동기가 부여될 것이다.

물론 매일의 돈벌이나 반복적 업무에 파묻혀 살아가는 직업인들 가운데 자기의 일을 그러한 언어로 풀어낼 수 있는 이는 많지 않을 것이다. 그것을 위해서는 대단한 공부가 요구되리라고 본다. 따라서 이는 무엇보다도 본인 스스로를 대상으로 한 교육이다. 남을 가르치기 위해 준비하는 과정에서 엄청난 것을 배우는 것이다. 그런 의미에서 대단한 성인 교육의 효과를 거두는 셈이다. 단지 새로운 지식을 습득하거나 정리한다는 것만이 아니라, 자신의 직업이나 삶의 체험들을 객관적인 관점에서 반추하는 성찰의 계기가 주어진다는 점에서 깊은 의미가 있다. 그리고 중요한 것은 그것을 통해서 지역 사회의 여러 활동들이 문화적으로 승화될 수 있다는 점이다. 구체적으로 어떻게?

미국의 제너럴 모터스사는 새턴 자동차 제작 시스템을 모방하여 학교를 세웠다. 그런데 이 학교의 교육 방법은 매우 신선한 충격을 준다. 그 학교에는 수업이라는 것이 없다. 교실도 없다. 학생들만 있을 뿐이다. 아이들은 아침에 나와 오늘은 무엇을 공부해볼까 의논한다. 암이라는 것에 대해 알아보기로 합의한다. 먼저 학교에 있는 동네 도서실에 가서 기본적으로 익혀두어야 할 지식을 습득한다. 대충 정리가 되면 병원에 전화를 건다. 아무개 전문의와 직접 통화해서 오늘 몇 시에 방문할 테니 협조해달라고 부탁한다. 아이들은 함께 소형 버스를 타고 병원으로 향한다. 의사를 만나 궁금한 점을 묻고 병원이 돌아가는 것도 둘러본다.

그 다음 날은 소방서, 그 다음은 관청, 박물관…… 학생들은 지역 사회 내의 시설들을 마음대로 이용하며 문제를 해결하는 교육 시스템을 갖추고 있다. 여기서 교사는 친절한 안내자와 보조자일 뿐이다. 감시자의 권위는 보이지 않는다. 마을이 학교이며 마을의 어른들이 교사이다. 이상주의자들이나 제안할 법한 이 학교는 놀랍게도 미국의 교육 개혁의 모델로 제시되고 있다.

지역 사회를 중요한 학습 공간으로 다시 평가하고 활용하는 것은 이제 전 세계적인 흐름이다. 그래서 학교와 지역 사이에 가로놓여 있던 담을 헐거나 과감하게 낮추고 세계 그 자체를 통해 사물을 배워가는 방식을 통해 기존 학습의 한계를 보완하는 것이다. 여기에는 지역 사회 안에 학습의 대상이 대단히 풍부하게 잠재되어 있다는 전제가 깔려 있다. 그래서 어떻게 그것을 교육의 자원으로 이끌어낼 수 있는가에 초점이 모아지는 것이다. 그러한 전망에서 학교와 지역 사회를 연계한 또 다른 예를 보자.

네덜란드의 레이덴 대학에는 '과학 상점 science shop'이라는 것이 있다. 이는 대학이 개발하고 축적해가는 지식을 시민과 사회단체들이 쉽게 접근하고 활용할 수 있도록 한 시스템이다. 그래서 돈이 없는 환경 단체는 과학 상점의 도움을 받아 재정적 부담 없이 과학적 주장과 아이디어를 얻을 수 있고, 그것은 환경 정책 결정에 영향을 미친다. 그 구체적인 사례를 보자. 어느 동네에서 집집마다 가솔린 냄새가 심해서 괴로우니 조사를 해달라는 의뢰가 들어온다. 화학을 전공하는 자원 봉사자와 석박사 과정의 스태프가 팀을 이뤄 문제 해결에 나선다. 그 결과 오래된 주유소의 지하 탱크가 그 원인임을 밝히고, 지역 주민과 함께 지방 정부가 토질 개선 사업에 나설 것을 촉구한다. 그런데 이것은 학생들이 지역 주민들을 위해 일방적으로 봉사하기만 한 것은 아니다. 이러한 조사 활동과 연구를 통해 학생들은 실질적인 학습을 경험할 수 있고, 거기에서 얻어진 성과물이 학위 논문으로 제출되기도 한다.

지역 사회는 그 자체로 학교일 수 있다. 아니 학교가 되어야 한다. 따라서 그 학교는 일정 연령 범위에 있는 아이와 청소년들만이 배우는 것이 아니라, 어른들을 포함한 모든 주민이 서로가 서로에게 가르치고 함께 배워가는 교실이다. 가령 어머니는 아이와 같이 음악이나 미술, 연극 등을 배우고 경험할 수 있다.

특별한 학교가 없이도 도시 자체가 하나의 훌륭한 교육의 장이 될 수 있었다는 점에서 많은 지식인들은 아테네를 모델로 한 지역 학교를 제시하고 있다. 그러나 아테네만이 아니다. 인류의 역사를 돌이켜보면 근대 이전까지 지역 사회는 언제나 자연스럽게 교육의 기능을 담당하고 있었던 것이다. 지방 자치라는 것이 실질적인 내용으로 열매 맺기 위해서는 지역 안에서 그러한 기풍과 활기가 생동해야 한다.

근대 사회는 학습이라는 행위를 노동과 놀이로부터 분리시켰다. 아이들은 어른들의 생산 활동을 관찰하거나 체험하면서 세상을 배울 수 있는 기회를 빼앗긴 채 추상적인 개념과 이론들만 머릿속에 주입하게 되었다. 또한 학교라는 제도가 부과하는 지식은 유희적인 성격을 배제한 채 강한 인내력을 요구하는 고역스러운 두뇌 활동 쪽으로 치우쳐버렸다. 그 결과 얻어진 지식은 삶에 그다지 유용한 것도 아니고, 그렇다고 배움과 발견의 기쁨을 주는 것도 아닌 딱딱한 데이터에 불과하다. 지금의 교실 붕괴는 그렇듯 무의미하고 무미건조한 지식을 강요당하는 학교와 온갖 현란하고 자극적인 오락으로 넘쳐나는 소비 사회 환경 사이의 간극이 한계를 넘어서면서 아이들의 반작용으로 나타나는 현상으로 볼 수 있다.

따라서 지금의 교육 문제는 학교라는 울타리를 넘어서 지역 사회의 다양한 문화적 자원들을 활성화하고 그것을 교육적으로 변형시키면서 끌어들이는 방향으로 그 해결책이 모색되어야 한다. 지역 사회로 교육 공간을 확대한다고 할 때 그것은 학습과 놀이와 노동 사이의 경계를 유연하게 넘나드는 행위 속에서 탁월하게 성취된다. 여가 행위는 그렇듯 기존에 분리되어 있던 활동들이 유기적으로 결합되는 매개 고리가 될 수 있다. 그를 통해서 아이들은 세대를 넘어 선배나 어른들과 만나고 삶과 사회 그리고 사물의 이치를 배우는 보람을 얻을 수 있을 것이다.

한 가지 예를 들어보자. 환경 의식이 높아지고 거기에 맞물려 환경 운동이 활발해지면서 리사이클 운동이 확산되어왔다. 녹색가게 같은 공간도 여기저기 많이 생겨났다. 그런데 이런 활동이 학습이나 놀이와 결합되어 이뤄질 수는 없을까? 공방工房을 한 가지 방식으로 생각해볼 수 있다. 그러니까 고장난 물건을 사용하던 소비자(주민)들이 직접 와서 수리를 하되, 거기에 필요한 도구와 지식을 공방에서 지원하는 것이다. 인간의 문화적인 욕망 가운데 하나로서 '제작 본능' 내지 '장인 정신craftmanship'이 있는데, 그것이 산업 사회에서는 거의 사장되고 있다. 공방은 그러한 잠재 능력을 일깨우면서 거기에 배움과 교류의 즐거움을 가미시키는 활동 공간이 될 수 있다.

바로 이러한 활동은 아이들에게 매우 소중한 학습의 기회가 된다. 우리가 생활 속에서 사용하는 모든 물건은 그 하나하나가 현대 문명의 결집체이다. 거기에는 과학과 테크놀로지의 복잡한 원리가 집약되어 있는 것이다. 그리고 그러한 물건들이 우리의 삶을 결정적으로 매개하고 사회의 변화를 견인하기도 한다. 따라서 일상을 구성하는 물건의 세계는 세계를 이해하는 중요한 텍스트가 될 수 있다. 재활용 운동이 물건을 다루는 공동의 활동이라면, 그것은 허드렛일에서 그치지 않고 세상을 폭넓고 짜임새 있게 들여다보는 창窓이 될 수 있다.

어차피 재활용 운동을 효과적으로 수행하기 위해서는 취급되는 물건들에 대한 체계적인 정보들이 구축되어야 한다. 어떤 물건들이 어떤 식으로 버려지고 있는지, 그러한 소비 패턴을 통해 사회의 변화를 어떻게 읽어낼 수 있는지를 연구하고 그 의미를 공유할 수 있다. 또한 그렇게 버려지는 물건들 가운데 일부의 기능을 바꾸어 재활용할 수 있는 가능성이 얼마나 있는지 등에 대한 지식이 필요하다. 디자인이 중시되는 패션이나 일시적인 붐을 타는 오락 기구들은 고안하기에 따라서 얼마든지 새로운 물건으로 재생될 수 있다. 특히 어린아이들을 위한 과학 교실 같은 것을 재활용 과정에 결부시킨다면 일석이조의 효과를 거둘 수 있을 것이다.

■ 청소년 아르바이트, 어떻게 볼 것인가 ■

전근대 사회에서 청소년들은 대부분의 시간을 일하면서 보냈다. 그러니까 청소년들은 '노동자'라는 정체성을 일찍부터 갖게 되어 그 생활 세계가 어른들과 별로 구별되지 않았던 것이다. '어린이'나 '청소년'이라는 사회적 범주가 생겨난 것은 근대에 접어들면서부터이다. 이때부터 청소년은 '노동자'가 아니라 '학생'이라는 정체성을 갖게 되어 대부분의 시간을 학교에서 공부를 하면서 보내게 되었다. 학교에 있지 않은 청소년들은 크게 두 부류이다. 가정 형편이 어려워 학업을 포기하고 일을 해야 하는 '불우' 청소년, 그리고 학교에 적응하지 못해 자퇴하거나 퇴학당한 '불량' 청소년이다. 그 어느 경우이든 학업에 전념하지 못한다는 점에서 비정상적인 청소년으로 분류되고 인지된다.

그러나 최근 변화가 일어나고 있다. 많은 청소년들이 돈을 벌기 위해 일을 하기 시작한 것이다. 이것은 '학생'이라는 정체성과 함께 '소비자'라는 정체성이 새롭게 부각되는 상황과 밀접하게 연관된다. 이제 자기가 소속한 학교나 자신의 학업 능력은 자기를 정의하는 데 별로 중요하지 않다. 그것보다는 헤어스타일, 옷과 신발과 가방의 브랜드, 좋아하는 가수 등을 통해 자기를 확인하고 그 코드를 매개로 타인과 유대감을 형성한다. 따라서 소비에 대한 욕구가 늘어나게 되면서 씀씀이가 커지고 그래서 용돈이 모자란다. 그를 보충하기 위해 아르바이트에 많은 청소년들이 몰리는 것이다. 물론 그 안에도 편차가 많이 존재

한다. 가정 형편이 어려워 어쩔 수 없이 취업해야 하는 청소년이 아직
도 많이 있는가 하면, 돈보다는 새로운 경험을 위해 일하는 청소년도
있다.

그 어느 경우든 이제 청소년들의 취업 내지 아르바이트는 예외적인
현상으로 외면하거나 금지하고 있을 수만은 없게 되었다. 그렇게 비공
식적인 것으로 방치되고 있기에, 청소년들이 근로 현장에서 부당하게
인권을 침해받아도 보호받을 수 있는 법적인 장치가 마련되지 않는 것
이다. 청소년들에게 노동은 단순한 돈벌이가 아니라 사회와의 만남으
로서 큰 의미를 갖는다. 그 체험은 학교 교육이 갖는 한계를 보완해줄
수 있다. 그리고 이를 통해 자기의 적성을 적극적으로 개발하고 그 연
장선상에서 진로를 찾을 수 있는 가능성도 점점 커지고 있음에 주목해
야 한다. 그런데 지금처럼 사회적으로도 부정적으로 여겨지고 또한 법
적인 보호막도 없는 상황에서 그러한 근로 체험은 자아와 세계에 대한
이미지를 어둡게 할 뿐이다.

연세대 장원섭 교수는 청소년 근로 정책에 관해 다음과 같이 제언하
고 있다.

첫째, 청소년 근로 관련 법과 정책의 패러다임이 바뀌어야 한다.
〔……〕 청소년의 소비와 일의 욕구를 적절히 수용할 수 있는 건전한
청소년 노동 시장을 적극적으로 육성하여야 한다. 단순히 보호하고 제
한하는 소극적인 청소년 근로 개념에서 이제는 적극적으로 청소년의
일할 권리를 보장하는 방향으로 시각을 전환하여야 한다. 청소년 노동

은 이제 음지에서 이루어지는 '불안전/불완전'하고 일시적이며 비정상적인 '아르바이트' 개념으로부터 사회적으로 중요한, 하나의 정상적이고 정식적인 근로 형태인 '시간제 취업'으로 정당하게 인정받아야 한다.

둘째, 청소년을 위한 건전한 일자리의 대폭적인 확대를 위해 청소년 일자리 개발이 적극적으로 이루어져야 한다. 한편으로는 관공서, 공공 기관, 대기업, 병원 등 공신력 있는 기관에서 청소년 근로를 확대하는 데 앞장서야 하며, 다른 한편으로는 인터넷 등을 활용한 재택 근무가 가능한 일, 청소년이 잘할 수 있는 일자리들이 개발되어야 한다.

셋째, 청소년 시간제 취업을 지원하기 위한 서비스가 활성화되고 다양한 프로그램들이 제공되어야 한다. 거리를 헤매거나 친구 소개와 같은 비공식적 경로를 통해서, 그리고 비공식적인 근로 계약에 따라 음성적으로 이루어지는 청소년 취업을 막기 위해서는 정부와 사회가 적극적으로 지원하고 도와줄 수 있는 구체적인 대안들이 마련되어야 한다. 이를 위해서 청소년의 시간제 취업 정보를 전문적으로 제공해주는 서비스 체제가 확립되어야 하며, 일하는 청소년이 자신이 업주로부터 부당하게 대우를 받을 경우 자유롭게 신고할 수 있는 체제가 마련되어야 한다.

넷째, 청소년 시간제 취업을 교육적으로 승화시키기 위해서는 학교의 역할이 중요하다. 이제 학교는 청소년을 보호하고 훈육하는 전체 기관total institution의 역할에서 벗어나 교육과 일의 세계를 연결하는 다리bridge의 역할을 해야 한다. 이미 OECD 국가들은 학교에서 직업 세계로의 이행school to work transition을 원활하게 하기 위해 다양한 현장 경험 프로그램들을 개발하여 운영하고 있다. 미국의 '학교 연계 여름 방학 취업 school linked summer employment' 프로그램은 시간제 취업을 청소년의 원활한 직업 세계 이행으로 연결시키기 위한 노력의 일환이다. 캐나다의 한 고교 복도 벽면에는 환경 미화물이 아니라 경제 기사와 취업 정보가 제공되고 있다는 사실이 우리에게 시사하는 바는 크다고 할 수 있다(한겨레, 1999년 3월 23일 자). 우리 학교도 청소년이 일의 세계를 경험하고 그 가운데 근로 의식과 윤리, 일의 세계에 대한 이해를 제고할 수 있는 지식과 안목을 기를 수 있도록 다양한 프로그램들을 개발하려는 노력을 해야 한다. (「일하는 청소년 지원을 위한 정책적 대안」, 서울 YMCA 주최 '일하는 청소년 권익 보호 및 지원을 위한 공개 토론회' 발제문, 2000년 10월)

장원섭 교수의 발제문에는 고등학교 2학년생이 쓴 「어떻게 모으고 쓸 것인가」라는 글의 일부가 소개되어 있다. 그 내용은 다음과 같다.

나는 아르바이트를 하기로 했다. 그러나 나는 흔히들 하는 패스트 푸드점 같은 데서의 아르바이트는 하기 싫었고 나의 학업을 위해서도 안 된다고 생각했다. 그래서 더 알아보던 중 모니터라는 아르바이트를 찾았고 롯데월드 어드벤처 모니터에 지원하여 고등학생 1명 뽑는 모니터 요원에 당당히 합격하여 놀면서 배우고 4개월 동안 제2기로 활동했었다. 모니터란, 평가를 하는 것인데 한 달에 4번만 가면 되고 일주일에 한 번 보고서를 제출, 미팅도 한 달에 한 번만 하면 10만 원이라는 돈이 다달이 통장 속에 들어왔다.

단지 아르바이트라는 의미를 떠나 한 기업체의 사장님, 부장님들을 보면서 어린 나에게 평가를 받으며, 죄송하다고 할 때, 우리 아버지도 저렇게 힘들게 일하겠구나 하고 죄송함도 느꼈고, 하나의 작은 놀이 공원을 위해서 셀 수 없이 많은 돈과 인력이 필요하다는 것도 알 수 있었다. 정말 뿌듯했다.

나는 요즘도 인터넷상에서의 모니터 활동을 한다. 여기서 얻은 문화 상품권으로 우리 가족의 문화생활을 책임지고 학교를 오가는 차비를 벌어서 쓴다. 그렇다고 힘들다거나 피곤하지 않다. 오히려 더 많은 정보와 지식을 얻을 뿐이다.

맥도날드 임직원의 절반 이상은 매장 아르바이트 출신이라고 한다. 학교에서 가르치는 표준화된 지식을 착실하게 체득하면 사회적으로 일자리가 주어지던 시대는 지나갔다. 대학까지도 사회의 엄청난 변화를 쫓아가지 못해 숨 가빠하고 있다. 교육의 위상이 달라지지 않는 한 교실 붕괴는 더욱 가속화될 것이다. 지금 학교에 과중하게 짐 지워져 있는 교육의 기능이 이제는 사회 여러 영역으로 분산되어야 한다. 근로 현장과 지역 사회는 청소년들에게 새로운 배움의 장으로 탈바꿈될 수 있다.

청소년들이 왜 집을 나가는가. 가출은 왜 곧 탈선이 되는가. 집과 사회 사이에 완충 지대가 없기 때문이다. 집과 학교를 떠나서는 청소년들의 생활공간이 없기 때문이다. 그러나 지역은 청소년들에게 점점 중요한 공간이 되어가고 있다. 그곳을 통해서 아이들은 자기 나름의

문화를 만들어간다. 문제는 그 문화에 대한 어른들의 관여 방식이 고
답적이고 권위주의적인 도덕률 아니면 무분별하고 근시안적인 상업주
의밖에 없다는 데 있다. 그 두 질곡을 넘어서 기성세대와 청소년 세대
가 만나 공동의 생활 세계를 형성해가는 길은 어디에 있는가. 가족적
이기주의를 연료 삼아 무작정 달아오르기만 했던 교육열의 에너지를
조금씩 풀어헤치면서 바깥으로 나아가자. 가르친다는 것, 배운다는
것의 원초적인 의미를 헤아리면서 사회를 인간 성장의 터전, 생명의
마당으로 열어가자.

1 당신이 가지고 있는 정보, 지적인 능력, 신체적인 기술 가운데서 학교 교육을 통해서 습득한 것들과 다른 경로를 통해 습득한 것들을 구분해보자. 후자의 경우 구체적으로 어떤 것들이 있는지(예를 들어 인터넷에 관련된 지식, 컴퓨터 게임이나 휴대폰, 농구 실력 등), 그것들은 어떤 방식으로 학습되었는지 분석해보자. 만일 그러한 지식과 기술을 제도 교육을 통해서 학습한다면 그 효율에서 어떤 차이가 있을지, 그리고 그러한 차이는 왜 발생할지 생각해보자.

2 주5일제 수업이 주5일 근무제의 정착 이후 훨씬 적극적으로 논의되고 있다. 주5일제 수업의 근본 취지는 무엇인가? 그리고 그것이 성공적으로 정착되기 위해서 선행되거나 함께 이뤄져야 할 사항들은 무엇인가?

참고로 일본에서는 교사와 학생들은 70%가 찬성하는 데 비해 학부모들은 30%밖에 찬성하지 않고 있다고 한다. 그 이유를 보면 다음과 같다. 1) 부모가 맞벌이거나 많은 중소기업이 토요일에도 근무한다. 따라서 아이들을 방임하거나 돈을 들여 학원에 보내야 한다. 2) 서양의 선진국들의 경우 교회나 자원 봉사 시스템 등이 마련되어 아이들을 수용할 수 있지만 일본은 그렇지 못해 아이들이 부적절한 공간들에 빨려들어갈 가능성이 많다. 3) 동네에 자연이 많이 사라졌고 아이들이 방과 후에 친구들과 어울리는 문화도 없어져 아이들은 컴퓨터방 같은 밀실에 처박혀 있을 가능성이 많다. 4) 부모들이 자녀의 성적에 집착하기 때문에 휴일에는 공부에 대한 압박과 그에 대한 반발로 더욱 갈등이 심해질 것이다.

4 청소년들을 주된 소비자로 삼아 상품을 개발하고 판매하는 기업들이 많다. 그런 회사들이 청소년들에게 아르바이트 형식으로 일자리를 개발하면 여러모로 매우 유익할 것이다. 회사로서는 대외적으로 기업 이미지를 향상시킬 수 있고, 또한 소비자들의 동향을 파악하기가 쉬울 것이다. 다시 말해 단지 값싼 노동력을 임시로 활용하기 위해서가 아니라 기업의 핵심 역량을 강화하는 차원에서 적극적으로 청소년 인재를 육성할 수 있다는 말이다. 그런 일거리는 몸으로 때우는 허드렛일이 아니라 청소년들이 일을 통해 사회를 배울 수 있는 학습의 기회도 될 것이다. 그렇다면 그런 취지로 개발할 만한 일거리로서 구체적으로 어떤 것들이 있을지 생각해보자. 기업의 고용을 담당한 부서에 있다고 가정하고 기획해보자.